विश्व का इतिहास

विश्व का इतिहास

योगेन्द्र प्रसाद

प्रकाशक : **नमस्कार बुक्स**
भवन संख्या 2/42 (दूसरी मंजिल), अंसारी रोड, दरियागंज, नई दिल्ली–110002
सर्वाधिकार : सुरक्षित / संस्करण : 2025/ मूल्य : पाँच सौ रुपए
मुद्रक : आर–टेक ऑफसेट प्रिंटर्स, दिल्ली ISBN 978-93-90600-11-3

VISHWA KA ITIHAS
by Shri Yogendra Prasad ₹ 500.00
Published by **NAMASKAR BOOKS**
Building No. 2/42 (Second Floor), Ansari Road, Daryaganj, New Delhi-2

अनुक्रम

1

मानव सभ्यता का आरंभ

इतिहास की परिभाषा अब तक भ्रमपूर्ण रही है। लोगों ने इतिहास को केवल राजाओं के उत्थान-पतन, युद्धों में उनकी हार-जीत की कहानी माना है लेकिन इतिहास के संबंध में ऐसे विचार संकुचित कहे जा सकते हैं। सच पूछिए तो इतिहास मानव सभ्यता के विकास की कहानी है। 'राइकर' ने भी अपना विचार व्यक्त करते हुए लिखा है—''इतिहास विकास का नाटक और प्रक्रिया है।'' (History is both a drama and a process of evolution.) इतिहास में मानव के सभी प्रकार के विकास का—राजनीतिक, सामाजिक, आर्थिक, सांस्कृतिक विकास का—वर्णन रहता है। संक्षेप में, ''इतिहास मानव की सफलताओं एवं विफलताओं की कहानी है।'' लेकिन यह कहानी बड़ी लंबी और व्यापक है।

पुराने हिंदू विचारकों ने सृष्टि को ईश्वर की रचना बताया और सृष्टि में जितने भी पदार्थ हैं, सभी ईश्वर के बनाए बताया लेकिन वैज्ञानिक तर्क की तुला पर प्राचीन विचार नहीं ठहर सके। विद्वानों के मतानुसार, आज से करीब 5 लाख वर्ष पूर्व के पहले से मनुष्य इस पृथ्वी पर रहता आ रहा है। लेकिन तत्कालीन मानव-जीवन के संबंध में कोई निश्चित और ठोस प्रमाण नहीं मिलते, अत: इस काल को प्रागैतिहासिक काल (Pre-Historic Age) कहते हैं। धीरे-धीरे मनुष्य ने अपना विकास प्रारंभ किया। मनुष्य और पशु में यही तो सबसे बड़ा अंतर है कि मनुष्य जहाँ अपनी प्रगति और अपने विकास के लिए सचेष्ट रहता है और अपनी प्रतिकूल परिस्थितियों पर विजय प्राप्त कर

अपनी उन्नति का मार्ग प्रशस्त करता है वहाँ जानवर कुछ नहीं करता। मनुष्य की यही खूबी है जिसकी बदौलत वह जानवर की तरह जीवन नहीं बिताता। अगर मनुष्य इन गुणों से विभूषित न होता तो आज वह सभ्य नहीं कहलाता वरन् जानवरों की तरह जीवन बिताता। स्पष्ट है कि आदिकाल से लेकर आज तक मनुष्य प्रगति के पथ पर अपना विकास करता बढ़ता आ रहा है। उसका यह कार्य धीरे-धीरे हुआ है।

(1) प्राचीन पाषाण काल

सबसे प्राचीन जमाने के मनुष्य प्राचीन पाषाण काल के मनुष्य कहलाते हैं। पाषाण काल इस युग को इसलिए कहा गया कि इस समय के मनुष्य पत्थरों के हथियार काम में लाते थे जिससे वे शिकार किया करते थे। यह युग मानव-सभ्यता का सबसे लंबा युग रहा है। विद्वानों ने इस सभ्यता का काल 5000 ई. पूर्व से 10000 ई. पूर्व तक बताया है। इस समय में मनुष्य जानवरों की तरह भ्रमण करता रहता था। जानवरों को मारकर कच्चा मांस खाता था तथा जंगल में जो कंद-मूल मिल जाते उस पर जीवन निर्वाह करता था। जानवरों को मारने एवं उससे अपनी रक्षा करने के उद्देश्य से उसने पत्थरों को काट-छाँटकर ही नुकीले हथियार बनाए जिसमें हथौड़ा, रुखानी आदि मुख्य थे। ये हथियार भद्दे होते थे। कालक्रम से उन्हें आग का पता लगा और तब वे मांस भूनकर खाने लगे। अग्नि का आविष्कार एक युगांतकारी घटना थी। वस्त्र से वे अपरिचित थे, अतः वृक्षों की छाल से शरीर ढकते थे। खेती-बाड़ी की जानकारी भी उन्हें नहीं थी। वे हमेशा एक जगह से दूसरी जगह भटकते रहते थे। पहाड़ों की गुफा अथवा नदी के किनारे वे अपना डेरा डालते थे। व्यक्तिगत संपत्ति नाम की कोई चीज नहीं थी। लेकिन इस समय मनुष्य का स्वभाव सरल था। पुरुषों व स्त्रियों के संयोग से परिवार का रूप बनता जा रहा थ। परिवार में स्त्रियों की प्रधानता रहती थी यद्यपि शादी-ब्याह का रिवाज नहीं था। उनका धार्मिक विश्वास अधिकतर जादू-मंत्र आदि पर था। इस काल के मनुष्य को चित्रकारी का शौक था और वे हथियारों से चित्र बनाते थे।

(2) नवीन पाषाण काल

नवीन पाषाण काल का समय विद्वानों ने ईसा के 10000 ई.पू. 3000 पूर्व तक माना है। इस युग में मनुष्य की प्रगति का दूसरा दौर चला। हथियार अभी भी मनुष्य बनाते थे लेकिन वे प्राचीन काल की तरह भद्दे और बेडौल न रहे वरन् सुंदर होने लगे। सबसे बड़ी बात जो इस युग में हुई, वह थी कृषि का आविष्कार। कृषि की जानकारी के कारण ही इस युग को 'कृषक युग' भी कहते हैं। प्रारंभ में गेहूँ और जौ की खेती होती थी लेकिन बाद में कई प्रकार के अनाज पैदा होने लगे। खेती के साथ-साथ पशुपालन का कार्य शुरू हुआ। पशुओं को चराने के कारण इस युग का नाम ही 'चरवाहा युग' पड़ गया। पशुओं में गाय, बैल, बकरी, सूअर, घोड़े आदि मुख्य थे। अनाज रखने के लिए मिट्टी के बरतन बनाए जाने लगे। करघा और चरखा का पता भी लोगों को लग गया, फलतः कताई और बुनाई का आविष्कार हुआ। अब पशुपालन, कृषि आदि के कारण लोग एक जगह स्थिर होकर रहने के लिए बाध्य हुए, अतः उन्होंने घर बनाना शुरू किया। अब परिवार में पुरुष की प्रधानता बढ़ने लगी। लोगों का धार्मिक विश्वास अभी भी देवी-देवताओं और जादू-टोने पर आधारित था।

(3) धातु युग

इसके बाद धातु युग प्रारंभ हुआ। इस युग में लोगों को धातुओं का पता चला। प्राचीन पाषाण काल में वे पत्थर के औजार बनाते थे लेकिन अब धातु की जानकारी के बाद वे धातुओं के औजार बनाने लगे क्योंकि इसके बने औजार अधिक सुंदर और मजबूत होते थे। सबसे पहले सोने का पता चला और इससे गहने बनाने का कार्य लिया गया। उसके बाद तांबे और काँसे का प्रयोग हथियार बनाने में होने लगा। लोहे के प्रयोग के बाद से हल, पहिएदार गाड़ी, नाव और जहाज अधिक बनाए जाने लगे। इस समय बड़े-बड़े भवन बनाए गए। लोगों के रहन-सहन में तरक्की होने लगी। ऊनी, रेशमी कपड़ों का व्यवहार लोग जान गए। व्यापार के विकास के कारण व्यक्तिगत संपत्ति

का महत्त्व होने लगा, फलतः समाज वर्गों में बँट गया। अब लिखने की कला का भी आरंभ हुआ।

इस प्रकार धातु युग में सभ्यता का उदय हो गया था। मनुष्य घर बनाकर रहने लगे थे। परिवार का महत्त्व समझने लगे थे। लोगों के कार्य बँट गए थे। सरकार का संगठन आरंभ हो चुका था। अब दूर-दूर देशों के साथ व्यापार होने लगा। संक्षेप में सभ्यता के सारे चिह्न अब दिखाई पड़ने लगे थे। संसार में सबसे पहले मिस्र, मेसोपोटामिया, चीन, भारत, क्रीट आदि देशों में सभ्यता का विकास हुआ। अगले अध्याय में हम ऐसी ही सभ्यताओं के संबंध में पढ़ेंगे।

इन सभ्यताओं की जानकारी आज हमारे लिए अनिवार्य हो गई है। आज जबकि वैज्ञानिक प्रगति के फलस्वरूप सारा संसार सिमटकर छोटा हो गया है, एक परिवार जैसा हो गया है तब इस परिवार के उत्थान-पतन की कहानी से हमें अवगत रहना ही चाहिए। "आज आवश्यक है कि हम प्रत्येक राष्ट्र की प्राचीन संस्कृति एवं आधुनिक प्रवृत्तियों का वैज्ञानिक ढंग से अध्ययन करें और उन सभी राष्ट्रों के मूल तत्त्व को लेकर एक नूतन विश्व संस्कृति का निर्माण करें।" आज विश्व इतिहास के अध्ययन की यही बड़ी आवश्यकता है।

□

2

प्राचीन मिस्त्र की सभ्यता

(क) संक्षिप्त इतिहास

प्रो. फ्लिंडर्स पेट्री के अनुसार, मिस्त्र की प्राचीन सभ्यता दस हजार वर्ष पुरानी है। इतने पुराने इतिहास का पता तो नहीं मिलता लेकिन ईसा से पूर्व करीब साढ़े तीन हजार वर्ष से हम मिस्त्र की सभ्यता के इतिहास को सिलसिलेवार ढंग से पाते हैं। अध्ययन की सुविधा के लिए इस लंबे समय को तीन मुख्य भागों में बाँट दिया गया है—

(1) पिरामिड युग (3400 से 2500 ई. पूर्व तक)

(2) सामंत युग (2500 से 1580 ई. पूर्व तक)

(3) नए साम्राज्य का युग (1580 से 332 ई. पूर्व तक)

पिरामिड युग

पिरामिड युग में मिस्त्री सभ्यता की रूपरेखा निश्चित हो गई थी। इस युग में मिस्त्र में बड़े-बड़े पिरामिड बनाए गए। इन पिरामिडों के कारण ही यह युग पिरामिड युग कहलाया। मिस्त्र के लोगों का विश्वास था कि मनुष्य के मर जाने पर भी उसे उन तमाम चीजों की जरूरत पड़ती है जिसका उपयोग वह जीवितावस्था में करता था। अत: मिस्त्रवाले पत्थरों को काटकर एक प्रकार की इमारत बनवाते थे और उसमें शव तथा उसके व्यवहार की वस्तुओं को सुरक्षित रख देते थे। यही इमारत पिरामिड कहलाता था।

इस युग में रसायन, स्थापत्य, मूर्तिकला, चिकित्सा शास्त्र आदि का

विकास हो चुका था। कृषि, पशुपालन और व्यापार अब बड़े पैमाने पर होने लगे थे। सामाजिक वर्ग विभेद पूरी तरह प्रकट होने लगा था। समाज में सामंतों का विशेष प्रभाव था। इस युग का सबसे पहला राजा मेनेस हुआ (3400 ई.पू.) जिसने ऊपरी मिस्र और निचले मिस्र दोनों भागों को मिलाकर एक शासन के अंतर्गत किया। यही मिस्र के प्रथम राजवंश का प्रथम राजा था। सब मिलाकर मिस्र में ऐसे 39 राजवंश कायम हुए। धीरे-धीरे 2400 ई.पू. के लगभग पिरामिड युग का अंत हो गया और उसकी जगह पर सामंत युग आरंभ हुआ।

सामंत युग

पिरामिड युग के बाद केंद्रीय शक्ति कमजोर पड़ गई और सामंतों और सरदारों ने भिन्न-भिन्न भागों में अपने छोटे-छोटे राज्य कायम कर लिए। अंत में 2134 ई.पू. में ग्यारहवाँ राजवंश स्थापित हुआ। इस समय पुनः संपूर्ण मिस्र एकता के सूत्र में बँधा। इसी समय मिस्र का स्वर्ण युग आरंभ होता है। फिर 1991 ई.पू. में इस राजवंश की समाप्ति हो गई और बारहवाँ राजवंश स्थापित हुआ। यह राजवंश कृषि के लिए प्रसिद्ध था। इस समय मिस्र का संबंध दूसरे कई देशों के साथ बढ़ा। साम्राज्यवाद की प्रवृत्ति भी इस काल के राजाओं में पाई गई। कला कौशल की दृष्टि से भी यह युग प्रसिद्ध था। इस प्रकार सबकुछ मिलाकर यह काल मिस्र का स्वर्णयुग था। लेकिन 1900 ई.पू. में इस राजवंश का पतन हो गया। आंतरिक कमजोरी का फायदा उठाकर पश्चिमी एशिया की हिक्सौस जाति ने आक्रमण करके मिस्र पर अपना अधिकार कायम कर लिया और लगभग 300 वर्षों तक वहाँ के शासक रहे।

नए साम्राज्य का युग

हिक्सौस जातियों को हराकर पुनः मिस्रवालों ने एक बहुत बड़ा साम्राज्य कायम किया। इस समय 18वें राजवंश की स्थापना हुई। इस समय के निम्नलिखित शासक प्रमुख थे—थुतमस प्रथम (1545 ई.पू.-1514 ई.पू.) रानी हटशेपसुप (1501 ई.पू. से 1479 ई.पू.) थुतमस तीसरा (1479 ई.पू.-

1447 ई.पू.), चतुर्थ अमनहोटेप (1375 ई.पू.–1358 ई.पू.)।

इन शासकों में चतुर्थ अमनहोटेप सबसे प्रसिद्ध हुआ। इसे अखनाटन भी कहते हैं। अखनाटन ने मिस्र के धार्मिक जीवन में अभूतपूर्व क्रांति ला दी। उसने अनगिनत देवी-देवताओं की पूजा बंद कर दी और एक ईश्वर की पूजा प्रचलित की। पुराने देवताओं के सभी मंदिर बंद कर दिए गए। अखनाटन का ईश्वर निराकार और निर्विकार था और उसकी सत्ता सर्वव्याप्त थी। वह दयालु था और जड़-चेतन सब पर समान दया की दृष्टि रखता था। संक्षेप में अखनाटन की व्याख्या बहुत अधिक वैज्ञानिक थी। फ्लिंडर्स पेट्री के अनुसार—"किसी भी दूसरे विचार की समता वैज्ञानिकता के दृष्टिकोण से इसके पश्चात् लगभग 3 हजार वर्षों तक इसके साथ नहीं की जा सकती।"

अखनाटन आचार-विचार की पवित्रता पर अधिक बल देता था। नरबलि और पशुबलि को उसने बिल्कुल रोक दिया। भूत, प्रेत यहाँ तक कि ओसिरिस के भी अस्तित्व को मानने से उसने इनकार कर दिया। उसने एक कवि का दिल पाया था। पक्षियों के मधुर कलरव और पुष्पित सुमनों के सौंदर्य पर वह विमुग्ध हो उठता था। इस तरह उसने मिस्र के धार्मिक जीवन में एक क्रांति ला दी। लेकिन इतना सब होते हुए भी लोगों ने उसके विचारों की कद्र नहीं की। उसने मरते ही उसका धर्म समाप्त हो गया। फिर भी मिस्र के लोग आज भी उसका नाम आदर के साथ लेते हैं। वस्तुतः वह दुनिया का पहला प्राणी था जिसने मानवता से प्यार किया था। "आदर्श पति एवं पत्नी के क्या कर्तव्य हैं, आदर्श पिता एवं ईमानदार व्यक्ति कैसे हों, कवि को क्या अनुभव करना चाहिए, कलाकार को अपनी प्रतिभा किन वस्तुओं के निर्माण में लगानी चाहिए, वैज्ञानिक क्या विश्वास करे और दार्शनिक क्या सोचे आदि सभी विषयों पर उसने एक आदर्श उपस्थित किया और एक महान् व्यक्ति की तरह उसने अपने सिद्धांतों के लिए अपना सर्वस्व बलिदान कर दिया।" अखनाटन की मृत्यु के बाद मिस्र का साम्राज्य धीरे-धीरे कमजोर हो गया और कई बाहरी आक्रमण हुए। अंत में ई.पू. छठी शताब्दी में मिस्र पर ईरान के लोगों ने अधिकार कर लिया।

मिस्र नील नदी की देन है—कारण

1. किनारे की जमीन का उपजाऊ होना।
2. बाढ़ द्वारा उपजाऊ मिट्टी का आना।
3. सिंचाई की सुविधा।
4. किनारे की काली मिट्टी से मकान और बरतन बनाना।
5. पशुओं के चराने के लिए चरागाह का पाया जाना।
6. व्यापार में सुविधा।
7. अच्छे नाविक का निर्माण।
8. नवीन देशों की खोज।
9. 'पेपरिस' नामक पौधे का पाया जाना।

मिस्र नील नदी की देन

मिस्र को नील नदी की देन कहा गया है। वस्तुतः प्राचीन मिस्र में सभ्यता का जो विकास हुआ है उसमें इस नदी का बड़ा महत्त्वपूर्ण सहयोग मिला है। वैसे तो प्रायः सभी प्राचीन सभ्यताएँ किसी-न-किसी नदी की घाटी में ही विकसित हुई हैं और इसका सबसे प्रधान कारण यह रहा है कि नदियों की घाटियों में मानवजाति को अपनी उन्नति और प्रगति के सारे साधन मौजूद मिलते थे। मिस्र के साथ भी यही बात हुई।

प्राचीन काल में मिस्रवालों को नील नदी का उत्पत्ति स्थल नहीं मालूम था। अतः वे इसे स्वर्ण की नदी समझते थे और इसी कारण वे इस नदी की पूजा भी करते थे। जिस प्रकार हम भारतीयों के जीवन में गंगा नदी का महत्त्व है उसी प्रकार मिस्र के जीवन में इस नदी का स्थान रहा है। अब हम देखें कि यह नदी किस प्रकार मिस्र की सभ्यता में सहयोग देती थी।

नील नदी के आसपास की जमीन काफी उपजाऊ थी। प्रत्येक वर्ष इस नदी में बाढ़ आती थी और दोनों किनारों की जमीन पानी के अंदर चली जाती थी। इससे बाढ़ द्वारा आई हुई मिट्टी चारों ओर फैलकर जमीन को उपजाऊ बना देती थी। सिंचाई के लिए भी मिस्रवालों को वर्षा पर नहीं निर्भर करना पड़ता था। इस नदी के द्वारा सिंचाई की समस्या हल हो जाती थी। नदी के

किनारे काली मिट्‌टी पाई जाती थी जिसमें कपास की अच्छी खेती होती थी। इस मिट्‌टी से मकान तथा बरतन भी बनाए जाते थे। इस प्रकार कृषि के साथ-साथ मिस्र के आर्थिक जीवन पर भी इस नदी का प्रभाव पड़ा। नदी के किनारे पशुओं को चराने के लिए चरागाह भी मिल जाते थे, अतः पशुपालन के लिए भी मिस्रवालों ने इस भाग को चुना। नील नदी द्वारा मिस्र के व्यापार को बहुत अधिक फायदा पहुँचा। इसी नदी के द्वारा मिस्रवाले बड़ी-बड़ी नावों और जहाजों पर माल लादकर दूर देशों के साथ व्यापार करते थे। नदी के किनारे बसने के कारण मिस्र में बहुत से अच्छे नाविक पैदा हुए। व्यापार के बहाने कई नए देशों का पता चला। सबसे बड़ा फायदा मिस्रवालों के सांस्कृतिक क्षेत्र में हुआ। इस नदी के किनारे पेपरिस नामक एक पौधा होता था जिससे ये लोग कागज बनाते थे।

इस प्रकार मिस्र की सामाजिक, राजनीतिक, आर्थिक, सांस्कृतिक सभी अवस्थाओं पर नील नदी का गहरा प्रभाव पड़ा था। नील नदी के इसी महत्त्व के कारण प्रसिद्ध इतिहासकार हिरोडोटस ने कहा था—''मिस्र नील नदी की देन है।'' (Egypt is the gift of Nil)

(ख) सामाजिक अवस्था

प्रारंभ में मिस्र का समाज वर्गों में नहीं बँटा था लेकिन बाद में जैसे-जैसे व्यक्तिगत संपत्ति की भावना बढ़ती गई, वर्ग विभेद भी बढ़ता गया। इस प्रकार कृषि, व्यापार, उद्योग-धंधों आदि के विकास के फलस्वरूप मिस्र का समाज तीन भागों में बँट गया।

सबसे ऊपर उच्च वर्ग के लोग आते थे। इस वर्ग में राजा, सरदार और सामंत थे। सम्राट् ईश्वर का प्रतिनिधि समझा जाता था। राजा स्थानीय शासन सामंतों और सरदारों पर छोड़ देता था। अतः ये सामंत भी ऐश-मौज का जीवन बिताते थे। समाज में पुरोहितों का अधिक सम्मान होता था। ये सभी प्रकार के कर से मुक्त थे। अतः इनका जीवन भी विलासी था। लिपिकों का भी समाज में आदर था, क्योंकि मिस्र की लिपि कठिन थी। इस प्रकार ऊँचे वर्गवाले

आराम का जीवन बिताते थे। मध्यम वर्ग में व्यापारी और कारीगर आते थे। साधारणत: इनका जीवन भी शांत और सुखी था। सबसे नीचे किसान मजदूर आते थे। समाज में किसानों की दशा दयनीय थी। वे जमीन जोतते थे और बदले में राजा को कर देते थे। यदा-कदा इन्हें बेगारी भी करनी पड़ती थी। सबसे खराब दशा गुलामों की थी। इन्हें समाज के सभी वर्गों की सेवा करनी पड़ती थी। समाज में नारी का स्थान ऊँचा था। इन्हें राजनीतिक और सामाजिक दोनों ही अधिकार प्राप्त थे। लोगों का जीवन स्तर उन्नत था। खाने-पीने के वे शौकीन थे। औरत-मर्द दोनों गहनों का प्रयोग करते थे। गहनों में कंगन, बाजूबंद, कंठहार आदि प्रमुख थे। उनके वस्त्र भड़कदार होते थे। जानवर, पक्षियों आदि को लड़ाकर वे अपना मनोरंजन भी कर लेते थे। संगीत और नृत्य में भी उनकी अभिरुचि थी। समाज में जुए का प्रचलन था।

(ग) आर्थिक अवस्था

1. प्रमुख धंधा कृषि था।
2. पशुपालन होता था।
3. व्यापार उन्नत था।
4. बहुत प्रकार के उद्योग-धंधे प्रचलित थे।

मिस्र का आर्थिक जीवन सुखी-संपन्न था। लोगों का प्रमुख धंधा खेती था। खेती में कपास, जौ, गेहूँ, बाजरा, अंगूर आदि उपजाए जाते थे। खेती का काम किसान और गुलाम करते थे। राज्य की ओर से समय-समय पर सहायता दी जाती थी—जिसके बदले किसानों को एक निश्चित रकम कर के रूप में राजा को देनी पड़ती थी। कृषि के साथ-साथ पशुपालन होता था। पशुओं में गाय, भेड़, बकरी, सूअर आदि मुख्य थे। मिस्र के आर्थिक जीवन में पशुओं का कितना महत्त्व था यह इसी उदाहरण से स्पष्ट है कि वहाँ के एक अधिकारी के पास 634 बैल, 227 गायें, 2234 बकरे, 674 भेड़ तथा 260 गधे थे। मछली और अन्य जानवरों का शिकार करके भी वे अपनी जीविका चलाते

थे। मिस्त्रवाले स्थल और जल दोनों मार्ग से व्यापार करते थे। जहाज और नाव बनाने की कला उन्हें मालूम थी। नील नदी से लाल सागर तक एक नहर भी उन्होंने निकाली थी। राजाओं की ओर से भी व्यापार को प्रोत्साहन मिलता था। भारत से मिस्त्रवाले रंग, मसाले, इत्र आदि मँगवाते थे। व्यापार के साथ-साथ कई छोटे-बड़े उद्योग-धंधे प्रचलित थे। लोहार, सोनार, बढ़ई आदि का पेशा उन्नत था। खानों से सोना और तांबा निकाला जाता था। कपड़ा बुनने की दिशा में मिस्त्रवालों ने काफी उन्नति की थी। उसकी प्रशंसा में एक इतिहासकार ने लिखा है—"यदि मिस्त्रवासियों की इस हस्तकला की तुलना अपनी हस्तकला से करें तो यह स्पष्ट हो जाएगा कि वाष्प इंजन के आविष्कार के पूर्व हम उनसे किसी भी वस्तु में आगे नहीं बढ़ेंगे।" उद्योग-धंधों के अंतर्गत मिट्टी के सुंदर बरतन भी बनते थे जिन पर सुंदर चित्रकारी रहती थी।

(घ) धार्मिक अवस्था

1. मरने के बाद आत्मा जीवित रहती है।
2. उसे उन चीजों की जरूरत होती है, जिनका प्रयोग वह करता था।
3. अनेक देवी-देवताओं की पूजा प्रचलित थी।
4. स्वर्ग-नरक में विश्वास था।
5. स्वप्न का अर्थ निकाला जाता था।
6. जादू-टोने का प्रभाव व्याप्त था।
7. धर्म में पुरोहितों की प्रधानता थी।

मिस्त्रवालों के जीवन में धर्म का बहुत अधिक महत्त्व था। संसार की प्राय: सभी प्राचीन सभ्यता पवित्र धर्म की आधारशिला पर ही स्थित होकर एक निश्चित सिद्धांत की ओर अग्रसर हुई है। मिस्त्रवालों के भी धार्मिक विश्वास ने उनके जीवन के प्रत्येक अंगों को प्रभावित किया।

उनका विश्वास था कि मृत्यु के बाद भी आत्मा अमर रहती है और स्वर्ग तथा पृथ्वी सभी जगह अपने इच्छित स्थलों पर घूमा करती है। उनका यह भी

विश्वास था कि मर जाने के बाद भी व्यक्ति को उन तमाम चीजों की जरूरत पड़ती है जिनका उपयोग वह जीवितावस्था में करता है। अतः इसी उद्देश्य की पूर्ति के लिए बड़े-बड़े पिरामिड बनाकर उसमें शव को सुरक्षित रखने की व्यवस्था की गई। उस युग में इतने अधिक पिरामिड बने कि वह युग ही 'पिरामिड युग' कहलाने लगा। इस पिरामिड में शव के साथ उसकी जरूरत की सभी चीजें सुरक्षित रख दी जाती थीं। यहाँ तक कि किसी बड़े आदमी के मरने पर उसके नौकर-चाकरों को भी मारकर रख दिया जाता था।

भारतवर्ष की भाँति वहाँ भी अनेक देवी-देवताओं की पूजा होती थी। सब मिलाकर लगभग 3300 देवता मिस्र में थे। आकाश, सूर्य, पृथ्वी आदि प्रमुख देवता थे। सूर्य सबसे बड़ा देवता समझा जाता था। वृक्ष, पशु और पक्षियों की भी पूजा होती थी। मिस्रवालों का स्वर्ग और नरक में विश्वास था। जादू-टोने के महत्त्व से वे परिचित थे। स्वप्न का अर्थ निकाला जाता था। धार्मिक जीवन में पुरोहितों की काफी पूछ थी। पीछे इन पुरोहितों का जीवन विलासी हो गया। अखनाटन ने मिस्र के धार्मिक जीवन में अंध-विश्वास को दूर करने की कोशिश की थी लेकिन उसे सफलता नहीं मिली। संक्षेप में मिस्र का धर्म बहुत अर्थों में भारतीय धर्म से मिलता-जुलता था।

(ङ) शासन-व्यवस्था

1. शासन का प्रधान राजा था।
2. राज्य कई टुकड़ों में बँटा था।
3. सैनिक व्यवस्था उत्तम थी।
4. आय के कई साधन थे।
5. न्याय-व्यवस्था उत्तम थी।

मिस्र की प्राचीन राजनीतिक व्यवस्था सुसंगठित थी। शासन का प्रधान राजा (फारोआ) था। यह पृथ्वी पर देवता का प्रतिनिधि समझा जाता था। वह स्वेच्छाचारी और निरंकुश होता था और अपने वजीरों की मदद से शासन कार्य

देखता-भालता था। सेना और धर्म का भी प्रधान राजा ही होता था। शासन की सुविधा के लिए संपूर्ण राज्य को 42 इकाइयों में बाँट दिया गया था जिसे 'नोम' कहते थे। 'नोम' के शासक को 'नोमार्क' कहते थे। कुछ समय के लिए मिस्र के शासन में सामंतों का अधिकार बढ़ गया था। लेकिन बारहवें राजवंश के समय पुनः राजा की ताकत बढ़ गई। राज्य की सैनिक व्यवस्था उत्तम थी। प्रारंभ में सेना का आधार सामंतवादी था। लेकिन बाद में स्थायी सैनिक बहाल किए गए। राज्य की आय के कई साधन थे। किसानों और कारीगरों से उनकी आय का एक हिस्सा कर के रूप में लिया जाता था। व्यापार पर भी चुंगी लगाई जाती थी।

न्याय व्यवस्था उत्तम थी। तीन दिनों में ही मुकदमे का फैसला कर दिया जाता था। सारे देश में लिखित कानून थे। अपराधी को बिना दोष प्रमाणित हुए दंड नहीं दिया जाता था। सजाएँ कठोर थीं। प्राणदंड भी दिए जाते थे। फिर भी अमीर लोग पैसे के बल पर न्याय खरीद लेते थे।

(च) शिक्षा, लिपि और साहित्य

1. शिक्षा मंदिरों में दी जाती थी।
2. पहले संकेत लिपि थी, बाद में 24 अक्षरों की वर्णमाला बनी।
3. साहित्य में धार्मिक रचनाएँ अधिक हुईं।
4. कहानी साहित्य का विकास हुआ।

मिस्र में एक विशेष प्रकार की शिक्षा व्यवस्था थी। यह व्यवस्था सरकार की देख-रेख में चलाई जाती थी। प्रायः मंदिरों में शिक्षा दी जाती थी। शिक्षा का मूल उद्देश्य पढ़ना-लिखना तथा व्यापारिक और व्यावहारिक ज्ञान प्राप्त करना था। वाणिज्य और राजनीति के अध्ययन पर जोर दिया जाता था।

मिस्रवालों ने लगभग 3500 ई.पू. ही लिपि का ज्ञान प्राप्त कर लिया था। प्रारंभ में वे चित्र बनाकर अपने भावों को व्यक्त करते थे। बाद में चौबीस चिह्नों की उन्होंने एक वर्णमाला तैयार की। नील नदी के किनारे 'पेपरिस' नामक

पौधा पाया जाता था जिससे कागज बनाया जाता था। धीरे-धीरे कलम-दवात और रोशनाई का व्यवहार भी मिस्रवाले जान गए। अब उनका ध्यान साहित्य की ओर गया। साहित्य के क्षेत्र में धार्मिक रचनाओं को अधिक महत्त्व मिला। देवताओं तथा राजाओं की प्रशंसा में साहित्य लिखे गए। कुछ साहित्य मरे हुए लोगों की आत्मा की शांति के लिए लिखे गए। ऐसे साहित्य 'मृतकों के साहित्य' कहलाए। गणित, चिकित्सा शास्त्र, इतिहास आदि विषयों पर भी साहित्य लिखे गए। सबसे अधिक विकास कहानी-साहित्य का हुआ। 'सिनुहे की कहानी' आज भी प्रसिद्ध है। साहित्य में मानववादी विचारधारा का प्रचार हुआ। गद्य और पद्य दोनों में रचनाएँ हुईं।

(छ) कला कौशल

साहित्य के साथ-साथ कला का भी काफी विकास हुआ। सबसे अधिक उन्नति मूर्ति निर्माण कला में हुई। स्फिंक्स की मूर्ति आज भी अपनी विशालता और सुंदरता के लिए प्रसिद्ध है। यह मूर्ति 160 फीट लंबी, 70 फीट ऊँची है। इसमें सिंह के शरीर के ऊपर मनुष्य का सिर है। भारत में नरसिंह भगवान की मूर्ति से इसकी तुलना की जा सकती है। मूर्तियाँ पत्थर और मिट्टी दोनों की बनती थीं।

चित्रकला का भी विकास हुआ था। पिरामिडों एवं मंदिरों की दीवार पर सुंदर चित्रकारी होती थी। मिट्टी के बरतन पर भी सुंदर चित्रकारी होती थी। ''मिस्रवालों की चित्रकला का उद्‌देश्य सौंदर्य भावना की अभिव्यक्ति न होकर चित्रलिपि में किसी चीज का वर्णन करना होता था।'' शिल्प कला के क्षेत्र में सुंदर-सुंदर मेज-कुरसियाँ बनाई गईं। सोने के सुंदर आभूषण भी बनाए गए। भवन-निर्माण कला के क्षेत्र में पिरामिड उल्लेखनीय हैं। अपनी धार्मिक भावना के फलस्वरूप उन्होंने बड़े-बड़े विशाल पिरामिड बनाए। सबसे बड़ा पिरामिड सम्राट् 'खूफू' ने 3000 ई.पू. में बनवाया था। इसकी ऊँचाई 450 फीट है तथा 746 वर्ग फीट में यह फैला हुआ है। ये पिरामिड उस युग की आश्चर्यजनक वस्तुओं में एक हैं। पिरामिड के अलावा बड़े-बड़े भवन और मंदिर बनाए

गए। कारनाक का मंदिर इस दिशा में प्रसिद्ध है। इस प्रकार मिस्र ने कला के क्षेत्र में काफी प्रगति की थी। एक इतिहासकार के शब्दों में—"मिस्री कला किसी भी आधुनिक राष्ट्र की कला से श्रेष्ठ है और केवल यूनान की कला ही इसकी बराबरी कर सकती है।"

(ज) विज्ञान

साहित्य और कला के साथ-साथ मिस्र में विज्ञान की भी काफी प्रगति हुई। गणित शास्त्र का विकास हो चुका था। 1 से 9 तक की संख्या से वे परिचित थे। मिस्रवालों ने सर्वप्रथम दशमलव का सिद्धांत शुरू किया था। जोड़, घटाव और भाग से उनका परिचय हो गया था। पंचांग का आविष्कार सबसे पहले मिस्र में ही हुआ। उनके वर्ष 365 दिन 12 महीने के होते थे। एक महीने में 30 दिन होते थे। सौरवर्ष की कल्पना पहली बार मिस्र में ही हुई थी। रेखागणित के क्षेत्र में क्षेत्रफल का ज्ञान, त्रिभुज, चतुर्भुज आदि की उन्हें जानकारी थी। इधर हाल की खुदाई में चिकित्सा शास्त्र की एक पुस्तक मिली है जिससे उनका चिकित्सा ज्ञान भी स्पष्ट है। ऑपरेशन की जानकारी मिस्रवालों को हो गई थी। मृतकों को रसायन में रखकर आज तक सुरक्षित रखना उनके रासायनिक ज्ञान का परिचायक है।

ज्योतिष शास्त्र के अंतर्गत मिस्रवाले ग्रहों, उपग्रहों, तारों का अध्ययन करते थे। समय का पता पाने के लिए धूप-घड़ी का ईजाद हो चुका था। इस प्रकार विज्ञान के सभी क्षेत्रों में प्रगति हुई थी।

(झ) मिस्र की सभ्यता की देन

संसार की प्रारंभिक सभ्यता के क्षेत्र में मिस्र की देन अपूर्व है। यद्यपि नवीन सभ्यता को देखते हुए मिस्र की सभ्यता कई अर्थों में अपूर्ण कही जा सकती है फिर भी विश्व सभ्यता में उसका महत्त्वपूर्ण योगदान रहा है। सभ्यता के अंधकारमय पथ पर मिस्रवालों ने ही पहले पहल अपना कदम बढ़ाया और सभ्यता की किरणें संसार में फैलाईं। मिस्र की सबसे बड़ी देन लिपि है। यहीं पहली बार वर्णमाला का प्रादुर्भाव हुआ था। इसी वर्णमाला के आधार पर

दुनिया के अन्य देशों में वर्णमाला का प्रयोग हुआ। अब तक लिखने-पढ़ने का साधन प्राप्त नहीं था लेकिन मिस्रवालों ने ही पेपरिस से कागज का ईजाद किया, सरकंडे से कलम बनाई एवं गोंद तथा काजल को घोलकर रोशनाई की समस्या हल कर दी। कला के क्षेत्र में मिस्र की देन अपूर्व है। पिरामिड आज भी इसके प्रमाण हैं। मिस्र के स्वर्णकार, जुलाहे, शिल्पी आदि ने विश्व के कलाकारों को नई प्रेरणा दी, उन्हें सौंदर्य का बोध कराया। बेलबूटे, मेहराब, स्मारक, स्तंभ-सभी मिस्र की ही देन हैं।

विज्ञान के क्षेत्र में मिस्र ने ऐसे रासायनिक लेप का पता लगाया जो आज भी वैज्ञानिकों को आश्चर्य में डाल देता है। गणित के क्षेत्र में दशमलव, ज्यामिति के क्षेत्र में त्रिभुज आदि का ज्ञान पहले मिस्र में ही आया। सामाजिक जीवन में पारिवारिक प्रेम का पाठ पहली बार मिस्र ने ही विश्व को पढ़ाया। शासन में मिस्र की देन कानून है। धार्मिक क्षेत्र में आत्मा का अमरत्व, पुनर्जन्म, एकेश्वरवाद, अद्वैतवाद आदि की भावना पहली बार मिस्र में ही पनपी। इस प्रकार सामाजिक, राजनीतिक, सांस्कृतिक, धार्मिक सभी क्षेत्रों में मिस्र ने विश्व को प्रभावित किया है। 'हर्नेशा' के अनुसार—"मिस्र ने वह पक्की नींव डाली जिस पर पाश्चात्य जगत् की सारी संस्कृति खड़ी है। उसने अनुसंधान किए और आविष्कारों को पूर्णता दी जो मानवजाति की सामाजिक या परंपराओं के बहुमूल्य अंग हैं।" डोर्से ने भी लिखा है—"आधुनिक सभ्यता में जो कुछ पवित्र है और जो कुछ अपवित्र है, उसका स्रोत मिस्र है।" (Egypt has been the sower of much that is sacred and much that is france in modern Civilization)

प्रश्न

1. प्राचीन मिस्र की सभ्यता की मुख्य-मुख्य विशेषताएँ क्या हैं ?
2. अखनाटन ने प्राचीन मिस्र के इतिहास में क्या योगदान दिया ?
3. मिस्र की प्राचीन सभ्यता के विषय में आप क्या जानते हैं ?
4. सभ्यता के प्रति प्राचीन मिस्र की देन का वर्णन कीजिए।

□

3

चीन की प्राचीन सभ्यता

(क) संक्षिप्त इतिहास

चीन एक विशाल देश है। इसके दक्षिण-पूर्व में समुद्र है और शेष तीन दिशाएँ पहाड़ों से घिरी हुई हैं। कहीं-कहीं चौरस मैदान भी है। यहाँ के आदि निवासी मंगोल जाति के थे। अपनी भौगोलिक स्थिति के चलते चीन संसार के दूसरे भागों से बहुत दिनों तक कटा सा रहा। यही कारण है कि यहाँ की सभ्यता अन्य नदी घाटी सभ्यताओं से थोड़ी भिन्न है।

चीन का इतिहास बहुत पुराना है। चीन के लोगों का कहना है कि 3000 ई.पू. के लगभग यहाँ एक उच्चकोटि की सभ्यता का विकास हो चुका था और यह समय चीन के इतिहास में स्वर्गयुग कहलाता था। यद्यपि इस तथ्य का पूरा पता नहीं मिलता फिर भी इतना निश्चित है कि ईसा से 1000 वर्ष पहले चीन में सभ्यता का विकास बहुत आगे बढ़ चुका था। शुरू में दो राजवंश के राजाओं ने शासन किया। पहले शांगवंश के राजाओं ने (1750-1125 ई.पू.) और बाद में चाऊवंश के राजाओं ने (1125-250 ई.पू.)। शांगवंश का शासन 644 वर्षों तक चीन पर रहा। इस युग में देश काफी उन्नत हुआ लेकिन इस वंश का अंतिम राजा अयोग्य और अत्याचारी निकला। फलतः क्यांग ने उसे गद्दी से उतारकर चाऊवंश की नींव डाली।

चाऊवंश का शासनकाल स्वर्गयुग कहलाया। इस समय सभी क्षेत्रों में सभ्यता और संस्कृति का विकास हुआ। कन्फ्यूशियस, लाओजे आदि प्रसिद्ध दार्शनिक इसी काल में पैदा हुए थे। चाऊवंश के समय में सामंतों का प्रभाव

शासन पर अधिक बढ़ गया। अतः शासन में अराजकता फैल गई। लेकिन बहुत दिनों तक यह स्थिति नहीं रही। चेन नामक एक सामंत ने चाऊवंश का अंत कर चिनवंश की नींव डाली। इस वंश का सबसे प्रसिद्ध राजा 'शीत हुआंग-टी' हुआ। उसने चीन में कई रचनात्मक कार्य किए। इसी के समय हूणों के आक्रमण से देश की रक्षा के लिए चीन की प्रसिद्ध दीवार बनी। यह दीवार 1800 मील लंबी, 22 फीट ऊँची और 20 फीट चौड़ी है। इसमें लगभग 20000 गुंबद और 30000 स्तंभ हैं। 10 वर्षों के लगातार कठिन परिश्रम के बाद यह दीवार बनी थी। आज भी दुनिया के सात आश्चर्यों में इसकी गिनती होती है।

चिनवंश के बाद राजवंश की स्थापना हुई। फिर इसके पतन के बाद 618 ई. में तांगवंश का शासन प्रारंभ हुआ। इसके पतन के बाद शुंगवंश का शासन कायम हुआ। अंत में 1259 ई. में कुबलाई खाँ के नेतृत्व में मंगोल जाति ने इस राजवंश का अंत कर पूरे चीन पर अपना अधिकार कर लिया।

(ख) सामाजिक अवस्था

चीन का समाज कई वर्गों में बँटा हुआ था। सबसे ऊपर राजा, सामंत और पुजारी थे। सामंतों का समाज में बोलबाला था। ये राजा को युद्ध के अवसर पर सैनिक सहायता देते थे। बदले में राजा की ओर से इन्हें जागीर मिली हुई थी। इनका जीवन विलास और आराम का जीवन था। पढ़े-लिखे होने के कारण बड़ी-बड़ी नौकरियाँ इन्हें ही मिलती थीं। अतः शासन पर इन्हीं का प्रभाव रहता था। दूसरा वर्ग किसानों का था। इनका जीवन दयनीय था। वे खेतों में बँधुआ गुलाम की तरह होते थे। खेती का सारा काम किसान करते थे और उपज खेत के मालिक सामंतों के पास पहुँचती थी। फलतः किसानों का जीवन सुखी न था। तीसरा वर्ग व्यापारियों और कारीगरों का था। व्यापार और उद्योग-धंधों में उन्नति होने से इस वर्ग की दशा अच्छी थी। चीन के सामाजिक जीवन में परिवार का बहुत बड़ा महत्त्व था। परिवार का मुखिया पिता होता था। स्त्रियों को कोई स्वतंत्र अधिकार प्राप्त नहीं था। वे सामाजिक एवं आर्थिक दृष्टि से

पुरुषों के अधीन रहती थीं। पुरुष एक से अधिक शादियाँ कर सकते थे तथा तलाक भी दे सकते थे लेकिन स्त्रियों को यह अधिकार प्राप्त नहीं था। इतना होते हुए भी घर के भीतर नारी का स्थान आदरणीय था। माता और पत्नी के रूप में उनकी प्रतिष्ठा थी। कई पढ़ी-लिखी स्त्रियाँ भी हुईं। 'लू' नामक एक स्त्री ने 15 वर्षों तक चीन पर शासन किया था। चीनवाले अन्न और मछली खाते थे तथा चाय और मदिरा पीते थे।

(ग) आर्थिक अवस्था

प्राचीनकाल में चीन एक गरीब देश था फिर भी उसकी आर्थिक व्यवस्था सुसंगठित थी। खेती की ओर शुरू से ही वहाँ के लोगों का झुकाव रहा है। वे गेहूँ, जौ, बाजरा, चावल, चाय, सोयाबीन आदि की खेती करते थे। सिंचाई पर बहुत ध्यान दिया जाता था। खेती के साथ-साथ पशुपालन भी होता था। पशुओं में बकरी, सूअर, कुत्ते, भेड़, बैल, गाय आदि मुख्य थे। कई प्रकार के छोटे-मोटे उद्योग-धंधे भी चीन में होते थे। उद्योग-धंधों में शिकार करना, मिट्टी, लोहे, लकड़ी और शीशे की चीज बनाई जाती थी। चीनी मिट्टी के बरतन आज भी प्रसिद्ध हैं। औरतें सिलाई-बुनाई का कार्य करती थीं। चीन में रेशम बड़ा कीमती बनता था और विश्व के सभी देशों में इसकी माँग रहती थी। सूती कपड़े का व्यवसाय भी उन्नति पर था। कागज बनाने का पहला काम चीन में ही आरंभ हुआ था। चीन का व्यापार भी उन्नत दशा में था। देश के भीतर और बाहर दोनों जगह व्यापार होता था। सिक्के का प्रयोग हो चला था। कुछ लोग महाजनी का भी धंधा करते थे।

(घ) धार्मिक अवस्था

अन्य देशों की तरह चीनवाले भी अंधविश्वासी थे। वे पूर्वजन्म में विश्वास करते थे तथा पितरों की पूजा को महत्त्व देते थे। उनका विश्वास था कि उनके मृत पूर्वज उनकी रक्षा करते हैं, अतः पितरों की याद में वे भोज करते थे। इसके बाद भी वृक्ष, पर्वत, आकाश आदि की पूजा होती थी। चीनवालों ने स्वर्ग की कल्पना की थी। जादू-टोने और भविष्यवाणी में उनका विश्वास था।

बलि प्रथा भी प्रचलित थी। चीन के धार्मिक जीवन में पुरोहितों का बोलबाला था। इसी समय चीन में कन्फ्यूशियस और लाओजे दो ऐसे दार्शनिक पैदा हुए जिनके विचारों का चीन के धार्मिक विश्वासों पर बहुत व्यापक असर पड़ा।

कन्फ्यूशियस

कन्फ्यूशियस का जन्म शांतुंग प्रांत में 550 ई.पू. में हुआ था। उसका वंश चीन में सबसे ऊँचा था। मानव चरित्र के संबंध में उसका कहना था—"मनुष्य का चरित्र कविता से निर्मित होता है, विधियों से विकसित होता है और संगीत से पूर्णता प्राप्त करता है।" 22 वर्ष की उम्र में उसने शिक्षक का कार्य प्रारंभ किया। उसने चीन के सबसे प्राचीन ग्रंथ 'यी चीन' और 'शू चीन' का अध्ययन किया। उसकी शिक्षा का मूल उद्देश्य था कि जीवन में सामंजस्य लाने के लिए हमारा व्यवहार कैसा हो- इस बात पर ध्यान रखना चाहिए। व्यक्तिगत, सामाजिक, राजनीतिक, पारिवारिक सभी प्रकार के जीवन में मनुष्य के समुचित व्यवहार के लिए उसने कई नियम भी बनाए। कुछ समय तक वह चुंगनु नामक शहर का मैजिस्ट्रेट भी नियुक्त हुआ। 479 ई.पू. में उसकी मृत्यु हो गई।

कन्फ्यूशियस के उपदेश

1. मनुष्य का आचरण और व्यवहार सामंजस्यपूर्ण हो।
2. 'अति' का त्याग कर 'मध्यम' पथ का अवलंबन लेना चाहिए।
3. पारिवारिक जीवन में नैतिकता का समावेश हो।
4. ईश्वर साकार नहीं है।
5. पुनर्जन्म नहीं होता है।
6. चरित्र में शील और सौजन्य हो।
7. माता-पिता, राजा-प्रजा का संबंध सुंदर हो, आदि।

कन्फ्यूशियस ने व्यक्तिगत आचरण पर बहुत जोर दिया। गौतम बुद्ध की तरह उसने भी 'अति' के त्याग की सलाह दी। उसके अनुसार 'मध्यम' रास्ते

से चलते रहने और जीवन के कर्तव्यों का पालन करते रहने से ही जीवन में कल्याण संभव है। पारिवारिक जीवन में नैतिकता के आचरण पर उसने विशेष बल दिया। माता-पिता की सेवा को उसने मनुष्य का प्रधान कर्तव्य बताया। उसके अनुसार राजा और प्रजा के बीच पिता-पुत्र का संबंध रहना चाहिए। चरित्र में शील और सौजन्य की स्थापना उसकी शिक्षा के उद्देश्य थे। साकार ईश्वर की सत्ता मानने से उसने इनकार कर दिया। पुनर्जन्म के सिद्धांतों में भी उसने अभिरुचि नहीं दिखलाई। संक्षेप में उसके निम्नलिखित सिद्धांत थे—(क) पितरों की पूजा करो, (ख) बूढ़ों को शांति और विश्राम दो, (ग) मित्रों के प्रति सच्चे बनो। उसके अनुसार प्रत्येक मनुष्य में निम्नलिखित गुणों का रहना आवश्यक है—(क) मानसिक शुद्धता, (ख) उचित आचरण, (ग) सभी के प्रति दयाभाव, (घ) राजमंत्रियों का आदरभाव, (ङ) जनकार्यों में सहयोग की भावना, (च) विदेशियों के साथ अच्छा व्यवहार रखना, (छ) साधारण जनता के प्रति अच्छा व्यवहार रखना, (ज) अच्छी बातों को प्रोत्साहन देना।

कन्फ्यूशियस के विचारों का बहुत अधिक प्रभाव चीन की जनता पर पड़ा। इसके बाद दूसरा दार्शनिक लाओजे था।

लाओजे

कन्फ्यूशियस की तरह लाओजे ने भी चीन की जनता के धार्मिक विश्वासों को बहुत हद तक प्रभावित किया है। उसका कथन था—''जीवन में खटपट की क्या आवश्यकता, परेशानी की क्या आवश्यकता है। सृष्टि 'पथ' की तरह चलती है, हजारों प्राणी इस पथ पर चलते हैं किंतु पथ उनको पकड़कर नहीं रखता। पथ के इस नियम को, सृष्टि के इस गुण को जो समझ गया वही ठीक है। सृष्टि के प्रवाह के साथ अपने आपको छोड़ देने से सफलता प्राप्त होती है।'' लाओजे के सिद्धांत से चीन में भाग्यवाद का प्रचार हुआ। उसका सिद्धांत ताओबाद (Taism) के नाम से प्रसिद्ध है।

ई.पू. प्रथम शताब्दी से भारत से बौद्ध धर्म चीन पहुँचा और धीरे-धीरे इसने ताऊ धर्म की जगह ले ली। बौद्ध धर्म का वहाँ काफी प्रचार हुआ।

(ङ) राजनीतिक अवस्था

शासन में राजा प्रधान होता था। उसका पद दैवी समझा जाता था, अतः वह दैवी सिद्धांत के आधार पर शासन करता था। राजकाज में सहायता देने के लिए बहुत से पदाधिकारी होते थे। राज्य का सबसे बड़ा पुरोहित भी राजा ही समझा जाता था। राजा साधारणतः प्रजा के सुख का खयाल रखता था और अगर कोई राजा अपना कर्तव्य नहीं करता था तो प्रजा विद्रोह करके उसे पदच्युत कर देती थी। शासन कार्य की आसानी के लिए शासन के कई विभाग कर दिए गए थे। चीन में युद्ध और सेना को अधिक महत्त्व नहीं दिया जाता था। आज यह चीन तो संसार में युद्धप्रियता के कारण बदनाम हो रहा है लेकिन प्राचीनकाल में यह अपनी शांतिप्रियता के लिए प्रसिद्ध था। अतः सेना पर अधिक ध्यान नहीं दिया जाता था। लेकिन फिर भी शांति और सुरक्षा बनाए रखने के लिए एक सेना रहती थी।

(च) साहित्य और विज्ञान

प्राचीन चीन में लिखना ईश्वरीय देन समझा जाता था। बहुत पुराने जमाने से ही वहाँ लोगों को लिखने की कला मालूम थी। प्रारंभ में उनकी लिपि चित्रलिपि थी। उनके पास वर्णमाला नाम की कोई चीज नहीं थी। हमारी भाषा की तरह लिंग और हिज्जे का भी बखेड़ा वहाँ नहीं था। इतना सब कुछ होते हुए भी वहाँ साहित्य की प्रगति हुई। कन्फ्यूशियस एक दार्शनिक ही नहीं था, महान् साहित्यकार भी था। उसकी पुस्तक 'शी चिंग' बड़ी प्रसिद्ध है। साहित्य में कविता को महत्त्वपूर्ण स्थान मिला। समाज में भी कवियों का महत्त्वपूर्ण स्थान था। हानवंश और तांगवंश के शासनकाल में कविता अपने विकास की चरम सीमा पर पहुँच गई थी। चीन का सबसे बड़ा कवि 'लीताई पोचीन' हुआ। तूफू एक दूसरा प्रसिद्ध कवि था। पद्य के बाद गद्य की भी रचना हुई। गद्य में दार्शनिक पुस्तकें अधिक संख्या में लिखी गईं।

चीनवालों ने विज्ञान के क्षेत्र में भी काफी प्रगति की। गणित और ज्यामिति का परिचय उन्हें मिल चुका था। कैलेंडर का भी निर्माण हो चुका था।

रसायनशास्त्र व चिकित्साशास्त्र का वे अध्ययन करते थे। नक्षत्रों का पता उन्हें मालूम रहता था। सूर्य और चंद्र ग्रहण से भी वे परिचित थे। वे भूकंप का पता सिसमोग्राफ नामक यंत्र से लगाते थे। बारूद का आविष्कार को चुका था। लेकिन इतना सबकुछ होते हुए भी जादू-टोने की भविष्यवाणी आदि का प्रयोग होता था।

(छ) कला

प्राचीन चीन में कला के प्रायः सभी अंगों का पूर्ण विकास हुआ था। मूर्ति निर्माण कला में चीनवाले काफी आगे बढ़े हुए थे। पत्थरों, काँसे, मिट्टी आदि की मूर्तियाँ बनाई जाती थीं। उस युग की सबसे प्रसिद्ध मूर्ति 'बोधिसत्त्व अवलोकितेश्वर' की है। मूर्तियाँ अधिकतर पशु-पक्षियों, योद्धाओं, नर्तकियों की बनाई जाती थीं। चित्रकला का उदाहरण चीनीमिट्टी का बरतन है। उन बरतनों पर सुंदर चित्रकारी होती थी। बरतन के बाद कपड़े पर भी वे चित्रकारी करते थे। 'बाँगवे' वहाँ का सबसे बड़ा चित्रकार और कवि था। उसने लिखा है—"प्रत्येक चित्र कविता है और प्रत्येक कविता चित्र है।" इससे स्पष्ट है कि उसके चित्र कवित्वमय होते थे। भवन-निर्माण कला के क्षेत्र में चीन की दीवार का नाम लिया जा सकता है। इसके बाद भी लकड़ी के बड़े-बड़े भवन बनाए जाते थे। संगीत, नृत्य कला का भी ज्ञान चीनवालों को था और धार्मिक अवसरों पर वे इसका उपयोग करते थे।

(ज) चीनी सभ्यता की देन

संसार की अति प्राचीन सभ्यताओं में एक चीन भी है। यह सभ्यता आज तक कायम है। यद्यपि प्राचीन चीन और आधुनिक चीन के सिद्धांतों-विचारों में एक मौलिक अंतर आ गया है फिर भी चीन की कई देन विश्व के लिए महत्त्वपूर्ण हैं।

चीन की सबसे बड़ी देन धर्म और दर्शन के क्षेत्र में है। प्रसिद्ध दार्शनिक कन्फ्यूशियस यहीं पैदा हुआ था। उसके सिद्धांत आज भी मान्य हैं। सामाजिक जीवन में परिवार चीन की बहुत बड़ी देन है। पहली बार चीन ने ही पारिवारिक

प्रेम का पाठ विश्व को पढ़ाया। नैतिकता की पहली शिक्षा चीन ने ही विश्व को दी। चीन में हमेशा राजनीतिक उथल-पुथल होती रही, लेकिन उसके सामाजिक और सांस्कृतिक जीवन में कभी कोई परिवर्तन न आया। यह उसकी बहुत बड़ी विशेषता है। कला के क्षेत्र में चीन की दीवार का नाम लिया जाता है। यह दीवार दुनिया के सात आश्चर्यों में गिनी जाती है। कला के क्षेत्र में चीनी मिट्टी के बरतन आज भी प्रसिद्ध हैं। उस पर की गई चित्रकारी चीन के चित्रकला प्रेमी होने का प्रमाण है। सांस्कृतिक जीवन में चीन ने कागज का ईजाद कर महत्त्वपूर्ण सहयोग दिया है। बारूद तथा मुद्रण कला का आविष्कार भी यहीं हुआ। चीन की सबसे बड़ी देन है युद्ध को प्रोत्साहन न देकर शांति को प्रोत्साहन देना। चीन में सैनिक बनना कोई महत्त्व की बात नहीं समझी जाती थी। आज भले ही चीन का रवैया खतरनाक बन गया है और वह संसार की शांति के लिए खतरा साबित हो रहा है पर प्राचीन चीन शांति का समर्थक था। विज्ञान के क्षेत्र में शल्य चिकित्सा (surgery) की जानकारी उनकी विशेषता थी।

प्रश्न

1. प्राचीन चीन के धर्म के मुख्य सिद्धांतों की विवेचना कीजिए। कन्फ्यूशियस और लाओजे के मुख्य उपदेश बताइए।
2. प्राचीन चीन की सभ्यता पर विहंगम दृष्टि डालिए।
3. तांगवंश का शासनकाल चीन का स्वर्णयुग क्यों कहा जाता है?
4. प्राचीन चीन की संस्कृति के मुख्य अंगों का वर्णन कीजिए।

□

4
यूनान की सभ्यता

(क) संक्षिप्त इतिहास

यूनान के इतिहास पर वहाँ की भौगोलिक स्थिति का बहुत बड़ा प्रभाव पड़ा है। समूचे देश में कई छोटी-मोटी पहाड़ियाँ फैली हैं जिनके कारण सारा देश छोटे-छोटे टुकड़ों में बँट गया। फलतः यूनान में छोटे-छोटे शहरी राज्य कायम हुए और साम्राज्य की स्थापना के बाद भी उनकी आंतरिक स्वतंत्रता कायम रही। पहाड़ी इलाका होने के कारण कृषि की गुंजाइश वहाँ नहीं थी। अतः वहाँ वालों को जीविका के लिए वाणिज्य-व्यापार का सहारा लेना पड़ा। यूनान का समुद्री किनारा कटा होने के कारण व्यापार में उन्हें सुविधा भी मिली। 'टर्नर' महोदय ने ठीक ही लिखा है कि—"वाणिज्य-व्यापार विनिमय एवं मुद्राप्रधान अर्थव्यवस्था का जितना विकास यूनान के शहरों में हुआ उतना अभी तक और कहीं नहीं हुआ था।"

यूनानी सभ्यता पर क्रीट की सभ्यता (2500 ई.पू.-1400 ई.पू.) का बहुत अधिक प्रभाव पड़ा था। यह सभ्यता कांस्य युग की सभ्यता थी और बहुत ऊँचे दर्जे की थी। लेकिन ईसा के पूर्व 14वीं शताब्दी के प्रारंभ में यूनानियों के पहले दल के एकियन लोगों ने क्रीट की सभ्यता को नष्ट कर दिया। फिर भी वे लोग उस सभ्यता को अपनाने से भी न चूके और उसी सभ्यता के आधार पर यूनान में नई सभ्यता पनपी।

ईसा से पूर्व 12वीं शताब्दी में यूनानियों के दूसरे दल के लोग आए जिन्हें डोरियन कहते थे। इन लोगों के समय तक सभ्यता का विकास उन्नत नहीं

हुआ था। धीरे-धीरे यूनानियों ने भटकना छोड़कर गाँव में बसना शुरू किया। एक जगह बस जाने के बाद कृषि का कार्य होने लगा। पशु इनके पास थे ही। इस प्रकार इन गाँवों को मिलाकर धीरे-धीरे नगर राज्यों की स्थापना होने लगी। इन नगर राज्यों में बड़े-बड़े सरदारों का आधिपत्य था। इसी समय यूनानियों ने जीविका की खोज में आसपास के इलाकों में बसना शुरू किया, फलतः उसके कई उपनिवेश स्थापित हुए। अब उपनिवेश की स्थापना से व्यापार को अधिक प्रोत्साहन मिला और व्यापार की प्रगति से बहुत से लोग धनी हो गए। उन्हें सरदारों का प्रभुत्व अब खलने लगा। कुछ समय के बाद सरदारों के हाथ से शासन की बागडोर छिनकर अन्य लोगों के हाथ में आ गई, वे आततायी कहलाते थे लेकिन थोड़े समय पश्चात् उनकी सत्ता भी समाप्त हो गई और यूनान में लोकतंत्र कायम हुआ।

यूनान में दो प्रमुख राज्य हुए—एक स्पार्टा और दूसरा एथेंस। एथेंस में लोकतंत्र कायम हुआ। व्यापार-वाणिज्य की प्रगति से लोकतंत्र का काफी प्रसार और प्रचार हुआ। इसी समय सम्राट् सोलन ने आर्थिक और राजनीतिक कई ऐसे सुधार किए जिससे लोकतंत्र की भावना और विकसित हुई। सोलन ने कठोर कानून को बहुत हद तक कोमल बना दिया और कानून के क्षेत्र में उसने कई मौलिकता को जन्म दिया। एक दूसरे सम्राट् क्लीस्थनीज ने सोलन के कार्य को और अधिक बल दिया। इन राजाओं के सुधारों के फलस्वरूप साधारण नागरिकों की अभिरुचि भी लोकतंत्र की ओर उन्मुख हुई।

स्पार्टा कृषि-प्रधान देश था, अतः वहाँ लोकतंत्र विकसित न हो सका। वहाँ का शासन पुराने तरीके से ही चलता रहा। संक्षेप में उसे सैनिक राज्य कहा जा सकता है। ई.पू. पाँचवीं शताब्दी के आरंभ में ईरानियों ने यूनान पर आक्रमण कर दिया। दोनों का युद्ध बहुत दिनों तक चलता रहा और अंत में यूनान की जीत हुई। इस युद्ध से यूनान की स्वतंत्रता तो अक्षुण्ण हो ही गई, उसकी धाक भी संसार में जम गई। एथेंस ने अपने लिए एक विशाल साम्राज्य प्राप्त कर लिया। इस समय एथेंस का नेतृत्व पेरिक्लीज के हाथ में आया। वह एक कुशल राजनीतिज्ञ था। उसके सफल नेतृत्व में एथेंस का लोकतंत्र

काफी ख्याति अर्जित कर चुका था। सभ्यता और संस्कृति का विकास भी वहाँ धड़ल्ले से हो रहा था। एथेंस की यह उन्नति आखिर स्पार्टा से न देखी गई और फलस्वरूप दोनों में युद्ध ठन गया (431-404 ई.पू.)। इस युद्ध में आरंभ में स्पार्टा की जीत हुई लेकिन संघर्ष पुनः शुरू हुआ और अंतिम जीत एथेंस की हुई।

इसी समय चौथी शताब्दी ई.पू. में मेसेडोनिया की शक्ति का उदय हुआ। वहाँ का राजा फिलिप था (359-366 ई.पू.)। उसने सैन्यबल से समूचे यूनान पर अपना अधिकार कर लिया। उसी का पुत्र सिकंदर महान् था (336-323) जिसने मिस्त्र; पश्चिमी एशिया, ईरान और उत्तर-पश्चिमी भारत को अपने अधिकार में कर एक बहुत बड़े साम्राज्य की स्थापना की। सिकंदर की मृत्यु के बाद उसके सेनापतियों ने समूचे राज्य को आपस में बाँट लिया। बाद में ये सभी राज्य रोमनों ने जीत लिये।

(ख) सामाजिक अवस्था

यूनान का समाज मुख्यतः दो वर्गों में बँटा था—नागरिक और गैर-नागरिक। फिर नागरिक में भी दो भेद थे। एक ओर बड़े-बड़े सरदार थे, जिनके पास संपत्ति के अंबार लगे थे और जो ऐश-मौज का जीवन बिताते थे। दूसरी ओर गरीब किसान थे जिनका जीवन हमेशा दरिद्रता और अभाव में ही बीतता था। सरदारों की तरह इन्हें न तो कोई सामाजिक अधिकार प्राप्त था, न राजनीतिक। गैर-नागरिक वर्ग में व्यापारी, विदेशी और गुलाम आते थे। इनकी संख्या समाज में अधिक थी पर इन्हें किसी प्रकार के अधिकार प्राप्त न थे। गुलामों की दशा बड़ी बुरी थी। खेती का सारा कार्य इन्हें ही करना पड़ता था। फिर भी ये दाने-दाने को मुहताज रहते थे। स्त्रियों की दशा भी उन्नत नहीं कही जा सकती है। गुलामों की तरह ये भी सभी प्रकार के अधिकारों से वंचित थीं। सार्वजनिक कार्यों में ये हाथ नहीं बँटा सकती थीं। उनका कार्यक्षेत्र घर के भीतर था। पेरिक्लीज के अनुसार सबसे अच्छी स्त्री वह है जिसके संबंध में लोग सबसे कम जानें। समाज में कुछ ऐसी नाचने-गानेवाली स्त्रियाँ होती थीं,

जो पुरुषों का मनोरंजन करती थीं। धीरे-धीरे धन का प्रभाव बढ़ जाने से यूनान के समाज में अशांति फैलने लगी थी।

(ग) आर्थिक अवस्था

यूनानियों का मुख्य पेशा कृषि था। खेती में वे गेहूँ उपजाते थे तथा तरकारी, मटर, अंगूर आदि फल पैदा करते थे। लेकिन पहाड़ी इलाका होने के कारण वहाँ कृषि की स्थिति अच्छी नहीं थी, अतः वे बाग लगाने का भी कार्य करते थे। पशुपालन दूसरा मुख्य व्यवसाय था। पशुओं में बकरी, सूअर, गधा, भेड़, गाय, घोड़ा आदि मुख्य थे। कृषि जीविका का निर्वाह नहीं होने पर यूनानियों ने व्यापार की ओर ध्यान दिया। उपनिवेश की स्थापना के बाद से व्यापार का काफी विकास हुआ। कई छोटे-मोटे उद्योग-धंधे भी प्रचलित थे।

उद्योग-धंधों में शराब और जैतून का तेल बनाया जाता था और कहीं-कहीं खानों में खुदाई का काम होता था। सिक्कों का प्रचलन होने लगा था।

(घ) धार्मिक अवस्था

प्राचीन यूनान में बहुत से देवी-देवताओं की पूजा होती थी। वे लोग मूर्तिपूजक थे और ईश्वर की कल्पना मनुष्य के आकार-प्रकार से करते थे। 'जियस' सबसे बड़ा देवता था और सभी देवताओं का राजा था। रोमन में इसे जूपिटर भी कहते थे। युद्ध का देवता 'इरीश' और प्रेम का देवता 'ईरोस' था। एपोलो एक अन्य देवता था जो बड़ा प्रसिद्ध था। इन देवताओं पर यूनानी शराब चढ़ाते थे। देवताओं के अलावा कुछ महापुरुषों की भी पूजा होती थी। कहीं-कहीं भूत-प्रेतों को भी लोग पूजते थे। स्वप्न का अर्थ निकाला जाता था। भविष्यवाणी में उनका विश्वास था। जादू-मंत्र का महत्त्व वे जानते थे। यूनान के धार्मिक जीवन में वहाँ के पुरोहितों का बहुत बड़ा स्थान था। धार्मिक उत्सव के अवसर पर संपूर्ण देशवासी एक स्थान पर इकट्ठे होते थे और खेल-कूद की प्रतियोगिता करते थे। ओलंपिक खेल इसी का उदाहरण है। इस खेल से धार्मिक उद्‌देश्य की पूर्ति तो होती ही थी, राष्ट्रीयता की भावना भी बढ़ती थी। यूनान में लोग स्वर्ग प्राप्ति के लिए ही धर्म करते थे। यूनान के विचारकों ने

मृत्यु का बड़ा भयानक चित्र प्रस्तुत किया, अतः यूनानी श्रद्धा से नहीं वरन् भय से देवता की पूजा करते थे।

(ड़) शासन व्यवस्था

आरंभिक अवस्था में यूनान में राजतंत्र कायम हुआ था। पीछे कुलीन तंत्र का प्रादुर्भाव हुआ और बाद में प्रजातंत्र प्रणाली का विकास हुआ। समूचे देश में छोटे-छोटे नगर राज्य कायम थे। इन नगर राज्यों में कहीं सरदारों का शासन था और कहीं लोकतंत्र कायम था। स्पार्टा में सरदारों का शासन था और एथेंस में लोकतंत्र कायम था। प्रत्येक राज्य में एक सभा भवन होता था, जहाँ सभी नागरिक इकट्ठे होकर सार्वजनिक हित के कार्यों का संपादन करते थे। यद्यपि आए दिन इन राज्यों में युद्ध होते रहते थे लेकिन उनकी सांस्कृतिक एकता कायम रहती थी। प्रजातंत्र के नागरिक लोकसभा और कौंसिल के द्वारा अपना शासन चलाते थे। इस कौंसिल में 500 सदस्य थे और यह कौंसिल दस समितियों में बँटी हुई थी। पेरिक्लीज के समय ऐसी व्यवस्था थी कि राज्य का प्रत्येक व्यक्ति एक-एक दिन के लिए राज्य का प्रधान होता था। इतना सब कुछ होते हुए भी लोकतंत्र केवल नागरिकों तक ही सीमित था। गैर-नागरिकों को शासन में कोई अधिकार नहीं था। यूनान की न्याय प्रणाली संगठित थी। मुकदमे की सुनवाई पंचायतें करती थीं। स्पार्टा में सैनिक शिक्षा अनिवार्य थी। नागरिक बिना किसी भय के अपना विचार व्यक्त कर सकते थे। यदि किसी नेता के विषय में यह शंका हो जाती कि वह बहुत अधिक लोकप्रिय हो रहा है तो उसे राजनीतिक अधिकारों से वंचित कर दिया जाता था। लेकिन इतना सबकुछ होते हुए भी दलबंदी, शोषण का बाजार गरम था। बाद में सिकंदर ने आक्रमण करके सारी प्राचीन व्यवस्था नष्ट कर दी।

(च) शिक्षा और साहित्य

आरंभ में यूनान में केवल बोली जानेवाली भाषा का प्रचलन था। पीछे चलकर इन लोगों ने फनिसियन लोगों से लिपि का ज्ञान प्राप्त किया। स्वर अक्षरों का उन्होंने स्वयं आविष्कार किया और यूनानी भाषा का लिखित रूप

प्रस्तुत किया। इसके बाद शिक्षा के क्षेत्र में प्रगति होती गई।

स्पार्टा और एथेंस दोनों राज्यों में शिक्षा पर बहुत जोर दिया जाता था। उनकी शिक्षा का मूल उद्देश्य था योग्य नागरिक तैयार करना। एथेंस में 6 से 14 वर्ष तक के बच्चों को लिखना-पढ़ना सिखलाया जाता था। 14 से 18 वर्ष तक की उम्र में गणित और साहित्य की शिक्षा दी जाती थी और तब दो वर्ष सैनिक शिक्षा दी जाती थी। इस प्रकार शिक्षा के तीन चरण थे। स्पार्टा में शारीरिक शिक्षा को अधिक महत्त्व दिया जाता था। कमजोर बच्चे जन्म लेते ही मार दिए जाते थे। भाषण देने की कला पर अधिक जोर दिया जाता था। शिक्षा देने का कार्य मंदिरों में होता था। बाद में बड़े-बड़े दार्शनिक अपने घर पर ही शिक्षा देने लगे।

यूनान में साहित्य के सभी अंगों का विकास हुआ। यहाँ का सबसे बड़ा कवि होमर था (ई.पू. 9वीं शताब्दी) जिसकी रचनाओं 'इलियड' और 'ओडेसी' की तुलना रामायण और महाभारत से की जाती है। "इन दोनों महाकाव्यों में मानव भावनाओं, इच्छाओं, महत्त्वाकांक्षाओं, आंतरिक प्रेरणाओं और अंतर्द्वंद्वों एवं तत्कालीन सामाजिक जीवन और सामाजिक भावनाओं की सुंदर अभिव्यक्ति है।" एक दूसरा प्रसिद्ध कवि हिसियार्डे (ई.पू. 8वीं शताब्दी) था। उसने अपनी प्रसिद्ध पुस्तक 'काज और काल' में किसानों की दयनीय दशा का चित्रण किया है और कर्म को ही जीवन में प्रधान कहा है।

साहित्य के क्षेत्र में गीति काव्य का विकास हुआ। इस क्षेत्र में कवयित्री सेफा (ई.पू. छठी शताब्दी) का नाम उल्लेखनीय है। साहित्य के क्षेत्र में यूनान में सबसे अधिक विकास नाटक का हुआ। सुखांत और दुःखांत दोनों प्रकार के नाटक लिखे गए। दुखांत नाटककारों में एससीलस, सोफोक्लीज प्रसिद्ध हैं और सुखांत नाटककारों में एरिस्टोफेनिज प्रसिद्ध है। एससीलस को तो नाटक का पिता ही कहा जाता है। उसके नाटक में हमें "प्राचीन प्रथा और नूतन परिस्थितियों से उत्पन्न व्यक्तिगत आकांक्षाओं के बीच संघर्ष मिलता है।" एरोस्टोफेनिज ने अपने प्रहसनों द्वारा सामाजिक कुरीतियों की ओर लोगों का ध्यान आकृष्ट किया। व्याकरण और भाषा विज्ञान के अध्ययन का भी विकास

हुआ। गद्य के क्षेत्र में इतिहास लिखने का काम बहुत आगे बढ़ा। इस क्षेत्र में हिरोडोटस और थ्यूसीडायस के नाम प्रसिद्ध हैं। मैकाले ने थ्यूसीडायस के संबंध में लिखा था—"He was the greatest historian that ever lived." ''इतिहास, समाजशास्त्र एवं अन्य सामाजिक विज्ञान के विद्यार्थी के लिए आज थ्यूसीडायस के लेख ध्रुवतारे के समान हैं। आज के इतिहास का गंभीर विद्वान भी उससे उतना ही लाभ उठा सकता है जितना कि प्राचीन विद्वानों ने उठाया है।'' एथेनियम साम्राज्य के पतन का कारण बताते हुए कहा था—''मैंने बार-बार इस बात पर जोर दिया है कि एक गणतंत्र साम्राज्य का प्रबंध नहीं कर सकता।'' (I have remarked again and again that a democracy can not manage an empire) हिरोडोटस तो इतिहास का पिता ही कहा जाता था।

(छ) कला

यूनान में कला के सभी अंगों की उन्नति हुई थी। ''यहाँ की कला में सौंदर्य के वैभव एवं रहस्य की झलक मिलती है और साथ ही कलाकार एवं यूनानी कला की आत्मा भी।'' मूर्तिकला के क्षेत्र में पत्थरों की मूर्तियाँ यूनान की ही विशेषता हैं। मूर्तियाँ देवी-देवता, कवि, योद्धा तथा दार्शनिक की बनती थीं। मूर्तियों में मनुष्य की स्वाभाविकता भरने का प्रयास किया जाता था। जीयस की मूर्ति उस समय की आश्चर्यजनक वस्तु मानी जाती थी। एथेना की मूर्ति भी अपनी सुंदरता के लिए प्रसिद्ध है। इस युग के प्रसिद्ध मूर्तिकारों में डियस और पोलिक्लेटस का नाम आता है। चित्रकला के क्षेत्र में मिट्टी के बरतनों पर सुंदर-सुंदर चित्रकारी होती थी। पेरिक्लीज के समय में मूर्तिकला और चित्रकला की काफी उन्नति हुई थी। अप्पोलोडोइस वहाँ का सबसे बड़ा चित्रकार था। इसी ने सर्वप्रथम चित्र में रंग भरने की प्रथा चलाई। भवन निर्माण कला के क्षेत्र में देवताओं के सुंदर और विशाल मंदिर उल्लेखनीय हैं। यूनानी वास्तुशैली पर डोरिक, आयोनिक और कौरिंथियन—इन तीन शैलियों का प्रभाव पड़ा था। एथेंस में एक्रोपोलिस पर बना हुआ पारथेनन का मंदिर

डोरिक शैली का सुंदर नमूना है। इसके भीतर एथेना की एक विशाल मूर्ति है। "सुंदरता की खोज में यह प्रतिमा का श्रेष्ठतम प्रयत्न है।" इरेक्थियन का मंदिर आयोनिक शैली का तथा लिसीक्रेटिज का स्मारक कौरिंथियन शैली का सबसे सुंदर नमूना है। यूनान में संगीत कला का भी पूर्ण विकास हुआ था। संक्षेप में—"यूनानी जीवन कलामय था और यूनानी कला जीवनमय।"

(ज) दर्शन और विज्ञान

यूनान में दर्शन और विज्ञान के क्षेत्र में भी प्रगति हुई। आरंभ में दर्शन और विज्ञान में बहुत अधिक अंतर नहीं था लेकिन धीरे-धीरे दोनों की एकता समाप्त हो गई। प्राचीनकाल से ही वहाँ सृष्टि के संबंध में लोग चिंतन किया करते थे। उनके विषय थे- 'सृष्टि का आरंभ किस प्रकार हुआ? किस पदार्थ का अस्तित्व है? परिवर्तन कैसे होता है, आदि। थेलस, पाइथोगोरस आदि उस समय के प्रमुख दार्शनिक थे। दर्शन के क्षेत्र में सबसे अधिक महत्त्वपूर्ण देन सुकरात, अरस्तू, अफलातून आदि की है। अरस्तू ने राजनीति और आचारशास्त्र की समस्याओं पर गंभीरतापूर्वक विचार किया। सुकरात ने सत्य के वास्तविक स्वरूप को पहचानने की कोशिश की लेकिन अपने प्रयास में वह सफल नहीं हो सका और उसे मौत की सजा मिली। अफलातून तो दर्शनशास्त्र का पिता ही कहा जाता था।

दर्शन के साथ-साथ विज्ञान का भी विकास हुआ। अरस्तू ने विज्ञान के क्षेत्र में भी कई नवीन खोज की। पाइथोगोरस ने पहली बार सिद्ध किया कि पृथ्वी गोल है तथा उसने बिंदु, धरातल, रेखा आदि के संबंध में नई बातें कहीं। दुनिया का सबसे बड़ा गणितज्ञ आर्कमिस भी यूनान का ही था। यूक्लिड तो ज्यामिति का पिता ही कहा जाता है। यहीं पहली बार वैज्ञानिकों ने इस सत्य का उद्घाटन किया कि पृथ्वी सूर्य के चारों ओर घूमती है।

(झ) पेरिक्लीज का स्वर्णयुग

पेरिक्लीज यूनान का सबसे अधिक लोकप्रिय नेता हुआ। इसके सफल नेतृत्व में यूनान ने सभी क्षेत्रों में आशातीत प्रगति की। अपने सफल शासन

संचालन और योग्य व्यक्तित्व की बदौलत इसने यूनान की प्रगति में चार चाँद लगा दिए। यही कारण है कि लोगों ने इसके युग को यूनान के इतिहास का स्वर्णयुग कहा है।

ई.पू. 480 में एथेंस ने थर्मोपोली के युद्ध में ईरानियों को हराकर अपना खोया साम्राज्य पुनः प्राप्त कर लिया। एथेंस अब एक साम्राज्य का ख्वाब देखने लगा लेकिन उसके मार्ग का सबसे बड़ा दुश्मन स्पार्टा था। ऐसे ही समय में एथेंस की बागडोर पेरिक्लीज के हाथों में आई। उसने स्पार्टा को पराजित कर जनतंत्र का विकास किया।

पेरिक्लीज के समय में गणतंत्र के विचारों का काफी प्रचार हुआ। जनता को विचारों की स्वतंत्रता मिली और उनका अधिकार सुरक्षित हुआ। यह सत्य है कि नगर राज्यों के बीच राजनीतिक एकता का अभाव था फिर भी पेरिक्लीज ने सांस्कृतिक एकता बनाए रखने का काफी प्रयास किया। उसने रोज के दैनिक कार्यों के संपादन के लिए एक कौंसिल की स्थापना की और न्याय प्रणाली को नया रूप दिया। मुकदमे की सुनवाई के लिए उसने मैजिस्ट्रेट, जूरी, पंचायत आदि की व्यवस्था की। इस प्रकार पेरिक्लीज ने राजनीतिक संगठन की जड़ को मजबूत बनाया।

पेरिक्लीज ने यूनान के आर्थिक प्रबंध का ढाँचा भी इस सुनियोजित ढंग से स्थिर किया कि यूनान की अर्थव्यवस्था काफी समृद्ध हुई। उसने गुलामों से उत्पादन कार्य लेकर उत्पादन में वृद्धि की। सरकारी कर्मचारियों को वेतन देने की प्रथा चलाई गई। सबसे बड़ी देन पेरिक्लीज की सांस्कृतिक क्षेत्र में है और वस्तुतः इसी अर्थ में यह युग स्वर्ण युग कहलाता भी है। इस समय साहित्य के सभी अंगों का अभूतपूर्व विकास हुआ। होमर केवल यूनान का ही नहीं संपूर्ण पश्चिमी जगत् का आदिकवि कहा जा सकता है। उसकी प्रसिद्ध रचना इलियड और ओडेसी की तुलना हम रामायण और महाभारत से करते हैं। "इन दोनों महाकाव्यों में मानव भावनाओं, इच्छाओं, महत्त्वाकांक्षाओं, आंतरिक प्रेरणाओं एवं अंतर्द्वंद्वों की सुंदर अभिव्यक्ति है।" हिसियोड की प्रसिद्ध पुस्तक 'काज और काल' हमारे भीतर नैतिक बल भरती है। उसकी पुस्तक में पहली बार

धनियों के खिलाफ आवाज उठाई गई। कविता के अलावा गीतिकाव्य की भी इस समय उन्नति हुई। सेफो, पिंडार, एनेक्रान आदि सभी प्रसिद्ध कवि इसी समय पैदा हुए। इस युग में कविता के प्रत्येक क्षेत्र में नवीनता और रचनात्मकता आई। नाटक के क्षेत्र में जितनी उन्नति पेरिक्लीज के युग में हुई उतनी उन्नति विश्व में कहीं भी नहीं थी। दुखांत और सुखांत दोनों प्रकार के नाटक लिखे गए। दुखांत नाटककारों में एससिलस, सोफोक्लीज, यूरीपाइडिज, आदि इसी समय हुए थे। एरिस्टोफेनिज सुखांत नाटककार था। एससिलस तो नाटक का पिता ही कहलाता था। यूरीपाइडिज ने ही पहली बार अपने नाटकों में सामाजिक कुरीतियों पर व्यंग्य किया था। ये सारे नाटककार इसी युग के थे।

इतिहास के क्षेत्र में हिरोडोटस और थ्यूसीडायस प्रसिद्ध हुए। दर्शन के क्षेत्र में भी पेरिक्लीज का युग स्वर्णयुग था। विश्वप्रसिद्ध दार्शनिक सुकरात, प्लेटो, अरस्तू, अफलातून आदि इसी समय हुए थे। पेरिक्लीज के समय कला की विशेष उन्नति हुई। उसने एथेंस में एक्रोपोलिज का अद्भुत श्रृंगार करवाया। बहुत से देवी–देवताओं के प्रसिद्ध मंदिर बनावाए गए। नेपयून का मंदिर दुनिया के सात आश्चर्यों में एक गिना जाता था। भवन निर्माण कला, मूर्तिकला, चित्रकला सभी दृष्टियों से यह युग प्रसिद्ध रहा था। पेरिक्लीज की बनवाई दो मूर्तियाँ बड़ी प्रसिद्ध हैं– एक जीयस की और दूसरी एथेना की।

वैज्ञानिक उन्नति इस युग में अपूर्व हुई। ज्योतिष, भौतिक विज्ञान, रसायन शास्त्र आदि में यूनानियों ने आशातीत उन्नति की। उल्कापात के कारणों का वैज्ञानिक आधार दिया गया। शरीर रचनाशास्त्र पर पहली पुस्तक लिखी गई। पृथ्वी के संबंध में कई नए तथ्यों का पता लगा। पेरिक्लीज ने स्वयं कई औषधि विज्ञान के स्कूलों की स्थापना की।

इस प्रकार साहित्य, कला, विज्ञान सभी क्षेत्रों में इस युग ने तरक्की की और इन्हीं सब कारणों से इस युग को स्वर्ण युग कहते हैं।

(ञ) यूनानी सभ्यता की देन

यूनान की सभ्यता अन्य देशों की प्राचीन सभ्यता की तुलना में कई

विशेषताएँ रखती है। यूनान की सबसे बड़ी देन है गणतंत्र की स्थापना। यूनान में कई छोटे-छोटे नगर राज्यों का विकास हुआ जहाँ गणतंत्र प्रणाली विकसित हुई। पहली बार यूनान में जनता को शासन में अधिकार मिला। वहाँ के सभा भवन में सभी नागरिक इकट्ठे होकर सार्वजनिक प्रश्नों पर विचार करते थे। ऐसी व्यवस्था कायम की गई कि प्रत्येक नागरिक एक दिन के लिए शासन का प्रधान होता था। प्रत्येक नागरिक का अधिकार सुरक्षित था और उन्हें नागरिकता की प्रतिज्ञा लेनी पड़ती थी। इस प्रकार यद्यपि प्रजातंत्र के कुछ दोष भी थे फिर भी यूनान की यह विशेषता थी। नगर राज्यों की स्थापना भी पहली बार यहीं हुई। इन राज्यों के प्रति जनता के भीतर भक्ति-भावना रहती थी। यूनान की दूसरी विशेषता थी सांस्कृतिक एकता। यूनान में हमेशा राजनीतिक उथल-पुथल मचती रही। लेकिन अशांति की इन घड़ियों में भी उसकी सांस्कृतिक एकता कायम रही। शिक्षा के क्षेत्र में शिक्षा के तीन चरण करके यूनानियों ने अपनी नई सूझ का परिचय दिया।

आज पश्चिमी दुनिया में जो कुछ हम पाते हैं—सब यूनान की ही देन किसी-न-किसी रूप में है। साहित्य के क्षेत्र में यूनान की सबसे बड़ी देन है नाटक। कुछ लोगों का खयाल है कि नाटक की उत्पत्ति यहीं पहले पहल हुई थी। नाटक के परदे के लिए 'यवनिका' शब्द का प्रयोग इस बात का प्रमाण है। दुखांत और सुखांत दोनों तरह के नाटक लिखकर यूनान ने विश्व को नाटक से परिचित कराया। व्यंग्य साहित्य का जन्म भी यूनान में ही हुआ। यूनान के साहित्य में पहली बार अमीरों के खिलाफ आवाज उठाई गई। साहित्य के क्षेत्र में शब्द और वाणी का ऐसा सुंदर समन्वय अन्य देशों के साहित्य में न आया। संक्षेप में साहित्य के प्रत्येक क्षेत्र में सत्यं शिवं सुंदरम् का सुंदर समन्वय हुआ। साहित्य के क्षेत्र में इतिहास भी यूनान की ही देन है।

दर्शन यूनान की प्रमुख देन है। यहीं पहली बार दार्शनिकों ने सृष्टि के संबंध में जानकारी प्राप्त करने की चेष्टा की। अरस्तू, प्लेटो, आदि के विचारों से आज भी विश्व प्रभावित है। सुकरात, अफलातून आदि ने जो सिद्धांत रखे आज विश्व उन्हीं को अपना रहा है। पहली बार यूनान में ही यह रहस्य प्रकट

हुआ कि पृथ्वी गोल है और वह सूर्य के चारों ओर घूमती है। गणित के क्षेत्र में बिंदु, धरातल आदि यूनान की ही देन हैं। यहीं पर औषधि विज्ञान का पहला स्कूल स्थापित किया गया। कला के क्षेत्र में यूनान ने बहुत कुछ विश्व को प्रभावित किया। यहाँ की कला पर तीन-तीन शैलियों का प्रभाव पड़ा था। चित्र में रंग भरने की प्रथा यूनान ने ही प्रारंभ की थी। यूरोप के राजनीतिक सिद्धांतों की जन्मभूमि यूनान ही रहा है। 'पॉलिटिक्स' शब्द का प्रयोग पहली बार यहीं अरस्तू ने किया था। इस प्रकार प्रत्येक क्षेत्र में नवीनता और रचनात्मकता ही यूनान की सबसे बड़ी विशेषता है।

प्रश्न

1. एथेंस में किस प्रकार प्रजातंत्र का विकास हुआ? इसके गुण और अवगुण की विवेचना कीजिए।
2. यूनान के लिए पेरिक्लीज की सेवाओं का वर्णन कीजिए।
3. प्राचीन यूनान के इतिहास में स्पार्टा ने कौन सा महत्त्वपूर्ण कार्य किया?
4. ग्रीस की प्राचीन सभ्यता के अंगों पर प्रकाश डालें। वहाँ की कला और साहित्य के विषय में सविस्तार लिखें।
5. पेरिक्लीज का युग यूनान के इतिहास में स्वर्णयुग क्यों समझा जाता है?
6. कला और साहित्य के प्रति यूनान की क्या देन है?
7. प्राचीन यूनान की राजनीतिक और सांस्कृतिक देनों का मूल्यांकन करें।

□

5
रोम की सभ्यता

(क) संक्षिप्त इतिहास

संसार के इतिहास में यूनान की सभ्यता के बाद टाइबर नदी के किनारे 750 ई.पू. में रोम की प्राचीन सभ्यता की स्थापना हुई। प्रारंभ में इटली के पश्चिमी हिस्से में यूस्ट्रस्कन नाम की जाति एशिया माइनर से आकर बस गई और अपनी सभ्यता का विकास करने लगी। लेकिन ये लोग विदेशी थे। अत: रोमनों ने इन्हें 510 ई.पू. में रोम से निकाल बाहर कर दिया और रोम में प्रजातंत्र की नींव डाली। लेकिन इस प्रजातंत्र में सभी वर्ग के लोगों को समान अधिकार प्राप्त नहीं था। सीनेट के सदस्य कुलीन वर्ग के लोग हुआ करते थे। ये 'पैट्रीशियन' कहलाते थे। दूसरी ओर साधारण लोग थे जो 'प्लेबियन' कहलाते थे। इन लोगों की दशा अच्छी नहीं थी। यह वर्ग गरीब था, अत: आए दिन पैट्रीशियन वर्ग के अत्याचार इस वर्ग पर होते रहते थे। पीछे चलकर इस वर्ग ने भी शासन पर अपना अधिकार बताया और तब दोनों राजनीतिक सत्ता प्राप्त करने के उद्देश्य से सैकड़ों वर्ष तक लड़ते रहे। इस युद्ध में अंत में प्लेबियन लोगों की जीत हुई और शासन पर उनका अधिकार हो गया।

कुछ समय के बाद इन दोनों वर्गों को मिलाकर एक तीसरा वर्ग पैदा हुआ। अब आंतरिक कलह मिट जाने से रोमनों ने साम्राज्य विस्तार की ओर ध्यान दिया और ई.पू. तीसरी शताब्दी के अंतिम चरण में समूचे इटली को अपने साम्राज्य में मिला लिया। लेकिन इटली के पास ही सिसली द्वीप में कारथेज का प्रजातंत्र उसके मार्ग की बाधा था। फलत: दोनों में तीन बार भयानक युद्ध

हुए। यह युद्ध प्यूनिक युद्ध के नाम से प्रसिद्ध है। अंत में भी रोम की ही विजय हुई। इस जीत से रोम की प्रतिष्ठा में चार चाँद लग गए। धीरे-धीरे उसने मिस्र, सीरिया आदि पर अधिकार कर लिया।

रोम का साम्राज्य स्थापित हो जाने के बाद सरदार वर्ग के लोगों की धाक जमने लगी। वे दिन-पर-दिन धनी होते गए और साधारण जनता दिन-पर-दिन गरीब होती गई। इसका परिणाम यह हुआ कि साधारण जनता का असंतोष दिन-दिन बढ़ता गया। इसी समय रोम में एक नए वर्ग मध्यम वर्ग का जन्म हुआ। सरदार वर्ग वालों के अधिकार में यह वर्ग नहीं रहना चाहता था। अत: दोनों में संघर्ष होने लगा। फलस्वरूप समूचे राज्य में अशांति व्याप गई। इस अशांति में सेना का प्रभाव बढ़ गया। इसी समय कुछ ऐसे सेनापति हुए जिन्होंने इस अवसर से लाभ उठाकर शासन पर अपना अधिकार कर लिया। ऐसे सेनापतियों में जूलियस सीजर सबसे प्रसिद्ध था। उसकी शक्ति इतनी बढ़ गई कि उसने ब्रिटेन और फ्रांस को भी जीतकर रोम में मिला लिया। लेकिन उसका शक्तिशाली होना प्रजातंत्र के लिए हितकर नहीं समझा गया और 44 ई.पू. में उसकी हत्या कर दी गई।

सीजर की मृत्यु के बाद रोम बहुत दिनों तक गृहयुद्ध का अखाड़ा बना रहा। अंत में 31 ई.पू. में सीजर का भतीजा आगस्टस सीजर गद्‌दी पर बैठा। इसके समय सही रूप में प्रजातंत्र का अंत और राजतंत्र का आरंभ हुआ। आगस्टस की मृत्यु के बाद भी सैकड़ों वर्ष तक रोम का साम्राज्य कायम रहा और कई प्रसिद्ध सम्राट् हुए। अंत में मारकस औलेरियस की मृत्यु के बाद रोम में गृहयुद्ध छिड़ गया। आंतरिक कमजोरी से फायदा उठाकर सीमा पर के प्रांतों ने भी विद्रोह कर दिया। इसी समय जर्मन जातियों के भी आक्रमण होने लगे। कुछ समय बाद सम्राट् कांस्टेनटाइन ने कुस्तुनतुनिया नाम का एक शहर बसाया। साम्राज्य भी बाद में दो भागों में बँट गया—पूर्वी और पश्चिमी। अभी यह सब हो ही रहा था कि हूणों ने भी धावा बोल दिया। अंत में पाँचवीं शताब्दी में पश्चिमी साम्राज्य को जर्मन जाति ने नष्ट कर दिया।

(ख) सामाजिक अवस्था

रोम का प्राचीन समाज मुख्यतः दो वर्गों में बँटा था—पैट्रेशियन और प्लीबियन। धनी वर्ग के लोग पैट्रेशियन कहलाते थे और साधारण वर्ग वाले प्लीबियन। प्लीबन वर्ग खेती-बाड़ी पर अपनी गुजर-बसर करता था। पीछे चलकर गुलामों का भी एक वर्ग पैदा हो गया। समाज में इन गुलामों की दशा बड़ी दयनीय थी। पैट्रेशियन वर्ग वाले इनके साथ निर्दयता से पेश आते थे।

आगे चलकर रोम का समाज शासक और शासित- इन दो वर्गों में बँट गया। शासक वर्ग में भी दो दल थे- एक सीनेट वर्ग और दूसरा नाइट वर्ग। सीनेट वर्ग बड़े-बड़े पूँजीपतियों का वर्ग था। शासन में बड़े-बड़े पद पर इसी वर्ग वाले रहते थे और समाज में इनकी अच्छी धाक थी। नाइट वर्ग वाले ठेकेदारी का काम करते थे। इन वर्गों के लोग ऐश-मौज का जीवन बिताते थे और प्रजा का शोषण करते थे। नाइट वर्ग कर वसूलने का काम करता था और इसी बहाने साधारण जनता का शोषण करता था। अमीर अपने मनोरंजन के लिए तरह-तरह के खेल-तमाशे करते थे। उनकी विलासिता का अंदाज तो इसी से लगाया जा सकता है कि वहाँ का सम्राट् नीरो गुलाब के फूल पर 4500 पौंड खर्च करता था और उसकी स्त्री स्नान करने के लिए 500 गधियों का दूध रोज मँगाती थी।

एक कहावत भी प्रचलित है- 'रोम जल रहा था और वहाँ का राजा नीरो नृत्य कर रहा था।' गुलामों की दशा समाज में सबसे बुरी थी। इनकी खरीद-बिक्री बाजार में होती थी। आगस्टस के शासनकाल में दो लाख ऐसे गुलाम थे जिन्हें मुफ्त में रोटी दी जाती थी फिर भी यूनान का आर्थिक ढाँचा गुलामों पर ही निर्भर था। समाज में परिवार का महत्त्व था और पिता का स्थान ऊँचा माना जाता था। रोम के समाज में स्त्रियों का स्थान ऊँचा नहीं कहा जा सकता। स्त्रियों को राजनीतिक अधिकार प्राप्त नहीं थे। शादी-ब्याह के नियम साधारण थे। पति-पत्नी को तलाक की स्वतंत्रता थी। दहेज भी प्रचलित था। संक्षेप में रोम का समाज विषमता पर आधारित था।

(ग) आर्थिक अवस्था

रोम के लोगों की जीविका का प्रधान साधन खेती था। खेती में वे लोग जौ, गेहूँ, दलहन, जैतून, अंगूर आदि उपजाते थे। खेती गुलामों द्वारा करवाई जाती थी जिसके फलस्वरूप खेती की अवस्था दिन-दिन खराब होती गई। जमींदारों की शोषण नीति से तंग आकर किसानों ने खेती से संबंध छुड़ा लिया। इसका भी फल कृषि पर बुरा पड़ा। खेती के साथ-साथ पशुपालन होता था। पशुओं में भेड़, सूअर, घोड़े, बैल, गाय आदि मुख्य थे। बाद में जब रोम का साम्राज्य विकसित हुआ तो यातायात के साधनों में उन्नति आई। इसका फल व्यापार-व्यवसाय पर अच्छा पड़ा और रोम में व्यापार की उन्नति हुई। सम्राट् ट्रैजर के समय में सड़कों की कुल लंबाई 47 हजार मील थी। व्यापार जल और स्थल दोनों मार्गों से होता था। पीछे जब रोम में शहरों का विकास हुआ तो उद्योग-धंधों में भी प्रगति आई। उद्योग-धंधों में मिट्टी के बरतन बनाना, सूती, ऊनी और रेशमी वस्त्र बनाना, धातुओं की सामग्री तैयार करना, खानों में खुदाई करना, मकान, बंदरगाह, जहाज और लोहे की वस्तु बनाना प्रमुख था। ऐसा कहा जाता है कि यूरोप में पूर्वी देशों की खेती और उद्योग का प्रचार रोम से ही हुआ था। धन का मापदंड जमीन थी।

(घ) धार्मिक अवस्था

प्राचीन रोम में अनेक देवी-देवताओं की पूजा होती थी। पीछे चलकर रोम और यूनान के देवता आपस में मिल गए। जूपिटर इनका प्रधान देवता था। मार्स, वीनस, एपोलो आदि अन्य मुख्य देवता थे। बाद में राजा की भी पूजा होने लगी। जब रोम का परिचय पूर्वी देशों से हुआ तब उससे प्रभावित होकर रोम ने पूर्वी देवताओं की भी पूजा शुरू कर दी। प्रकृति एवं भूत-प्रेतों की भी पूजा होती थी।

रोम में साधारण जनता उत्पीड़ित थी। वह शांति की खोज में थी। अतः उसने एक नए धर्म की खोज शुरू की। इसी परिस्थिति में ईसाई धर्म का उदय हुआ। इसके प्रवर्तक ईसा थे।

ईसा का जन्म नजारथ नामक एक छोटे से कस्बे में हुआ था। उसके पिता जाति के बढ़ई थे। ईसा अहिंसा का पुजारी था और प्रेम तथा दया करने का उपदेश लोगों को देता था। उसने प्रतिपादित किया कि ईश्वर गरीबों का है। वह धन या पद देखकर पक्षपात नहीं करता है। वह प्रेम चाहता है। अतः किसी प्राणी को हिंसा नहीं करनी चाहिए, चोरी या लड़ाई नहीं करनी चाहिए। ईसा ने प्रेम और भाईचारे के सिद्धांत का प्रचार करते हुए कहा कि "जो मनुष्य तुम्हारे एक गाल पर मारे उसके सामने दूसरा गाल भी पसार दो।" ईसाई धर्म के प्रचार से अमीरों को बड़ा क्रोध आया। राजा ने भी इस धर्म को नष्ट करने के लिए आकाश-पाताल एक कर दिया। ईसा पर राजद्रोही, गुलामों को राज्य के खिलाफ भड़काने आदि के इलजाम लगाए गए और उसे मौत की सजा दी गई। उसे काँटों का ताज पहनाया गया, दोनों हाथ-पाँव में कीलें ठोक दी गईं लेकिन उस समय भी उसने ईश्वर से यही प्रार्थना की—"या खुदा, इन्हें माफ कर, ये अज्ञानी हैं।"

ईसा की मृत्यु के बाद भी उसका धर्म रुका नहीं। गरीब नागरिक शुरू से ही इस धर्म की ओर झुके हुए थे। सैकड़ों वर्षों तक इस धर्म को कुचलने की ओर प्रयास किया गया- ईसाइयों को कितने कष्ट दिए गए। लेकिन इसकी प्रगति अवरुद्ध नहीं हुई। आखिर ईस्वी सन् की चौथी शताब्दी में सम्राट् कॉस्टेनटाइन ने धार्मिक स्वतंत्रता दे दी। ईसाई धर्म साम्राज्य का धर्म बन गया। ईसाई धर्म का प्रमुख केंद्र रोम बन गया। यूरोप पर रोम का धार्मिक प्रभाव बहुत दिनों तक कायम रहा। मध्य युग तक सभी ईसाई कैथोलिक धर्म मानते और इनका प्रधान रोम का ही पादरी था जो पोप कहलाता था।

(ड़) राजनीतिक अवस्था और कानून

रोम में कुछ समय तक प्रजातंत्र कायम रहा और बाद में साम्राज्य स्थापित हुआ। शासन करने का भार दो निर्वाचित व्यक्तियों के हाथ में था, जो सलाहकार कहलाते थे। इसका चुनाव कमिटिया क्युरियात्र के द्वारा होता था। इस चुनाव में पैट्रेशियन और प्लीबियन दोनों मत देते थे। नगर राज्य के

शासन में कमिटिया सेंटयुरियाटा का अधिकार सीमित था। जब प्लीबियन और पैट्रेशियन में अधिकार के लिए युद्ध छिड़ गया तो इस समय प्लीबियनों की रक्षा के लिए ट्रिब्यूनेट नाम के एक पद की स्थापना हुई। इसके बाद रुडाइलों के हाथ में नगर राज्य का प्रबंध आया। इस समय नगर की उन्नति हुई। लेकिन रोम में सीनेट का महत्त्व हमेशा बना रहा।

सारे रोम को प्रांतों में बाँट दिया गया था। प्रांत का शासक सूबेदार कहलाता था। साधारणतः इस पद पर नाइट वर्ग के लोग रखे जाते थे। ये लोग प्रांतों में शांति बनाए रखते थे और कर वसूल करते थे। सूबेदार के अलावा भी कई पदाधिकारी होते थे। पीछे चलकर इन्हीं पदाधिकारियों द्वारा प्रिवी कौंसिल की स्थापना हुई जिसके बाद सीनेट का महत्त्व कम होता चला गया।

सैनिक दृष्टि से भी रोम सबल था। आगस्टस के पास तीन लाख सेना थी। तीरंदाज और घुड़सवारों की सेना अलग थी। सेना में देश के भीतर और बाहर दोनों जगहों से सैनिक भरती किए जाते थे। रोम की राजनीतिक व्यवस्था में सबसे महत्त्वपूर्ण वस्तु कानून है। रोम में कई जाति के लोग बसते थे जिनके लिए अलग-अलग कानून बने थे। प्लीबियन लोगों के लिए भी कानून अलग थे। लेकिन ये सारे कानून अलिखित थे जिससे पैट्रेशियन लोग नाजायज फायदा उठाकर प्लीबियनों का शोषण करते थे। बाद में इन लोगों ने इसके खिलाफ आंदोलन किए तब कानून को लिखित रूप दिया गया। ये कानून 12 भागों में विभक्त थे। जिसे 'बारह पट्टियाँ' (Twelve tables) कहते थे। इसमें रोमनों के अधिकार और कर्तव्यों को एक जगह संगृहीत किया गया। इसमें समय-समय पर मैजिस्ट्रेटों के निर्णय, सम्राट् के आदेश एवं सीनेट के द्वारा बनाए गए कानून जुड़ते गए। इस प्रकार के सभी कानूनों को जोड़कर सम्राट् जस्टियन ने एक कोड बनाया। मानवता, युक्ति एवं न्याय के सिद्धांत के आधार पर कानून की व्याख्या की गई। ई.पू. पाँचवीं शताब्दी में न्यायालय का भी निर्माण हुआ। पहले कानून बनाने का काम प्रेटरों के हाथ में था। लेकिन बाद में राजा ने खुद यह अधिकार अपने हाथ में ले लिया। सम्राट् जस्टियन के समय में कानून का पूर्ण विकास हुआ। उसने कानून में सुधार लाने के खयाल से कमीशन की भी

स्थापना की थी। इस समय कानून में कई मौलिकताओं का समावेश हुआ। इसके आधार पर संपत्ति का वर्गीकरण हुआ, सूद की दर तय हुई। इस प्रकार सार्वजनिक, धार्मिक, व्यापारिक, फौजदारी सभी विषयों पर कानून बने।

सबसे अधिक विकास दीवानी कानून का हुआ। संक्षेप में यह कहा जा सकता है कि यूरोप को कानून रोमनों ने ही दिया।

(च) शिक्षा और साहित्य

रोम में शिक्षा का विकास यूनानी शिक्षा पद्धति के आधार पर हुआ। रोम ने जब यूनान को हरा दिया तो वहाँ के बहुत से विद्वान रोम लाए गए। वे ही रोम के लोगों को शिक्षा देने का काम करते थे। शिक्षा के विकास के लिए रोम में कई स्कूलों की स्थापना हुई, जिनमें धर्म, कानून और साहित्य की शिक्षा दी जाती थी।

साहित्य के क्षेत्र में भी रोमनों ने उन्नति की थी। इस साहित्य का माध्यम लैटिन था। फिर भी यहाँ के साहित्य पर यूनान के साहित्य की छाप पड़ी थी। साहित्य के क्षेत्र में गीतिकाव्य, महाकाव्य, नाटक, इतिहास आदि लिखे गए। ब्यूकेटियस प्रसिद्ध गीतकार था। लैटिन कवियों में होरेस का नाम सबसे अधिक प्रसिद्ध है। 'टु पायरा' उसकी प्रसिद्ध रचना है। महाकाव्य लिखनेवालों में वर्जिल सबसे अधिक प्रसिद्ध था। डांटे ने इसको 'रोम की आवाज' (Voice of Rome) कहा है। गद्य साहित्य का भी विकास हुआ। सम्राट् आगस्टस स्वयं एक प्रसिद्ध गद्य लेखक था। एक दूसरा लेखक सिसेरो था। उसने ही गद्य शैली को रोम में जन्म दिया था। यूनान की तरह यहाँ भी दुखांत और सुखांत दोनों नाटक लिखे गए। टेरेस, प्लाटस आदि प्रसिद्ध नाटककार थे। वैज्ञानिक ढंग से इतिहास लिखने का काम रोम में ही पहले प्रारंभ हुआ। जूलियस सीजर खुद इतिहासकार था। लिवी, टैरस आदि भी रोम के प्रसिद्ध इतिहासकार हुए। रोम में कई बड़े-बड़े पुस्तकालयों की भी स्थापना हुई।

(छ) कला

साहित्य की तरह रोम की कला पर भी यूनानी कला की छाप पड़ी फिर

भी कला के सभी अंगों का पूर्ण विकास हुआ। मूर्तिकला के क्षेत्र में पत्थर और संगमरमर की मूर्तियाँ बनाई जाती थीं। मूर्तियाँ देवी–देवता के साथ–साथ बहुत से महापुरुषों की बनाई जाती थीं। कुछ ऐसी मूर्तियाँ थीं जो बाहरी देशों से लूटकर लाई जाती थीं। ऐसी मूर्तियों की संख्या 4 लाख थी। इन मूर्तियों की अधिकता के कारण ही रोम में दो प्रकार की जनसंख्या कही जाती थी—एक तो प्राणी की और दूसरी इन्हीं मूर्तियों की। मूर्ति के साथ–साथ चित्रकारी की भी प्रगति हुई। सबसे अधिक उन्नति भवन निर्माण कला की हुई। भवन निर्माण में रोमनों ने मौलिकता का परिचय दिया। 'रोम एक दिन में नहीं बना' लेकिन जब बना तब अपनी सुंदरता के लिए प्रसिद्ध हो गया। सीजर और आगस्टस दोनों ने पत्थर के कई मकान बनवाए। किसी ने लिखा है—"आगस्टस ने ईंट का रोम पाया था और उसे संगमरमर का बनाकर छोड़ा।" बैसपैसियन का बनाया हुआ विशाल रंगभूमि संसार की विशाल इमारतों में एक है। संगीत और नृत्यकला में भी लोगों की अभिरुचि थी।

1. दर्शन के क्षेत्र में कोई महत्त्वपूर्ण कार्य नहीं
2. रेखागणित
3. ज्योतिष शास्त्र
4. चिकित्सा शास्त्र
5. इंजीनियरिंग

(ज) दर्शन और विज्ञान

दर्शन के क्षेत्र में रोमनों ने कोई महत्त्वपूर्ण कार्य नहीं किया। वे यूनानी दर्शन से प्रभावित थे। लेकिन रोम में विज्ञान की काफी प्रगति हुई। यद्यपि अन्य अंगों की तरह विज्ञान पर भी यूनान का प्रभाव पड़ा था। फिर भी कई अंशों में रोमनों ने विज्ञान में अपनी नवीन सूक्ति का परिचय दिया। विज्ञान पर लिखा हुआ 'प्राकृतिक इतिहास' नाम का ग्रंथ बड़ा प्रसिद्ध हुआ। इसका लेखक प्लिनी था। किसी इतिहासकार ने इस पुस्तक के संबंध में लिखा है—"It was but a register in which he deposited the discoveries, the arts and errors of mankind."

गणित के क्षेत्र में कोई खास प्रगति नहीं हुई। लेकिन रेखागणित का व्यवहार होता था। ज्योतिष शास्त्र का भी विकास हुआ। स्वयं जूलियस सीजर पंचांग बनाता था। यूनान में जहाँ दस दिनों का सप्ताह होता था, वहाँ रोम ने सात दिनों का सप्ताह चलाया। जूलियस सीजर के नाम पर जुलाई महीने का नामकरण हुआ।

सबसे अधिक विकास चिकित्सा शास्त्र का हुआ। चार्ल्स सिंगर के अनुसार—"The great contribution of Rome to medicine is the hospital system." रोगियों को मुफ्त में दवा दी जाती थी। अस्पतालों का सुंदर प्रबंध था। गैलेन उस समय का सबसे बड़ा चिकित्सक था। इंजीनियरिंग पर भी पुस्तक लिखी गई।

(झ) आगस्टस का स्वर्णयुग

जिस प्रकार यूनान के इतिहास में पेरिक्लीज का युग स्वर्णयुग कहलाता है उसी प्रकार रोम के इतिहास में आगस्टस का युग भी स्वर्णयुग कहलाता है। सीजर की हत्या के बाद उसके दो उत्तराधिकारी शासन पर अपना अधिकार बता रहे थे। एक था एंटोनी और दूसरा सीजर का भतीजा आक्टेवियस। इन दोनों उत्तराधिकारियों में गद्दी पाने के लिए संघर्ष भी हुआ और अंत में ई.पू. 31 में आक्टेवियस ने एंटोनी को हराकर शासन पर अपना अधिकार किया। शासन प्राप्त करते ही आक्टेवियस ने प्रत्येक क्षेत्र में सुधारों की बाढ़ ला दी। कुछ ही समय में रोम की काया-पलट हो गई। यह उसके सुंदर शासन प्रबंध और सुधार का ही प्रभाव था कि उसके मरने के बाद भी उसकी स्थापित की हुई शासन प्रणाली सैकड़ों वर्ष तक कायम रही। यही कारण है कि उसका युग स्वर्णयुग कहलाता है।

आगस्टस ने शासन के क्षेत्र में कई परिवर्तन लाए। यद्यपि उसने प्रजातंत्र का अंत कर दिया लेकिन उसका बाहरी ढाँचा उसने ज्यों का त्यों रहने दिया। सीनेट से सभी अयोग्य व्यक्तियों को उसने निकाल बाहर कर दिया। सीनेट में योग्य व्यक्ति आवें, इसके लिए उसने सदस्यों की संख्या निर्धारित कर दी

और यह नियम बना दिया कि एक लाख से कम संपत्तिवाले सीनेट के सदस्य नहीं हो सकते। सीनेट पर आगस्टस का पूरा प्रभाव था। सीनेट के प्रति अपनी वफादारी दिखाकर आगस्टस ने उसके सारे अधिकार अपने हाथ में कर लिए। अब सीनेट केवल सिद्धांत में ही काम करता था। व्यवहार में आगस्टस की इच्छा प्रधान थी।

शासन के क्षेत्र में स्थायित्व और दृढ़ता लाने के उद्देश्य से उसने एक सार्वजनिक अधिसेवा का संगठन किया और शासन का भार उसी के हाथों सौंप दिया। उसने संपूर्ण देश में एक नागरिकता एक कानून की पद्धति अपनाई। आगस्टस ने सेना और युद्ध संबंधी कार्य अपने ही हाथों में रहने दिए। प्रांतों में उसने अपने विश्वासपात्र लोगों को गवर्नर बनाया और प्रांतों की शांति और सुरक्षा का भार उन्हीं लोगों पर छोड़ दिया।

देश में शांति और सुरक्षा बनाए रखने के लिए आगस्टस ने पुलिस का सुंदर प्रबंध किया। संपूर्ण देश को उसने अलग-अलग मुहल्लों में बाँट दिया और प्रत्येक मुहल्ले के लिए उसने एक-एक पहरेदार तथा न्यायाधीश नियुक्त किया। इन सब कार्यों के फलस्वरूप रोम में पूर्ण शांति छाई। शांति और सुरक्षा की गारंटी मिलते ही जनता विकास के पथ पर अग्रसर हुई और रोम दिन दूना रात चौगुना प्रगति पथ पर अग्रसर होता गया। एक इतिहासकार ने आगस्टस के संबंध में ठीक ही लिखा है—"With him began the real Roman empire as distinguished from the Roman republic."

शासन व्यवस्था सुनिश्चित करके उसने आर्थिक व्यवस्था की ओर ध्यान दिया। कर वसूलने में सरकारी कर्मचारी धाँधली मचाते थे। उनके अत्याचार और शोषण से साधारण जनता तबाह थी। आगस्टस ने जनता की इस तकलीफ को दूर किया। अत: अब कर दूर-दूर जगहों से आने लगे और रोम धन-धान्य से भरने लगा। आगस्टस ने व्यापार की प्रगति के लिए यातायात की सुविधा पर ध्यान दिया। उसने बहुत-सी नई सड़कें बनवाईं। कृषि में पैदावार की वृद्धि के लिए सिंचाई की व्यवस्था की गई, बड़े-बड़े बाँध बनाए गए। इतना ही नहीं, कई बड़े-बड़े उपनिवेशों की स्थापना भी आगस्टस ने की

जिससे व्यापार की उन्नति हुई। अफ्रीका, सिसली, मैसिडोनिया, स्पेन, सीरिया आदि जगहों में ऐसे उपनिवेश कायम हुए।

समाज से अनैतिकता और भ्रष्टाचार मिटाने के लिए उसने कई कानून बनाए। सरकारी नौकरी प्राय: वैवाहिक लोगों को ही दी जाती थी। इससे विवाह को प्रोत्साहन मिला। आगस्टस गुलामों के प्रति भी दयालु था और लाखों व्यक्तियों को मुफ्त में खाना देता था। धर्म के क्षेत्र में आगस्टस का युग अधिक महत्त्वपूर्ण है, क्योंकि इसी समय ईसा का जन्म हुआ था। ईसा द्वारा चलाए धर्म ने कभी संसार के धर्म को प्रभावित किया था। ''एक ओर आगस्टस अपने सांस्कृतिक कार्य से रोम को उन्नत बना रहा था तो दूसरी ओर ईसा अपने धर्म से लोगों का आध्यात्मिक विकास कर रहा था।

साहित्य और कला के क्षेत्र में आगस्टस सबसे अधिक महत्त्वपूर्ण है। वह स्वयं बहुत बड़ा कवि और विद्वान था। प्रसिद्ध कवि होरेस इसी समय हुआ। लैटिन में महाकाव्य लिखनेवाला प्रसिद्ध कवि वर्जिल भी इसी युग की उपज था। उसकी 'जारजिस्ट' कविता को The best poem of the best poet कहा गया है। गद्य लेखकों में सिसरो सबसे अधिक प्रसिद्ध था। यूरोप की गद्य शैली उसी की देन है। इतिहास में लिबी का नाम प्रसिद्ध है। इस तरह आगस्टस के समय में ऐसे-ऐसे साहित्य लिखे गए जो यूनानी साहित्य से टक्कर ले सकते थे। एक इतिहासकार के शब्दों में—"It was the time of Romans greatest prosperity and glory." आगस्टस ने कई पुस्तकालय भी बनवाए जहाँ लैटिन और यूनानी भाषा का संग्रह था।

कला के क्षेत्र में भी आगस्टस ने अपनी मौलिकता और रचनात्मक शक्ति का परिचय दिया। 'कला कला के लिए' सिद्धांत वह नहीं मानता था। उसने लिखा है—''प्रारंभ में रोमवालों ने वास्तु स्थापत्य और शिल्पकला में यूनानी कला का अनुकरण किया था। लेकिन पीछे वे मौलिक हो गए और उन्होंने सौंदर्य से अधिक उपयोगिता पर ध्यान दिया।'' भवन निर्माण कला में आगस्टस खुद रुचि लेता था। पैलेस्टाइन की पहाड़ी पर एक सुंदर राजभवन बनाया गया, फिर सीनेट का विशाल भवन बनाया गया, रोम में एक बड़ी

नाट्यशाला बनवाई गई, अपोलो के सुंदर मंदिर का निर्माण हुआ। इस प्रकार इमारतों का ढेर लग गया। रशफोर्थ ने लिखा है—"It is hardly too much to say that Rome was the first great city in the world to have a great secular Architecture." आगस्टस ने खुद गौरव के साथ कहा था—''मैंने रोम को ईंट का पाया और संगमरमर का बनाकर छोड़ा।'' स्नानागार, मेहराब, गुंबद ये सारी चीजें आगस्टस की ही देन हैं।

इन चीजों के अलावा सबसे बड़ी विशेषता है कानून। कानून का संग्रह करके उसे लिखित रूप पहली बार इसी समय दिया गया। आगस्टस के शासन काल में विज्ञान और दर्शन के क्षेत्र में भी प्रगति हुई। इस तरह उसके शासनकाल में रोम का सर्वोन्मुखी विकास हुआ और यही कारण है कि आगस्टस का युग स्वर्णयुग कहलाता है।

(ञ) रोम की सभ्यता की देन

रोम का प्राचीन समाज नष्ट हो गया फिर भी उसने विश्व को कई अनुपम चीजें दी हैं। सच पूछा जाए तो रोम ने ही यूनानी संप्रभुता को कायम रखा है और यूरोप के अन्य देशों में उसका प्रचार प्रसार किया है।

सामाजिक क्षेत्र में रोमनों ने पारिवारिक जीवन की श्रेष्ठता प्रतिपादित की। परिवार में पिता को ऊँचा स्थान मिला। विवाह के क्षेत्र में तलाक प्रथा रोमनों ने ही चलाई तथा पति-पत्नी का धन स्वतंत्र रखा। आर्थिक जीवन में नगर निर्माण रोम की विशेषता है। सम्राट् हेड्रियन के समय में ऐसे 20 हजार नगर थे। रोम की सबसे बड़ी देन धर्म के क्षेत्र में है। अब तक साधारण जनता धार्मिक अत्याचार और शोषण से पीड़ित थी। धर्म की आड़ में साधारण जनता को लूटा-खसोटा जाता था लेकिन ईसा ने अपने धर्म का प्रचार करके इन लोगों को शोषण से मुक्ति दिलाई। संक्षेप में ईसाई संसार के लिए रोम ने धर्मगुरु का काम किया। संसार को प्रेम, भाईचारे और विश्व-बंधुत्व का पाठ पहली बार इसी धर्म ने सिखाया।

शासन के क्षेत्र में नीची श्रेणी के लोगों को भी वोट का अधिकार देकर रोम ने एक नया आदर्श उपस्थित किया। शासन की सरलता के लिए नए-नए

पदों का निर्माण कर रोम ने शासन को हलका बनाया। सीनेट के रूप में रोम ने आधुनिक युग को शासन व्यवस्था का एक नया यंत्र दिया। सिविल सर्विस का विकास रोम की शासन प्रणाली से ही हुआ है। पहली बार नागरिकता के सिद्धांत को रोम ने अपनाकर अपनी कुशलता का परिचय दिया।

मानव इतिहास में रोम ने ही यह पहला प्रयास किया कि मानव समाज की व्यवस्था गणराज्य प्रणाली और सिद्धांतों पर आधारित हो।

सैनिक दृष्टि से स्थायी सेना रखने की प्रणाली की शुरुआत रोम की ही देन है। रोम की सबसे महत्त्वपूर्ण देन है कानून। लिखित और सारे देश के लिए एक कानून रोम में ही पहली बार प्रचलित हुआ। न्यायालयों की स्थापना करके रोम ने कानून की महत्ता प्रतिपादित की। दीवानी कानून और अंतरराष्ट्रीय कानून का भेद खत्म हो गया। रोम का दीवानी कानून ही पश्चिमी देशों के कानून का आधार बना। कॉरपोरेशन का कानूनी स्वरूप रोमन कानून से ही प्रारंभ होता है। रोम ने पहली बार कानून के आधार पर संपत्ति का वर्गीकरण किया। संक्षेप में हम कह सकते हैं कि यूरोप और एशिया की न्याय पद्धति बहुत अंशों तक रोम के कानून से ही प्रभावित है।

कला-कौशल के क्षेत्र में मेहराब, गुंबद रोम की देन है। संगमरमर और सीमेंट का प्रयोग पहली बार रोम में ही हुआ था। कला में सौंदर्य के साथ-साथ उपयोगिता का समावेश यहीं हुआ। चित्रकला, मूर्तिकला, भवन-निर्माण कला आदि सभी क्षेत्रों में रोम ने संसार को बहुत कुछ दिया है। साहित्य के क्षेत्र में प्रधान यूरोपीय भाषाओं का जन्मदाता रोम ही है। लैटिन भाषा ने विश्व को बहुत हद तक प्रभावित किया है। विज्ञान के क्षेत्र में सात दिन का सप्ताह रोम ने ही चलाया। जूलियस सीजर के नाम पर जुलाई और आगस्टस के नाम पर अगस्त महीना सर्वमान्य है। चिकित्सा शास्त्र में रोम ने अस्पताल की व्यवस्था करके महत्त्वपूर्ण योग दिया। इस प्रकार सभ्यता के प्रत्येक क्षेत्र में रोम की देन महत्त्वपूर्ण है।

प्रश्न

1. रोम के गणराज्य का क्यों और किस प्रकार अंत हो गया?
2. जूलियस सीजर के मुख्य कामों का वर्णन कीजिए।
3. विश्व सभ्यता में प्राचीन रोम का क्या योगदान था?
4. साहित्य तथा कला के क्षेत्र में प्राचीन रोम की देन की विवेचना कीजिए।
5. रोम के इतिहास में आगस्टस के युग को स्वर्णयुग क्यों कहा जाता है?
6. प्राचीन रोम के कला-कौशल और साहित्य के बारे में आप क्या जानते हैं?

□

6
इसलाम का उदय और प्रसार

(क) मुहम्मद साहब- चरित्र और उपदेश

एशिया के पश्चिमी भाग में अरब एक देश है। इतिहास में इस देश के महत्त्व का सबसे प्रधान कारण यह है कि यहीं इसलाम धर्म का उदय और प्रसार हुआ था। इस धर्म के प्रवर्तक मुहम्मद साहब थे। मुहम्मद साहब का जन्म 571 ई. में मक्का शहर में हुआ था। इनके प्रारंभिक जीवन के संबंध में लोगों को कम मालूम है। लेकिन इतना निश्चित है कि इनका प्रारंभिक जीवन बड़ा दयनीय रहा था। वे बाल्यकाल में भेड़ चराया करते थे और रेगिस्तान में शहतूत चुना करते थे। 20 वर्ष की अवस्था में इन्होंने खदीजा नाम की एक धनी विधवा के यहाँ नौकरी कर ली और 29 वर्ष की अवस्था में उसी विधवा से शादी कर ली। अब वे उसकी संपत्ति के मालिक बन गए। खदीजा की उम्र 40 वर्ष की थी।

अब मुहम्मद साहब ने सत्य का पता पाने की खोज शुरू कर दी। अकसर वे पहाड़ों की खोह अथवा एकांत स्थान में जाकर ध्यानमग्न रहने लगे। अंत में एक दिन उन्हें सत्य का पता चला। अब वे पैगंबर हो गए और अपना धर्म प्रचार करने लगे। उनके पहले अरब के लोग भिन्न-भिन्न जमातों में बँटे थे और हमेशा आपसी संघर्ष में रत रहते थे। उनमें मूर्तिपूजा की भावना थी और सैकड़ों देवी-देवताओं की पूजा करते थे। सामाजिक व्यवस्था भी अमर्यादित थी।

पुरुष कई स्त्रियों से शादी करता था। बालहत्या की प्रथा जोरों पर थी। मुहम्मद साहब ने समाज की इन कमजोरियों के खिलाफ अपनी आवाज

उठाई। उन्होंने एक खुदा की इबादत पर जोर दिया और मूर्तिपूजा को व्यर्थ की चीज बताया। खुदा के आदेशों का पालन करना स्वर्गप्राप्ति का सरल उपाय बताया, लेकिन प्रारंभ में अपने धर्म के प्रचार के लिए उन्हें अनेक मुसीबतों का सामना करना पड़ा। यहाँ तक कि कुछ समय के लिए इन्हें मक्का छोड़कर मदीना भाग जाना पड़ा। लेकिन बाद में उनके धर्म का प्रभाव लोगों पर पड़ने लगा और उनके बहुत से अनुयायी भी हो गए। मुहम्मद का धर्म इसलाम धर्म कहलाया और जिस ग्रंथ में इन उपदेशों का उल्लेख है, वह कुरान कहलाया। इसलाम धर्म के छह प्रमुख विश्वास हैं—

1. अल्लाह सर्वशक्तिमान, सर्वव्यापी और सर्वज्ञ है।
2. फरिश्ते दो प्रकार के होते हैं—भले और बुरे- भले अल्लाहवाले की सहायता करते हैं और बुरे का नेता शैतान है।
3. मुहम्मद साहब द्वारा उल्लिखित सभी धर्मग्रंथ पवित्र हैं और कुरान तो सबसे अधिक पवित्र है।
4. अल्लाह ने समय-समय पर अपनी इच्छा पैगंबरों द्वारा प्रकट की है, जिसमें सबसे अंतिम और पूर्ण पैगंबर मुहम्मद थे।
5. मनुष्य की आत्मा अमर है, मृत्यु के उपरांत अंतिम निर्णय के दिन काफिरों को सदा के लिए नरक मिलेगा और ईमान पर रहनेवाले मुसलमानों को स्वर्ग।
6. संसार के सभी भले और बुरे कार्य अल्लाह की मर्जी से होते हैं, जिन्हें वह अपने पास दर्ज कर लेता है।

इन विश्वासों के अतिरिक्त मुसलमानों के पाँच प्रधान नैतिक कर्तव्य हैं—

1. यह स्वीकारना कि अल्लाह को छोड़कर और कोई देवता नहीं है तथा मुहम्मद अल्लाह के रसूल या पैगंबर हैं।
2. मक्का की ओर मुँह करके दिन में पाँच बार नमाज पढ़ना।
3. गरीबों को दान देना।
4. रमजान के महीने में सूर्योदय से लेकर सूर्यास्त तक उपवास करना।
5. मक्का की तीर्थयात्रा करना।

इसलाम धर्म की सबसे बड़ी विशेषता यह है कि इसमें पुरोहित वर्ग के लिए कोई स्थान नहीं है। ईश्वर और मनुष्य के बीच सीधा संपर्क रखा गया है। इस प्रकार अरब का जो इतिहास अब तक अंधकारमय था वह मुहम्मद साहब के बाद स्वर्णमय बन गया।

(ख) इसलामी साम्राज्य

इसलाम धर्म के प्रचार के फलस्वरूप अरब में नई राजनीतिक चेतना का प्रादुर्भाव हुआ। अरबवासी एक धर्म के सूत्र में बँधे। उनके बीच का आपसी द्वेष दूर हो गया। इस सबका फल यह हुआ कि अरबवालों ने मुहम्मद साहब के नेतृत्व में एक सुसंगठित राज्य की स्थापना कर ली। जब तक मुहम्मद साहब जीवित रहे उनकी धाक संपूर्ण इसलाम साम्राज्य में कायम रही, लेकिन उनके मरते ही 'खलीफा' के चुनने का प्रश्न उठ खड़ा हुआ। मुहम्मद साहब को कोई पुत्र भी न था। अतः लोगों ने उनके सबसे पुराने साथी अबूबकर को खलीफा बनाया। इसी समय से खिलाफत प्रथा का आविर्भाव हुआ। अबूबकर ने इसलाम धर्म को माननेवाले जितने भी राज्य थे सभी को एक सूत्र में बाँधा। अब उसने राज्य विस्तार की योजना बनाई। परिस्थिति भी उसके अनुकूल थी। उसके आसपास के जितने भी राज्य थे आपसी कलह के शिकार बने हुए थे। ईसाई धर्म के ढोंग से लोग ऊब चुके थे और इसलाम को नया धर्म जानकर उसके प्रति आकृष्ट हो रहे थे। अरब की आर्थिक स्थिति भी अच्छी न थी। अतः इन सभी कारणों के चलते अबूबकर को साम्राज्य जीतने में सफलता मिली। जहाँ भी अरब वाले गए वहीं इनकी जीत हुई। इस तरह अरबवालों ने मुहम्मद साहब की मृत्यु के 100 वर्ष के भीतर ही रोम से भी बड़ा साम्राज्य कायम कर लिया। यह साम्राज्य पूरब में मुलतान और तुर्किस्तान से लेकर पश्चिम में मोरक्को और स्पेन तक फैला हुआ था। संक्षेप में अरबवालों ने आधे अफ्रीका, आधे एशिया और समूचे स्पेन पर अपना अधिकार कर लिया।

अबूबकर के बाद इसलाम साम्राज्य का खलीफा उमर हुआ। इसमें इसलामी साम्राज्य को और भी मजबूत बनाया। यह उच्चकोटि का शासक भी

था। उसने अरब की राजनीतिक स्थिति सुदृढ़ करने के लिए कई कानून भी बनाए। सेना का संगठन करके उसे कई भागों में बाँट दिया। उसका प्रभाव विदेशों में भी फैला था। खलीफा उमर के बाद खलीफा उसमान, खलीफा अली आदि कई खलीफा हुए, लेकिन सभी अयोग्य निकले। खलीफा उमर ने जिस सादगी और पवित्रता का आदर्श रखा था, वह पवित्रता इन खलीफाओं के जीवन से जाती रही। वे ऐश–मौज का जीवन बिताने लगे। साम्राज्य टुकड़ों में बँट गया। प्रांतीय सूबेदार स्वतंत्र होने लगे। जनता के बीच असंतोष की भावना घर कर गई। फलतः 10वीं सदी के मध्य तक आते–आते खलीफाओं की शक्ति नाममात्र की ही रह गई और शासन की बागडोर तुर्की सरदार के हाथ में चली गई।

चंगेज खाँ के नेतृत्व में मंगोलों का उदय

12वीं सदी में चंगेज खाँ के नेतृत्व में मंगोलों का उदय हुआ। मंगोल मंगोलिया के आसपास के इलाकों में रहते थे और खानाबदोश की तरह जीवन बिताते थे।

चंगेज खाँ मुख्य रूप से एक लुटेरा था। फिर भी एक उच्चकोटि के सेनानायक के सारे गुण उसमें विद्यमान थे। विजेता की दृष्टि से उसकी तुलना सिकंदर और नेपोलियन से की जाती है। उसके पोते दुलाजू ने 1258 ई. में बगदाद पर हमला कर दिया। लगभग सोलह लाख मुसलमान कत्ल कर दिए गए। बगदाद को मिट्टी में मिला दिया गया। इस प्रकार हमेशा के लिए खिलाफत का अंत हो गया। अब कोई केंद्रीय शक्ति न रही।

(ग) इसलामी सभ्यता

इसलाम की सभ्यता किसी एक देश की सभ्यता नहीं थी। जिन–जिन देशों पर अरबों ने अधिकार किया था, उन सभी देशों की सभ्यता का प्रभाव इसलामी सभ्यता पर पड़ा था। इसलाम का साम्राज्य पूरब में चीन से लेकर पश्चिम में स्पेन तक फैला हुआ था। अतः इन सभी भूभागों की सभ्यता के तत्त्व इसलामी सभ्यता में पाए जाते थे।

सामाजिक अवस्था

प्रारंभ में अरबवालों का जीवन सादा था लेकिन पीछे चलकर साम्राज्य विस्तार के कारण इन्हें अपार धन हाथ लगा। अत: धीरे-धीरे इनके जीवन में विलासिता आने लगी। समाज वर्गों में बँट गया। सबसे ऊपर खलीफा था, जो काफी शान-शौकत की जिंदगी बिताता था। दूसरा वर्ग न्यू मुसलिम सोसाइटी का था। ये लोग भी आराम का जीवन बिताते थे। तीसरे वर्ग में 'अहले घमाह' आता था, वह भी राज्य की ओर से संरक्षण पाकर आनंद का जीवन बिताता था। सबसे अंत में किसानों और मजदूरों का वर्ग आता था। यह वर्ग हमेशा गरीबी में पलता था। गुलामों की दशा समाज में सबसे खराब थी। अमीरों का गरीबों पर आए दिन शोषण और अत्याचार होता रहता था। स्त्रियों की अवस्था गुलामों जैसी थी। वे परदे के भीतर रहती थीं। बुर्का की प्रथा इसका उदाहरण है। बहु-विवाह का प्रचलन था। शाही खानदान में अनेक रखैल रखी जाती थीं, जिनकी देखभाल हिजड़े किया करते थे। राजदरबार में मनोरंजन करनेवाली स्त्रियों की मर्यादा होती थी। नाच-गाने का प्रबंध रहता था। लोग शराब पीते थे।

आर्थिक अवस्था

अरबवालों की जीविका का प्रधान साधन खेती-बाड़ी था। अत: वे लोग सिंचाई पर बहुत बल देते थे। सिंचाई के द्वारा मरुभूमियों को उपजाऊ मैदान बनाया गया। सिंचाई के लिए कई नहरें खुदवाई गईं। यहाँ की प्रमुख फसल बारली, गेहूँ, चावल, खजूर, दलहन, कपास तथा पटुआ थी। कहीं-कहीं फलों की भी खेती होती थी। फलों के साथ लोग फूल की भी खेती करते थे। फूलों से कई प्रकार के इत्र बनाए जाते थे। फूलों में सबसे प्रमुख गुलाब था। मुहम्मद साहब ने एक बार कहा था—"उजले गुलाब का जन्म रात के समय यात्रा करते समय हमारे पसीने से हुआ है, लाल गुलाब का जन्म जिबराइल के पसीने से हुआ है और पीले गुलाब का जन्म अलबुराक से है।" यही कारण है कि इसलाम के अनुयायी गुलाब को फूलों का राजा कहते हैं।

खेती के साथ उद्योग-धंधे भी प्रचलित थे। मिट्टी, सोना, लोहा, शीशा आदि धातुओं की चीजें बनती थीं। कुछ लोग रंग और इत्र भी तैयार करते थे। चमड़े का काम बहुत आगे बढ़ा हुआ था। ऊनी, सूती और रेशमी कपड़े प्रमुख उद्योग थे। कागज बनाने का काम चीन में ही शुरू हुआ था और यहीं से यूरोपवालों ने सीखा था। जौहरी के काम खूब चले बने थे।

अरबवालों ने व्यापार-व्यवसाय में भी प्रगति की थी। व्यापारिक उन्नति के लिए सुंदर बंदरगाह, सुरक्षित समुद्री किनारा तथा सड़कों में काफी विकास लाया गया। व्यापार और उद्योग-धंधे के विकास के फलस्वरूप दमिश्क, बगदाद, काहिरा आदि कई औद्योगिक शहर बस गए।

शासन व्यवस्था

प्रारंभ में जब अरबों ने साम्राज्य का निर्माण किया तो प्रजातंत्र के द्वारा शासन होता था। मुहम्मद साहब की मृत्यु के बाद भी बहुत दिनों तक प्रजातंत्र कायम रहा, लेकिन पीछे चलकर राजवंश की परंपरा चल पड़ी। खलीफा शासन और धर्म के प्रधान समझे जाते थे। उनकी सहायता के लिए कई वजीर हुआ करते थे। यहीं से वजीर की प्रथा भी चली। खलीफा अपने भोग-विलास के लिए जनता पर कई प्रकार के टैक्स लगाते थे। शासन की सुविधा के लिए साम्राज्य को कई प्रांतों में बाँट दिया गया था। प्रत्येक प्रांत में एक-एक सूबेदार होता था। जिसे काफी राजकीय अधिकार प्राप्त थे। सेना का संगठन सामंती आधार पर था।

शिक्षा

बच्चे को आरंभिक शिक्षा घर पर ही दी जाती थी। जब वे छह वर्ष के हो जाते थे तब उन्हें मदरसा भेज दिया जाता था। ये मदरसे सभी बड़े-बड़े शहरों में होते थे। तेज लड़कों को इनाम देने की व्यवस्था रहती थी। लड़कों को कुरान का उपदेश दिया जाता था। लड़कों के साथ-साथ लड़कियों की शिक्षा का भी इंतजाम था। प्रारंभिक शिक्षा के बाद उच्च शिक्षा के लिए लड़कों को बगदाद भेज दिया जाता था। काहिरा और कोडरोवा में बड़े-बड़े पुस्तकालय

थे, जिनमें हाथ से लिखी पुस्तकों का बहुत बड़ा संग्रह रहता था। बहुत से विद्या-प्रेमी राजाओं ने शिक्षा की प्रगति के लिए कई कार्य भी किए थे।

साहित्य

इसलामी साम्राज्य के भीतर अरबी भाषा में कई महत्त्वपूर्ण मौलिक ग्रंथों की रचना हुई। अरबी और फारसी दोनों भाषाओं में ग्रंथ लिखे गए। उमरख्याम जैसा प्रसिद्ध कवि इसी युग में हुआ था। इसके बाद भी फिरदौसी, शेखशादी आदि कई फारसी के विद्वान हुए। पद्य के साथ-साथ गद्य साहित्य का भी विकास हुआ। गद्य साहित्य में कहानियाँ बहुत ज्यादा लिखी गईं। 'अलिफ-लैला' की कहानी आज भी प्रसिद्ध है। इतिहास की भी उन्नति हुई। सबसे बड़ा इतिहासकार इब्नखाल्दून था। उसने फारस, अरब और अफ्रीका का इतिहास लिखा है।

कला

इसलामी सभ्यता के अंतर्गत कला की विशेष उन्नति नहीं हुई। भवन निर्माण कला के क्षेत्र में थोड़े से महल और मसजिद बनाए गए। उनकी दीवारों और छत को सुंदर ढंग से सजाया गया। कला में जीव-जंतुओं का चित्र नहीं आया क्योंकि यह उनके धर्म के प्रतिकूल था। कला में संगीत का भी विकास न हो सका क्योंकि यह भी उनके धर्म के विरुद्ध था। लेकिन पीछे जब खलीफाओं का जीवन विलासी होने लगा तो संगीत कला की भी उन्नति होने लगी।

दर्शन

इस समय बड़े-बड़े दार्शनिक पैदा हुए। अविसेन और इब्न रशद दो बड़े प्रसिद्ध दार्शनिक हुए। इनके दर्शन पर यूनानी और भारतीय दर्शन का प्रभाव पड़ा था।

विज्ञान

इस समय विज्ञान की भी बड़ी प्रगति हुई। गणित पर कई नई पुस्तकें

लिखी गईं। रसायन शास्त्र का अध्ययन भी ये लोग दिलचस्पी से करते थे। इस शास्त्र का नाम इन्होंने किमिया रखा था, जो बाद में अंग्रेजी में 'केमिस्ट्री' हो गया। भौतिक शास्त्र में कई नए अनुसंधान हुए। चिकित्सा शास्त्र के क्षेत्र में भारतीय चिकित्सकों को बुलाकर वे लोग बहुत कुछ सीखते थे।

इसलामी सभ्यता की देन

इसलामी साम्राज्य का विकास बहुत अधिक हुआ था। इस सभ्यता का प्रचार केवल मुसलमानी देशों तक सीमित न रहा बल्कि समूचे विश्व में इसका प्रचार हुआ। अरबवालों का साम्राज्य आज न रहा, लेकिन उनका प्रभाव आज भी कायम है। इस सभ्यता ने अपने भीतर प्राचीन सभ्यता और संस्कृति को सन्निहित कर लिया। सबसे बड़ी देन इस सभ्यता की है कि इसने प्राचीन सभ्यता को विनाश के मुख में जाने से बचाया। जिस समय यूरोप अज्ञान के अंधकार में भटक रहा था इसने प्राचीन ज्ञान की रक्षा करके विश्व को बहुत बड़ी चीज दी है। कई नई चीजें भी इस सभ्यता ने यूरोप के देश में फैलाई हैं। पहली बार अरबवालों ने कागज बनाना सीखकर इसे यूरोप के देश में फैलाया। विज्ञान के क्षेत्र में कई मौलिक आविष्कार कर यूरोप के देशों को प्रभावित किया है। दसवीं शताब्दी में स्पेन में जो प्रगति हुई उसका श्रेय अरबवालों को है। यही नहीं; यूरोप में जो पुनर्जागरण हुआ उसका श्रेय भी इसी सभ्यता को दिया जाएगा।

प्रश्न

1. मुहम्मद साहब के जीवन और उपदेश का संक्षेप में विवरण दीजिए।
2. इसलामी साम्राज्य के उत्थान–पतन का वर्णन कीजिए।
3. मंगोल कौन थे ? चंगेज खाँ के बारे में आप क्या जानते हैं ?
4. इसलामी सभ्यता के विभिन्न अंगों का वर्णन कीजिए।

□

7

सामंत प्रथा और मध्यकालीन यूरोप

सामंत प्रथा की उत्पत्ति और विकास

सामंत प्रथा की उत्पत्ति यूरोप में 5वीं शताब्दी में हुई थी। रोमन साम्राज्य का जब पतन हो रहा था तो चारों ओर अराजकता फैल गई थी। अब कोई मजबूत केंद्रीय शक्ति न रही थी। अतः बड़े-बड़े जमींदार और सामंत ही अपने-अपने सूबे के मालिक बन बैठे और स्थानीय शासन चलाने लगे। धीरे-धीरे सामंतों और जमींदारों का प्रभुत्व बढ़ता ही गया। 11वीं शताब्दी तक आते-आते यह प्रथा संसार के बहुत से देशों में फैल गई। लेकिन पीछे 16वीं शताब्दी से इस प्रथा का अंत होना शुरू हो गया। लेकिन विभिन्न देशों में यह प्रथा विभिन्न समय में समाप्त हुई। फ्रांस में 1789 की राज्यक्रांति से, रूस में 1917 की क्रांति के बाद से और चीन में 1949 की क्रांति के बाद से इस प्रथा का पतन आरंभ हो गया।

सामंत प्रथा का स्वप्न

यूरोप की सामंती प्रथा हमारे भारत की जमींदारी प्रथा से बिल्कुल मिलती-जुलती थी। इसका आधार जमीन थी। इस प्रथा में राजा सबका मालिक होता था और राज्य की संपूर्ण भूमि उसी की संपत्ति समझी जाती थी।

राजा इस जमीन को बड़े लोगों के बीच बाँट देता था जो जमींदार या सामंत कहलाते थे। इसके बदले राजा को ये सामंत और जमींदार सेना, अर्थ आदि से मदद करते थे। सबसे मुख्य काम सामंतों का यही था। इसके अलावा

भी ये सामंत राजा को शासन संबंधी मामले में परामर्श देते थे, साथ ही अपने-अपने इलाके में शांति और सुव्यवस्था बनाए रखते थे। अपने इलाके के प्रधान न्यायाधीश भी यही होते थे और रैयतों के मुकदमों का फैसला करते थे।

जिस प्रकार ये जमींदार और सामंत राजा से जमीन पाते थे उसी प्रकार ये भी छोटे-छोटे सामंतों और जमींदारों के बीच अपनी जमीन बाँट देते थे। अपने हिस्से में बहुत थोड़ी जमीन रखते थे। पुनः इसी प्रकार ये सामंत भी साधारण सामंतों में जमीन बाँट देते थे। इस प्रकार बँटवारा होते-होते जमीन साधारण रैयतों के हाथ में आती थी। ये सामंत अपने-अपने मालिकों के प्रति वफादार होते थे और उन्हें बहुत प्रकार के नजराने भेंट करते थे। साधारण रैयत और किसानों को भी इसी प्रकार अपने मालिकों के अधीन होना पड़ता था। स्वतंत्र किसान बहुत कम ही मिलते थे। ज्यादातर रैयत गुलामों की तरह खेत से बँधे रहते थे। इनकी दशा गुलामों की तरह ही दयनीय थी। यहाँ तक कि अगर कोई सामंत अपनी जमीन दूसरे के हाथ बेचता तो ये रैयत भी बिक जाते थे। किसान हमेशा कर के भार से दबे रहते थे। इनसे मालिक बेगार करवाता था और बदले में इन्हें कुछ नहीं मिलता था। संक्षेप में किसानों का जीवन कष्टमय था।

सामंत प्रथा के प्रभाव

सामंत प्रथा का प्रभाव मध्यकालीन यूरोप के सभी अंगों पर पड़ा। किसान सामंतों के अत्याचार से पीड़ित थे। आए दिन उन पर शोषण और अत्याचार का चक्र चलता रहता था। सामंतों के पास अगाध संपत्ति इकट्ठी थी जिसका उपयोग वे अपने विलास पर करते थे। इस प्रथा में उद्योग-धंधों और व्यापार की वृद्धि नहीं हो सकती थी। अतः सारा ध्यान खेती की ओर लगाया जाता था। खरीद-बिक्री में सिक्के का प्रचलन नहीं होने के कारण चीजों की अदला-बदली होती थी। चुंगी की संख्या अधिक थी इसलिए भी व्यापार का विकास नहीं हो पा रहा था। अपना प्रभाव जमाने के लिए सामंत आपस में बराबर लड़ा करते थे। अतः शांति और सुव्यवस्था नाम की चीज न थी। राजा की शक्ति कमजोर बनाने की कोशिश होती रहती थी। किसानों और गुलामों को

राजनीतिक और सामाजिक अधिकारों से वंचित रखा जाता था। सामंत हमेशा प्रयत्न करते थे कि लोगों में राष्ट्रीयता की भावना न आए। सामंतों का जीवन भोग-विलास का जीवन था। ये हमेशा विलासिता के सागर में डूबे रहते थे। दूसरी ओर साधारण किसान, मजदूरों का जीवन बड़ा कष्टमय था। वे दुःख, अभाव और गरीबी में ही जीते थे।

साहित्य और कला पर प्रभाव

सामंती प्रथा का प्रभाव यूरोप के साहित्य, कला पर भी पड़ा। चूँकि इस समय सामंतों को आराम का समय काफी मिलता था, अतः खाली समय को उन्होंने साहित्य और कला के विकास में लगाया। इस समय वीरता और प्रेम संबंधी—दोनों प्रकार के साहित्य लिखे गए। बाद में लोक साहित्य का विकास हुआ, जिसमें सामंतों के भ्रष्ट जीवन का चित्रण किया गया। साहित्यिक रचनाओं में 'रोलाँ के गाने', 'राजा आर्थर' तथा नाइट्स की कहानियाँ मशहूर हैं।

धर्म के क्षेत्र में भी इसका प्रभाव पड़े बिना न रहा। चर्च धर्म का सर्वेसर्वा था। यह भी राजा की तरह जनता से कर वसूलता था। इन्हें किसी प्रकार का कर नहीं देना पड़ता था। अतः धीरे-धीरे चर्च में अपार संपत्ति जमा हो गई। फलस्वरूप पादरियों का जीवन भ्रष्ट हो गया। धर्म की असलियत से दूर भटककर ये पादरी भोग-विलास में ही अपना जीवन व्यतीत करने लगे। इन पादरियों के खिलाफ जब भी कोई आंदोलन हुआ उन्होंने निर्दयतापूर्वक उसका दमन कर दिया। फिर भी कुछ सच्चे पादरी थे, जो गरीबों पर दया करते थे।

सामंत प्रथा का पतन

तेरहवीं शताब्दी के शुरू से ही इस प्रथा के पतन के लक्षण दिखाई पड़ने लगे और 16वीं शताब्दी तक आते-आते इसका पूर्ण रूप से पतन हो गया। इस पतन के कई कारण थे। सामंत अपना प्रभाव जमाने के लिए हमेशा आपस में लड़ा करते थे। इस युद्ध में उनके जन-धन की बड़ी हानि होती थी। वैज्ञानिक उन्नति के फलस्वरूप नए-नए अस्त्र-शस्त्र बनने लगे। अतः सामंतों का

प्रभाव युद्ध की दृष्टि से घटने लगा। व्यापार और व्यवसाय के फलस्वरूप भी सामंतों के अधिकार पर धक्का लगा। धीरे-धीरे राजा भी इनके अत्याचार से तंग आकर इनके प्रभाव को नष्ट करने को सोचने लगा। जब व्यापारी वर्ग का उदय हुआ तो राजा इस वर्ग के साथ मिलकर सामंतों के विरुद्ध काम करने लगा। इसी समय राष्ट्रीय भावना का भी विकास शुरू हुआ। साधारण जनता अब सामंतों के अधिकार से मुक्त होने को सोचने लगी। इस प्रकार धीरे-धीरे इस प्रथा का अंत हो गया।

प्रश्न

1. सामंत प्रथा के जन्म और विकास का इतिहास लिखें।
2. सामंत प्रथा का पतन कैसे हुआ ?
3. मध्यकालीन यूरोप के जीवन पर सामंत प्रथा का क्या प्रभाव पड़ा ?

□

8

यूरोप का बौद्धिक पुनर्जागरण (रेनेसाँ)

(1) पुनर्जागरण का अर्थ

चौदहवीं शताब्दी से लेकर सोलहवीं शताब्दी के बीच पश्चिमी यूरोप में सभ्यता और संस्कृति के प्रत्येक क्षेत्र में एक महान् परिवर्तन आया। यही परिवर्तन विश्व इतिहास में बौद्धिक पुनर्जागरण (रेनेसाँ) कहकर पुकारा गया। (Renaissance means rebirth) स्वेन के अनुसार—"मध्य युग के अंत और आधुनिक युग के आरंभ में जो बौद्धिक परिवर्तन हुए उन्हें सामूहिक रूप से रेनेसाँ कहा जाता है।" रोमन साम्राज्य के पतन के बाद और खासकर सेंट आगस्टाइन के बाद यूरोप बिल्कुल अंधकारमय प्रतीत होता था। प्रगति की धारा बहुत दिनों तक अवरुद्ध हो गई थी। "यूनानियों का वह ज्ञान और दर्शन जिसे सुकरात, प्लेटो और अरस्तू ने जन्म दिया था, मृतप्राय हो चुका था। साहित्य की जो धारा बहाई गई थी, वह सूख गई थी। फिडिपस और अप्पोलोडोरस की कला पर काली चादर पड़ गई थी। ईसाई धर्म के प्रतिबंधों से साहित्य और कला का दम घुट रहा था। लैटिन और ग्रीक भाषाओं का ज्ञान घटता जा रहा था।" किंतु यह स्थिति बदली। 14वीं शताब्दी के बाद ज्ञान की एक नई किरण फूटी जिसकी रोशनी 16वीं शताब्दी के अंत तक फैलती ही रही। इसी रोशनी को विद्वान रेनेसाँ कहते हैं।

अब प्राचीन रूढ़ियाँ ढह गईं। साहित्य, कला, विज्ञान आदि नए सिरे से संगठित किए गए। सबसे अधिक चेतना बौद्धिक क्षेत्र में आई। अत: "14वीं तथा 16वीं शताब्दी के बीच में जिस प्रथा का अंत किया गया और जिसके

बदले में एक नई चेतना का जन्म हुआ उसे ही रेनेसाँ या बौद्धिक पुनर्जागरण कहा जाता है।'' इस समय प्राचीन का पुनरुद्धार ही नहीं हुआ वरन् नवीन ज्ञान की भी स्थापना हुई, नए विचार प्रतिपादित हुए, नया युग आरंभ हुआ।

(2) पुनर्जागरण के कारण

इस पुनर्जागरण का जन्म एकाएक नहीं हुआ। इसके पीछे कई कारण काम कर रहे थे।

(i) क्रूसेड्स का प्रभाव

क्रूसेड एक प्रकार का धर्मयुद्ध था जो मुख्यतः एशिया और यूरोप के बीच लगभग दो शताब्दी तक चलता रहा। इस युद्ध ने बौद्धिक पुनर्जागरण को बहुत अधिक प्रभावित किया। पश्चिम के लड़ाकू पूर्वी देशों की सभ्यता से परिचित हुए और उसका प्रचार अपने देशों में किया। इस तरह क्रूसेड ने पूर्वी सभ्यता और संस्कृति को बहुत अंशों में पश्चिम के देशों में फैलाया। प्रसिद्ध इतिहासकार ने भी लिखा है—The intellectual, revival was stimulated by the crusades.

(ii) पूर्वी और पश्चिमी देशों का संबंध

पूरब के देशों में खासकर इसलामी साम्राज्य के अंदर विद्या, बुद्धि, सभ्यता, संस्कृति का विकास बड़ी तेजी से हो रहा था। अरबी भाषा का प्रचार उच्च शिखर पर था। 13वीं शताब्दी तक जबकि अरब में एक विशाल साम्राज्य की स्थापना हो गई, तब अरबवाले जहाँ कहीं भी गए पूर्वी देशों की सभ्यता, संस्कृति लेते गए। इसका परिणाम यह हुआ कि यूरोप का संपर्क भारतीय और यूनानी संस्कृति से बढ़ा। इसी से प्रभावित होकर यूरोप में कई विश्वविद्यालय खुले जिनमें दर्शन और साहित्य का सुंदर विकास हुआ।

(iii) मंगोल साम्राज्य की स्थापना

मंगोल साम्राज्य चीन से यूरोप तक फैला हुआ था। उस समय मंगोल साम्राज्य की उन्नति हो रही थी। खासकर कुबलाई खाँ के समय में इस

साम्राज्य की प्रतिष्ठा चारों ओर फैल रही थी। खुद कुबलाई खाँ का दरबार विभिन्न देशों के विद्वानों से भरा रहता था। साथ-साथ धर्म प्रचारक और यात्रियों की भीड़ लगी रहती। फलतः विद्वानों के बीच विचारों का आदान-प्रदान हुआ। पूर्वी और पश्चिमी देशों के लोग एक-दूसरे की सभ्यता, संस्कृति से परिचित हुए। इसी समय मार्कोपोलो ने चीन और जापान की यात्रा की थी। उसने कुबलाई खाँ के दरबार के वैभव का वर्णन किया जिसे पढ़कर बहुत से नाविक और जहाजी यहाँ दौड़े। उस समय चीन में मेरिनर कंपास, गन पाउडर, कंपास, कागज आदि वस्तुओं का ईजाद हो चुका था। पश्चिम के लोगों ने इन चीजों को सीखकर इसका प्रचार अपने देश में किया। इस प्रकार मंगोल साम्राज्य ने रेनेसाँ को काफी बल दिया।

(iv) नवीन देशों की खोज

उस समय पूर्वी देश अपने ऐश्वर्य और वैभव के कारण प्रसिद्ध हो रहे थे। यहाँ की अतुल धनराशि की खबर पश्चिमी देशों को हुई। फलतः धन प्राप्त करने के उद्देश्य से कई पश्चिमी नाविक पूर्वी देशों में आने लगे। कोलंबस, वास्को-डि-गामा आदि ऐसे ही नाविक थे। कोलंबस चला तो भारत की खोज में, पर भूल से वह अमेरिका जा पहुँचा। इस प्रकार अमेरिका का पता लगा। इसी प्रकार मैगेलन ने फिलिपाइन की खोज की। कोर्टेज नामक एक नाविक ने मेक्सिको का पता लगाया। अलबुकर्क ने गोआ और जेक कार्टियर ने कनाडा का पता लगाया। फल यह हुआ कि नए देशों के पता लगाने की होड़ लग गई, जिसके फलस्वरूप बौद्धिक विकास पर इसका प्रभाव पड़ा।

(v) कुस्तुनतुनिया का पतन

जब चंगेज खाँ ने तुर्की पर आक्रमण की योजना बनाई तो भय से तुर्क लोग एशिया माइनर में आ बसे और पीछे बढ़ते हुए यूरोप पहुँचे। उनका बढ़ना जारी रहा और इस तरह बढ़ते हुए वे कुस्तुनतुनिया पहुँचे। कुस्तुनतुनिया पर उन्होंने आक्रमण कर दिया और उसे अपने अधिकार में कर लिया। कुस्तुनतुनिया में तुर्कों के प्रवेश से यूरोप जाने का रास्ता खुल गया। ग्रीक के

विद्वान इटली में आए और वहाँ के निवासियों को प्राचीन साहित्य, कला आदि से परिचित कराया। दूसरा फायदा यह हुआ कि अब चर्च का प्रभाव समाप्त हो गया। चर्च हमेशा से प्रगति का बाधक रहा है। अब इसका प्रभाव नष्ट होने से यूरोप के देशों में एक नवीन संस्कार का जन्म हुआ।

(vi) कागज का प्रचार तथा छापेखाने का आविष्कार

छापेखाने के आविष्कार ने बौद्धिक पुनर्जागरण को बहुत बड़ा सहयोग दिया। चीन में कागज बहुत पहले से बनाया जाता था। अभी तक पुस्तकें लोग हाथ से लिखते थे। जिसमें उन्हें परिश्रम अधिक करना पड़ता था और समय भी बहुत ज्यादा लगता था। फल यह होता था कि बहुत से लोगों को पुस्तकें नहीं मिल पाती थीं। अब कागज और छापेखाने के आविष्कार से पुस्तकें अधिक संख्या में छपने लगीं और ज्यादा संख्या में लोग उसे पढ़ने भी लगे। अतः इस कार्य से भी बौद्धिक पुनर्जागरण को सहायता मिली।

(vii) प्राचीन साहित्य की खोज

बहुत से ऐसे विद्वान हुए जिन्होंने प्राचीन साहित्य को फिर से जीवित किया। प्राचीन साहित्य की ओर से लोग उदासीन हो गए थे। लेकिन इसके पुनरुद्धार से लोगों ने उन साहित्यों से प्रेरणा ग्रहण की। उन ग्रंथों का दूसरी कई भाषाओं में अनुवाद किया गया। लोगों को गूढ़ तथ्यों की जानकारी कराई गई। पेट्राक, दाँते, बेकन आदि विद्वानों ने जनता के दिल में प्राचीन साहित्य के प्रति जिज्ञासा का भाव जगा दिया, जिससे भी बौद्धिक क्रांति में सहायता मिली।

(viii) व्यापार की उन्नति

नए-नए देशों का पता लग जाने से व्यापार को बड़ा फायदा हुआ। आगे चलकर व्यापार के विकास के साथ-साथ समाज में एक नया वर्ग ही बन गया, जिसे मध्यम वर्ग कहते थे। इस वर्ग में वकील, डॉक्टर, शिक्षक आदि सभी पढ़े-लिखे व्यक्ति होते थे। इन लोगों ने चर्च के आधिपत्य को मानने से इनकार कर दिया और उसके विरुद्ध जनता को उकसाने लगे।

चर्च हमेशा से प्रगति का बाधक रहा था। अतः व्यापार-व्यवसाय की प्रगति उसे फूटी आँखों नहीं सुहाती थी। इस कारण भी व्यापारियों ने उसके खिलाफ आवाज उठाई। व्यापारी वर्ग धनी होता था। अतः धन की सहायता देकर भी इसने आंदोलन की जड़ को मजबूत किया। इन वर्गवालों के अपने स्वतंत्र विचार थे। इस सबका फल यह हुआ कि साधारण जनता इनसे बहुत अधिक प्रभावित हो गई और उसने पुनर्जागरण में अपना सहयोग दिया।

(ix) पंडित पंथ की परंपरा

कुछ पश्चिमी देश, जैसे—पेरिस, ऑक्सफोर्ड आदि ने पूर्वी देशों की तरह पंडित पंथ की परंपरा चलाई। इन लोगों ने विद्या अध्ययन की ओर विशेष ध्यान दिया। बौद्धिकता के क्षेत्र में नवीनता को प्रश्रय मिला। अविलार्ड ने प्रतिपादित किया—"कोई सिद्धांत इसलिए ठीक नहीं है कि ईश्वर ने वैसा कहा है बल्कि इसलिए कि विवेक वह वैसा प्रतीत होता है।" एक दूसरे विद्वान रोजर बेकन ने अरस्तू के अध्ययन का विरोध किया क्योंकि लोग अपनी बुद्धि से काम लेना छोड़ देते थे। उसने कहा—"मेरा वश चलता तो मैं अरस्तू के सारे ग्रंथों को आग में फेंक देता।" इन बातों के फलस्वरूप एक नवीन विचार का श्रीगणेश हुआ।

(x) राजाओं का आश्रय

पुनर्जागरण को राजाओं की ओर से काफी प्रोत्साहन मिला। फ्रांसिस प्रथम ने फ्रांसीसियों को नई शिक्षा में दीक्षित करने के लिए इटली के विद्वानों को बुलाया था। डेनमार्क के सम्राट् क्रिश्चयन द्वितीय ने अपने दरबार में बहुत से विद्वानों को आश्रय दिया। अतः राजाओं की छत्रछाया पाकर पुनर्जागरण तेजी से बढ़ने लगा।

(xi) मानववादी विचारधारा का प्रभाव

13वीं और 14वीं शताब्दी में यूरोप में मानववादी विचारधारा का प्रचार हुआ। यूनानी सभ्यता ने लोगों को मानव के रूप में फिर से परिवर्तित किया। इस प्रकार उपर्युक्त सभी कारणों से यूरोप में पुनर्जागरण संभव हो सका।

(3) पुनर्जागरण का आरंभ और प्रगति

पुनर्जागरण का आरंभ इटली में हुआ। यहाँ के कवि दाँते का इसके प्रारंभ करने में बहुत बड़ा हाथ था। यही कारण है कि दाँते को पुनर्जागरण का अग्रदूत कहा जाता है।

दाँते का जन्म 1265 ई. में फ्लोरेंस में हुआ था। अपनी युवावस्था से ही यह राजनीति में भाग लेता था। एक बार इसे फ्लोरेंस के बाहर भी निकाल दिया गया। इसका व्यक्तिगत जीवन भी निराशाजनक ही था क्योंकि अपनी युवावस्था में यह जिस लड़की से प्रेम करता था उससे इसकी शादी नहीं हो सकी। इसकी लिखी प्रसिद्ध पुस्तक 'डिवाइन कामेडी' है जिसमें सामाजिक बुराइयों का चित्रण किया गया है। इस प्रकार जिस क्रांति का सूत्रपात इटली में हुआ उसका संचालक दाँते ही था। धीरे-धीरे यह क्रांति जर्मनी, फ्रांस, इंग्लैंड आदि देशों में फैलती गई।

(क) पुनर्जागरण और साहित्य

पुनर्जागरण काल में साहित्य का पुनरुद्धार सबसे पहले इटली में हुआ लेकिन जब यह इटली से बाहर निकला तब जर्मनी, फ्रांस, इंग्लैंड आदि देशों में इससे बढ़कर काम हुए। 'अरियस्टो', 'आरेलेंडो फुरियसो' आदि इटली के प्रसिद्ध साहित्यकार हुए। इनकी रचनाएँ आज भी विश्व साहित्य का संचित कोष समझी जाती हैं। अब साहित्य के क्षेत्र में आलोचनात्मक और वैज्ञानिक दृष्टिकोण का विकास हुआ। जनता और विद्वानों ने भी बोल-चाल की भाषा का माध्यम अपनाया जिससे साधारण जनता अधिक-से-अधिक साहित्य की ओर मुखातिब हो। ग्रीक और लैटिन भाषा में भी कई मौलिक रचनाएँ हुईं। मैकियाबेली एक दूसरा बड़ा साहित्यकार था, जो एक बड़ा राजनीतिज्ञ भी था। उसकी प्रसिद्ध पुस्तक 'प्रिंस' ने मानव की चिंतन शक्ति तथा उसके विचारों में महान् परिवर्तन ला दिया था।

लैटिन भाषा का सबसे प्रसिद्ध विद्वान पेट्राक हुआ। उसने कई प्राचीन ग्रंथों की खोज की और उनसे नई बातें ग्रहण कीं। संक्षेप में, इस युग के जितने

भी साहित्यकार हुए, सबों के सामने अपना एक नया दृष्टिकोण था। साहित्य की दूसरी विशेषता यह थी कि वह धर्मनिरपेक्ष था। धार्मिक अंधविश्वासों और रूढ़ियों से साहित्यकारों ने साधारण जनता को मुक्त करने की चेष्टा की। इस युग के साहित्य की तीसरी विशेषता थी साहित्यकार का व्यक्तिवादी होना। वे अपनी रचना में व्यक्तिवाद को प्रोत्साहन देते थे। मौन्टेन ने लिखा था—''मैं अपना चित्र स्वयं बनाता हूँ··· मेरी पुस्तक और मैं दोनों एक साथ चलते हैं और एक ही कदम रखते हैं।'' (It is myself I Portray... my Book & I march together and keep one pace.) ग्रीक और लैटिन भाषा का प्रचार और प्रसार करके प्राचीन साहित्य को पुनः जनता के बीच प्रचारित किया गया।

साहित्य के क्षेत्र में नाटक का बहुत विकास हुआ। इस समय तक नाटक लिखने का काम चर्चवालों के हाथ से निकलकर सर्वसाधारण लोगों के हाथ आ गया था। सभी देशों में नाटक में जीवन के विविध अंगों का चित्रण किया गया। अधिकांश देशों में उनकी राष्ट्रीय भाषा में नाटक लिखे गए। इंग्लैंड में शेक्सपियर सबसे महान् नाटककार हुआ। इसके नाटकों का अनुवाद संसार की सभी भाषाओं में हुआ।

नाटक के साथ-साथ काव्यों का विकास हुआ। धार्मिक ग्रंथों की रचना अधिक हुई। धार्मिक भजनों के कई ग्रंथ प्रकाशित हुए। लूथर ने संपूर्ण बाइबिल का अनुवाद जर्मनी में किया। कालविन भी इस समय का प्रसिद्ध साहित्यकार था। फ्रांस के साहित्यकार मौन्तेय ने कई राष्ट्रीय लेख लिखे। इंग्लैंड के फ्रांसिस बेकन ने दर्शन के क्षेत्र में काफी प्रगति ला दी। उसे अंग्रेजी निबंध का पिता कहा जाता था। सर टामस मूर ने अपने 'यूरोपिया' में एक आदर्श समाज का चित्र अंकित किया। इस प्रकार साहित्य के सभी अंगों की काफी प्रगति हुई। साहित्य की इस व्यापक प्रगति के कारण राष्ट्रीय राजनीतिक चेतनाओं को भी आगे बढ़ने का मौका मिला। ''साहित्य के द्वारा सही मायने में व्यक्ति, समाज और राष्ट्र के बीच साहित्यकारों ने समुचित संबंध ही स्थापित नहीं किया, परंतु यह भी स्पष्ट रूप से मानव समुदाय के सामने दिखला दिया कि साहित्य समाज का दर्पण है।''

(ख) पुनर्जागरण और कला

साहित्य की तरह कला भी इस युग में अपने चरम विकास पर पहुँची थी। अब तक कला पर धर्म का प्रभाव व्याप्त था और उसका संपूर्ण रूप धार्मिक था। फलतः—"जन समुदाय के लिए कला नाम की कोई चीज नहीं रह गई थी। कला और जीवन के बीच बहुत बड़ी खाई पड़ गई थी, जिसे पार करना सर्वसाधारण के लिए असंभव था। कला सही मायने में चर्चवालों के लिए थी और उसका क्षेत्र बहुत ही संकुचित था।" लेकिन अब रेनेसाँ युग में कला के क्षेत्र में भी नवीनता का समावेश हुआ।

चित्रकला

साहित्य की तरह कला की प्रगति भी इटली में हुई। चित्रकला में मौलिकता को जगह मिली। इस युग के चित्रकारों में माइकेल एंजोलो, लियोनार्डो-दा-विंची, राफेल आदि प्रसिद्ध हैं। माइकेल एंजेलो का जन्म 1475 ई. में और मृत्यु 1564 ई. में हुई। उसने जितनी भी तसवीरें बनाईं सबमें सुंदरता और पवित्रता की भावना देखने को मिलती है। उसने कला के क्षेत्र में मौलिक प्रयोग किए। उसका यह विश्वास था कि कलाकार की कला में उसकी मनोकामना छिपी रहती है और जिस भावना के वशीभूत होकर वह चित्र बनाता है, उस चित्र में उसकी भावना की छाप रहती है। उसने दुखांत और सुखांत दोनों प्रकार की तसवीरें बनाईं। उसका सबसे सुंदर चित्र अंतिम निर्णय है, जिसमें संसार की दयनीय दशा का चित्रण किया गया है।

दूसरा चित्रकार राफेल था। इसका जन्म सन् 1483 और मृत्यु सन् 1520 ई. में हुई थी। उसके चित्रों में मातृत्व की सुंदरता और बच्चों की सरलता देखने को मिलती है। 'सिस्टाइन मेडोना' उसका सबसे प्रसिद्ध चित्र है।

तीसरा चित्रकार लियोनार्डो-दा-विंची था। चित्रकार के साथ-साथ वह बड़ा वैज्ञानिक और विचारक भी था। "उसके चित्रों को देखने से पता लगता है कि मानो उसने प्रकृति के सौंदर्य को अपनी कला की रेशमी रस्सी से बाँध रखा हो।" 'मोनालिसा' उसकी महान् कृति है।

मूर्तिकला

मूर्ति निर्माण में चित्रकारी की तरह प्रगति नहीं हुई फिर भी सुंदर-सुंदर मूर्तियाँ बनाई गईं। इस क्षेत्र में गिवर्टी का नाम प्रसिद्ध है। उसने फ्लोरेंस के गिरजाघर के लिए दरवाजे बनाए जो अपनी सुंदरता के लिए संसार में प्रसिद्ध हैं। एक-दूसरा मूर्तिकार डोनाटेला था। उसकी प्रसिद्ध मूर्ति सेंट जॉर्ज की है। माइकेल एंजोलो ने भी कई सुंदर मूर्तियाँ बनाईं।

स्थापत्य कला

स्थापत्य कला के क्षेत्र में यूनान और रोम का ही अनुकरण किया गया फिर भी इस युग में ऐसी कई इमारतें बनीं जो अपनी सुंदरता के लिए प्रसिद्ध हैं। स्थापत्य कला का सबसे सुंदर नमूना सेंट पीटर गिरजाघर में मिलता है। इसका गुंबद अपना सानी नहीं रखता। सेंट पीटर के अलावा फ्लोरेंस का मिट्टी महल, रोम का फारनेसी महल, सीना का पिसोलो मिनी महल इत्यादि प्रसिद्ध हैं।

संगीत

अन्य कला की तरह संगीत का भी इस समय उत्थान हुआ। अधिकतर धार्मिक संगीत का प्रचलन था फिर भी इस क्षेत्र में नए सुर, लय आदि का ईजाद हुआ।

(ग) पुनर्जागरण और विज्ञान

साहित्य, कला के क्षेत्र तक ही प्रगति नहीं रुकी वरन् विद्वानों ने विज्ञान की ओर भी ध्यान दिया। अब तक चर्च विज्ञान की राह में रोड़ा अटकाता था। वैज्ञानिकों को नास्तिक तक कहा जाता था। लेकिन धीरे-धीरे लोगों के दृष्टिकोण व्यापक होते गए और विज्ञान के प्रति प्रेम उत्पन्न होता गया। अत: रेनेसाँ युग में सही अर्थ में विज्ञान की प्रगति आरंभ हुई। अब मानव जीवन के आधार बदल रहे थे, विद्वानों पर से धर्म का प्रभाव घट रहा था, राष्ट्रीय सरकार की उत्पत्ति हो रही थी और नए-नए देशों का पता लग रहा था—इन सभी कारणों के फलस्वरूप विज्ञान के विकास में और ज्यादा सहूलियत होने लगी और विज्ञान के प्रत्येक क्षेत्र में अभूतपूर्व कार्य हुए।

भूगोल और ज्योतिष शास्त्र

इस समय कई नए देशों का पता चला। इससे लोगों के भूगोल का ज्ञान बढ़ा। समुद्री यात्रा के क्रम में नक्षत्रों के आविष्कार से ज्योतिष शास्त्र का विकास हुआ। इस क्षेत्र में पोटेल्मी ने प्रतिपादित किया था कि पृथ्वी स्थिर है और सूर्य एवं अन्य नक्षत्र उसके चारों ओर चक्कर लगाते हैं। लेकिन सबसे पहले कॉपरनिकस ने इसका विरोध किया और बताया कि पृथ्वी ही सूर्य-तारों के चारों ओर घूमती है। इसी समय अन्य वैज्ञानिकों ने भी इस सिद्धांत का समर्थन किया। इसी युग में गैलीलियो का जन्म हुआ जो आधुनिक विज्ञान का नेता माना जाता है। विज्ञान के क्षेत्र में उसकी सबसे बड़ी देन है- दूरबीन का आविष्कार।

रसायन और चिकित्सा शास्त्र

रसायन शास्त्र के प्रति वैज्ञानिकों के भीतर अधिक उत्सुकता थी। चिकित्सा शास्त्र के क्षेत्र में वैसेलियस का नाम प्रसिद्ध है। इसने शरीर विज्ञान का सुंदर विश्लेषण उपस्थित किया। एक दूसरे विद्वान विलियम हार्वे ने रक्त संचार कैसे होता है—यह बताया। आज भी उसका सिद्धांत सही माना जाता है। अत: शरीर विज्ञान के क्षेत्र में उसकी यह बड़ी देन है। इसी समय कोरडस ने सल्फर और अल्कोहल से ईथर का निर्माण किया तथा हेलमौंट ने कार्बन डाइ-ऑक्साइड का आविष्कार किया। इन आविष्कारों से उस युग की प्रगति का अंदाज लगाया जा सकता है।

भौतिक शास्त्र

इस क्षेत्र में गिलबर्टी ने मैगनेटिक की सत्यता पर अनुसंधान किया। इसी के आधार पर बिजली का आविष्कार हुआ। गैलीलियो ने वायुमंडल यंत्र (Air Thermometer), टैड्रोस्टैटिक संतुलन तथा नक्षत्ररूपी घड़ियों का पता लगाया। भौतिकवादी माप, बैरोमीटर आदि के क्षेत्र में और भी अधिक परिवर्तन हुए।

गणित

गणित के क्षेत्र में पश्चिम ने पूर्व से बहुत कुछ सीखा। तार-तग्लिया, फेरारी, वियरा, स्टेविन, नेपियर आदि प्रसिद्ध गणितज्ञ हुए। नेपियर के बताए नियमों के अनुसार आज भी त्रिकोणमिति की समस्याएँ सुलझाई जाती हैं। इस प्रकार विज्ञान के सभी क्षेत्रों में भी इस युग में उन्नति हुई।

(घ) भौगोलिक खोज

इस युग में मनुष्य की चिंतनशक्ति बहुत बढ़ी, उसके मस्तिष्क का विकास व्यापक रूप में हुआ, अब उसके भीतर जिज्ञासा उठने लगी। वह एक ही जगह सिमटकर रहनेवाला न रहा वरन् दुनिया के संबंध में उसकी जानकारी प्राप्त करने की इच्छा प्रबल होती गई। अतः वह नए-नए देशों की खोज में निकल पड़ा। व्यापार के विकास के लिए भी नवीन देशों की खोज आवश्यक समझी गई। इसी समय कुछ ऐसी पुस्तकें सामने आईं, जिन्हें पढ़कर यात्रा करने की भावना और भी प्रबल हो गई। 'मेरिनर्सकंपास' का ईजाद हो जाने से भटकने का भय भी जाता रहा। अतः अब दूर-दूर की यात्रा होने लगी। इस क्षेत्र में पुर्तगाल का वास्को-डि-गामा सबसे प्रसिद्ध है। 1486 ई. में पुर्तगाल के एक नाविक ने अफ्रीका के 'केप ऑफ गुड होप' का पता लगाया। इसी रास्ते चलकर वास्को-डि-गामा भारत की खोज में निकल पड़ा और 1492 ई. में वह दक्षिण के मालाबार तट पर पहुँचा। इस रास्ते का पता लग जाने से भारत के साथ पश्चिमी देशों का नया अध्याय प्रारंभ हुआ। पुर्तगाल की तरह स्पेन का कोलंबस भी इसी उद्देश्य से समुद्रयात्रा को निकल पड़ा। बचपन से ही इसे समुद्र यात्रा से प्रेम था। यात्रा आरंभ करने के समय उसके पास तीन जहाज और 88 आदमी थे। अंत में अनेक मुसीबतों का सामना करते हुए उसने एक देश का पता लगाया। प्रारंभ में उसने इसे ही भारत समझा और इसका नाम वेस्ट इंडीज रखा। लेकिन बहुत दिनों के बाद संसार को ज्ञात हुआ कि वह भूभाग अमेरिका था। उसके बाद यूरोपवाले यहाँ आकर बसने लगे। कोलंबस के बाद भी कई नाविक इस दिशा में निकले। 1519 ई. में मैगलन स्पेन के

राजा से सहायता पाकर प्रशांत महासागर पहुँचा। इंग्लैंड के एक नाविक ने न्यूफाइंडलैंड का पता लगाया। इस प्रकार—"नए देश की खोज ने पश्चिम यूरोपवालों के सम्मुख आर्थिक समृद्धि का खजाना खोल दिया। यह सचमुच एक नए जमाने का आगमन था।" (स्पेन)

(3) पुनर्जागरण का महत्त्व

बौद्धिक पुनर्जागरण एक अभूतपूर्व घटना थी, जिससे केवल यूरोप ही प्रभावित नहीं हुआ वरन् सारा संसार प्रभावित हुआ। इसका महत्त्व कई दृष्टियों से है। सच पूछा जाए तो आधुनिक सभ्यता की उत्पत्ति यहीं से आरंभ हुई है।

पुनर्जागरण के चलते मध्यकाल में जनता के बीच जो अज्ञानता व्याप्त थी वह समाप्त हो गई और संपूर्ण यूरोप में एक नए दृष्टिकोण का जन्म हुआ। अब तक लोग पुरानी रूढ़ियों के गुलाम बने हुए थे। उनके सोचने-समझने की शक्ति नष्ट हो गई थी। लेकिन अब प्राचीन रूढ़ियाँ ध्वस्त हो गईं। उसकी जगह लोगों में तर्क, जिज्ञासा, प्रश्नात्मक कौतूहल की भावना का जन्म हुआ। तर्क की तुलना पर प्रत्येक वस्तु तौली जाने लगी। धार्मिक संकीर्णता और प्राचीन रूढ़ियों के नष्ट होने से लोगों के विचारों में स्वतंत्रता आई, उनके सोचने, समझने की शक्ति बढ़ी और परस्पर मनुष्यत्व की भावना का विकास हुआ। अब चर्च और पोप की सत्ता बिल्कुल डूबने लगी। प्राचीन साहित्य की खोज और नवीन विचारों के संयोग से एक तीसरा विचार स्रोत फूटा जिसे मानववाद कहते हैं। प्राचीन ग्रंथों का अध्ययन करके जो ग्राह्य था उसे अपना लिया गया और अग्राह्य की उपेक्षा कर दी गई। यहाँ तक कि बहुत से लोगों ने अरस्तू के विचारों को भी मानने से इनकार कर दिया। रोजर बेकन ने कहा था—"यदि मेरा वश चलता तो अरस्तू के सारे ग्रंथों को आग में फेंक देता।"

पुनर्जागरण के कारण कई नए देश खोज निकाले गए, जिससे व्यापार का काफी विकास हुआ। विज्ञान का जन्मदाता भी यही युग कहा जा सकता है। इस समय कई नवीन वैज्ञानिक खोजें हुईं। भौतिक बाढ़ का श्रेय भी इसी युग को दिया जाएगा। तर्क के चलते परलोक की बात निरर्थक साबित हुई। अतः

अब लोग लोक–परलोक की चिंता छोड़कर अपने जीवन को सुखी बनाने की दिशा में लग गए। इस समय राष्ट्रीय साहित्य का भी विकास हुआ और इस बहाने जनता में राष्ट्रीयता की भावना आई। राजा की शक्ति भी इस युग में बढ़ने लगी।

भौतिकता के प्रचार के कारण स्वार्थ की प्रवृत्ति लोगों में घर कर गई। फलतः व्यक्तिवाद का जन्म हुआ। राष्ट्रीयता की भावना जब बढ़ने लगी तब लोगों ने पोप की सत्ता मानने से इनकार करना शुरू किया, जिसके फलस्वरूप यूरोप का धर्म सुधार (Reformation) संभव हो सका। कला के क्षेत्र में मौलिकता को प्रश्रय मिला। कलाकारों ने अपनी कला में वास्तविक जीवन की छाया उतार दी। साहित्य के क्षेत्र में लैटिन भाषा का उद्धार किया गया। रेनसाँ युग का सबसे बड़ा महत्त्व है 'मानव' का आविष्कार। Hearnshaw के शब्दों में—"Classical renaissance was the rediscovery of man." इस प्रकार रेनेसाँ के चलते संसार में एक नए युग का सूत्रपात हुआ।

प्रश्न

1. यूरोप में 15–16वीं सदी में जो आधुनिक युग का प्रभात आया उसकी विशेषताएँ क्या थीं ?
2. पुनर्जागरण से आप क्या समझते हैं ? इसके मुख्य अंगों का उल्लेख करें।
3. बौद्धिक पुनर्जागरण का यूरोप की कला एवं साहित्य पर क्या प्रभाव पड़ा ?
4. बौद्धिक पुनर्जागरण के कारणों को समझाकर लिखें।
5. यूरोप के पुनर्जागरण के विषय में जो जानते हैं, लिखें।

□

9

यूरोप का धर्म सुधार (Reformation)

(क) राजनीतिक कारण

1. शासन में पोप का हस्तक्षेप
2. जनता की भावना को ठेस पहुँचाना
3. पोप की नियुक्ति
4. टैक्स का प्रश्न
5. न्याय का प्रश्न

(ख) आर्थिक कारण

6. व्यापार में चर्च का बाधक होना
7. राजा को रुपयों की जरूरत
8. किसानों का असंतोष

(ग) धार्मिक कारण

9. धर्म में आडंबर
10. पोप की धन–लिप्सा
11. इंडलजेंस का ढोंग
12. पुनर्जागरण का प्रसार

(क) धर्म सुधार का अर्थ

16वीं शताब्दी में यूरोप में चर्च में अनेक बुराइयों का समावेश हो चुका था। आज तक वह संसार के सभी ईसाइयों का आध्यात्मिक नेता था। यहाँ तक

कि ईसाई राजाओं का भी राजा था। उसके खिलाफ कोई चूँ तक बोलनेवाला न था। फलतः चर्च में भ्रष्टाचार फैल गया था। वह प्रगति के मार्ग में हमेशा बाधा पहुँचाता रहता था। उसकी नीति यही थी कि लोगों में अंधविश्वास को कायम रखकर अपना उल्लू सीधा करता रहे। वह अपना अधिकार सुरक्षित रखना चाहता था, जिससे वह हमेशा आनंद और भोग विलास का जीवन बिताता रहे। लेकिन बौद्धिक पुनर्जागरण ने उसके सारे मंसूबे पर पानी फेर दिया। बौद्धिक पुनर्जागरण से प्रत्येक क्षेत्र में नवीनता का सूत्रपात हुआ। बौद्धिक विकास के फलस्वरूप अब लोग चर्च की बुराइयों से परिचित होने लगे। चर्च अभी तक प्रगति का बाधक था। अतः सुधारकों के लिए उसमें सुधार लाना आवश्यक हो गया। इसी सुधार के लिए कई आंदोलन हुए जिसे यूरोप का धर्म सुधार आंदोलन कहते हैं।

(ख) धर्म सुधार के कारण

इस धर्म सुधार के कई कारण थे। अध्ययन की सुविधा के लिए इसे निम्नलिखित भागों में बाँटा जा सकता है—

(क) राजनीतिक कारण

(1) शासन में पोप का हस्तक्षेप

पुनर्जागरण के फलस्वरूप यूरोप में सामंती प्रथा का ह्रास हो रहा था और राजाओं की शक्ति दिन-दिन बढ़ रही थी। लेकिन राजा की इस बढ़ती हुई शक्ति में पोप बाधा बन रहा था। एक तो वह धार्मिक क्षेत्र में सर्वेसर्वा था ही, राजा के शासन में भी अपना अधिकार बतलाता था। उसका तर्क था कि राजा की शक्ति दैवी है और चूँकि पोप ईश्वर का दूत है अतः इस कारण राजा के कामों में दखल देने का उसका हक है। लेकिन एक म्यान में दो तलवारें कैसे रह सकती थीं? फलतः राजा और पोप में युद्ध ठन गया।

(2) जनता की भावना को ठेस पहुँचाना

जनता अपनी भक्ति राजा में दिखला रही थी और पोप की बुराइयों से परिचित हो जाने के कारण उसकी उपेक्षा कर रही थी। लेकिन पोप जबरन अपना प्रभुत्व स्वीकार करने के लिए जनता पर दबाव डालता था। अतः जनता उससे क्षुब्ध हो रही थी।

(3) पोप की नियुक्ति

चर्च में पादरियों की नियुक्ति का बड़ा महत्त्व था। अब तक चर्च ही यह नियुक्ति करता आ रहा था। लेकिन अब राजा ने इस नियुक्ति को अपना अधिकार बताया। उससे जो आमदनी होती थी उसे राज्य की आमदनी कहा गया। भला चर्च लाखों की यह आमदनी सहज कैसे छोड़ देता। इसी धन से वह ऐश-मौज मनाता था। अतः इस बात पर भी राजा से उसका युद्ध अवश्यंभावी हो गया।

(4) टैक्स का प्रश्न

राजा की समस्त भूमि का अधिक भाग चर्च के अधिकार में था। लेकिन राजा को इससे कोई फायदा नहीं होता था क्योंकि चर्च टैक्स से मुक्त था। अब राजा ने इस प्रकार की भूमि पर भी टैक्स लगाने का विचार किया। परंतु चर्च टैक्स देने को तैयार नहीं था। फलतः दोनों के बीच की खाई और गहरी हो गई।

(5) न्याय का प्रश्न

दोनों के बीच की खाई गहरी हो ही रही थी कि एक नया कांड उठ खड़ा हुआ। न्याय पर चर्च और राजा दोनों का हक चला आ रहा था। फिर भी राज्य के अधिक मुकदमे चर्च के न्यायालय में ही जाते थे। चर्च इन मुकदमों से जो आय होती थी

उससे अपना आनंद मनाता था। इस कारण राज्य की आमदनी दिन-दिन घट रही थी। दूसरी बात यह थी कि चर्च के कानून राजा के कानून से ऊपर समझे जाते थे। अतः कभी-कभी वह राजा के फैसले के विरुद्ध भी फैसला कर देता था। अतः राजा की शक्ति क्षीण हो रही थी। इधर जनता को भी न्याय नहीं मिलता था। अब राजा ने चर्च के इस अधिकार को समाप्त कर देने का फैसला कर लिया।

(ख) आर्थिक कारण

(6) व्यापार में चर्च का बाधक होना

पुनर्जागरण के कारण व्यापार की काफी प्रगति हुई। इसके कारण एक नया वर्ग मध्यम वर्ग ही उत्पन्न हो गया। लेकिन चर्च व्यापार की उन्नति नहीं देखना चाहता था। क्योंकि व्यापारी वर्ग धनी था और इससे चर्च की मर्यादा घट जाती। चर्च के पास काफी परिमाण में जमीन और धन थे। जनता को अंधकार में रखकर तथा धर्म की ओट में अपना उल्लू सीधा कर रहा था। स्पष्ट था कि वह व्यापारी वर्ग को नहीं चाहता। अतः व्यापार में बाधा पहुँचाने के लिए उसने सूद की प्रथा पर रोक लगा दी। व्यापारियों को हमेशा कर्ज लेना पड़ता था। पर अब सूद नहीं मिलने से कोई भी कर्ज देने को तैयार न था। इससे व्यापार को घाटा पहुँचने लगा। अतः व्यापारी वर्ग भी चर्च की सत्ता नष्ट करने को सोचने लगा।

(7) राजा को रुपयों की आवश्यकता

सामंती प्रथा की समाप्ति हो जाने से राजा का खर्च बढ़ने लगा क्योंकि राजकार्य के लिए उसे कई कर्मचारी बहाल करने पड़े और इन्हें नगद वेतन देना पड़ा। फलतः राजा को रुपयों की

आवश्यकता पड़ी। उसकी नजर चर्च की संपत्ति पर पड़ी और उसे ले लेना चाहा। इसी कारण राजा ने भी धर्म सुधार आंदोलन में पूरा सहयोग दिया।

(8) किसानों का असंतोष

किसान भी चर्च से असंतुष्ट थे। वे बहुत दिनों से चर्च द्वारा सताए जा रहे थे। उनसे बेगार कराई जाती थी। उन्हें धार्मिक अंधविश्वास में डालकर उनसे कई प्रकार का कर वसूला जाता था। वे राजा को अलग कर देते थे और चर्च को अलग, अतः वे कर की मार से दबे रहते थे। इन किसानों ने भी चर्च के खिलाफ आंदोलन की जड़ को मजबूत किया।

(ग) धार्मिक कारण

(9) धर्म में आडंबर

चर्च एक धार्मिक संस्था थी पर व्यवहार में उसके पास धर्म नाम की कोई चीज नहीं थी। धन के लिए धर्म का गला घोंट दिया जाता था। धर्म की ओट में गरीबों का शोषण और शिकार होता था। जनता को अधिक-से-अधिक लूटने के लिए चर्च में रोज ही नए-नए कानून बनते थे। अतः जनता इस अत्याचार से तबाह थी।

(10) पोप की धन-लिप्सा

सभी पोप धन के भूखे थे और इस धन की प्राप्ति के लिए वे नीच से नीच कार्य भी करने से नहीं हिचकते थे। लोगों को तरह-तरह से ठगने का उपाय रचते थे। एक पोप ने लिखा था—"रोम में बिना पैसे के कुछ नहीं मिलता।" भ्रष्टाचार इस हद तक फैल गया कि जो सच्चे पादरी थे वे भी आंदोलन के समर्थक बन गए।

(11) इंडलजेंस का ढोंग

इंडलजेंस प्रथा भ्रष्टाचार का जीता-जागता उदाहरण है। इस प्रथा के अनुसार चर्च रुपए के आधार पर लोगों को उनके पापों से मुक्ति दिलाता था। यह मुक्ति रुपए के अनुपात से मिलती थी। लेकिन जनता इस ढोंग को समझने लगी थी।

(12) बौद्धिक पुनर्जागरण

पुनर्जागरण ने लोगों को तार्किक और संदेहशील बना दिया तथा अब लोगों का विवेक भी जग गया। प्रेस की स्वतंत्रता के कारण अधिक संख्या में पुस्तकें छपने लगीं। इन पुस्तकों के संपर्क में आने से जनता के सामने चर्च का सारा कच्चा-चिट्ठा खुल गया और तभी सही रूप से धर्म सुधार आंदोलन प्रारंभ हो गया।

(ग) धर्म सुधार का आरंभ और प्रगति

सही रूप में धर्म सुधार आंदोलन 16वीं शताब्दी में प्रारंभ हुआ लेकिन 13वीं शताब्दी के आरंभ से ही इसकी शुरुआत हो चुकी थी। 13वीं शताब्दी में ही यह स्पष्ट झलकने लगा था कि जनता की मनोवृत्ति और विचारधारा चर्च के विरुद्ध जा रही है। फ्रांस में तो अनेक संप्रदायों ने चर्च के खिलाफ विद्रोह भी किया। लेकिन उस समय चर्च का काफी बोलबाला था। अतः यह आंदोलन दबा दिया गया। फिर भी धर्म सुधार का प्रयास जारी रहा। इस क्षेत्र में सबसे पहला नाम जॉन विकलिफ का आता है।

जॉन विकलिफ

जॉन विकलिफ का जन्म सन् 1325 ई. में हुआ था। वह आक्सफोर्ड यूनिवर्सिटी में प्रोफेसर था। वह काफी पढ़ा-लिखा था और धर्म का उसने गहरा अध्ययन किया था। ईसाई धर्म के कर्मकांडों और विधि-विधानों में उसका जरा भी विश्वास न था। उसने बाइबिल का अनुवाद अंग्रेजी में किया और लोगों के सादा और पवित्र जीवन बिताने पर बल दिया। उसने चर्च की

तीव्र आलोचना की और उसकी गलतियों का पर्दाफाश कर जनता के सामने रख दिया। बाइबिल का अंग्रेजी में अनुवाद होने से अब जो थोड़ा बहुत भी अंग्रेजी जानते थे, वे बाइबिल पढ़कर धर्म की असलियत जानने लगे और चर्च के ढोंग से परिचित होने लगे। विकलिफ के इसी कार्य के कारण उसे 'भोर का तारा' कहा गया है। अब चर्च की ओर से विकलिफ का जोरदार विरोध प्रारंभ हुआ। यहाँ तक कि उसे विश्वविद्यालय से निकाल दिया गया पर वह अपने मार्ग से पीछे न हटा। धीरे-धीरे उसके बहुत से अनुयायी हो गए जो 'लो लाईस' के नाम से पुकारे गए। इन्होंने आंदोलन को जारी रखा। सन् 1384 ई. में विकलिफ की मृत्यु हो गई पर उसने जो बीज बो दिया वह बीज अब बढ़ने लगा था।

जानहस

विकलिफ के बाद के सुधारकों में सबसे पहला सुधारक जानहस था। यह चेकोस्लोवाकिया का रहनेवाला था और इसका जन्म सन् 1369 ई. में हुआ था। इसने विकलिफ के सिद्धांतों का जोरदार प्रचार किया और उसने उपदेशों पर घूम-घूमकर भाषण भी दिए। उसने भी विकलिफ की तरह बाइबिल की महानता पर जोर दिया। चर्च ने इस पर नास्तिकता का आरोप लगाया। उसे जर्मनी बुलाकर धोखे से कैद कर लिया गया और 1415 ई. में उसे जिंदा जला दिया गया। इसका परिणाम बड़ा बुरा हुआ। जानहस इतना प्रसिद्ध हो चुका था कि उसके मरते ही वोहेमिया, जहाँ यह रहता था, के निवासियों ने खुलेआम चर्च के विरुद्ध विद्रोह कर दिया। चर्च ने इस विद्रोह को धर्मयुद्ध (क्रूसेड्स) कहकर इसका दमन कर दिया। फिर भी विद्रोहियों के कई आक्षेप स्वीकार कर लिए गए।

सावोतारोला

इसका जन्म सन् 1452 ई. में इटली के फ्लोरेंस नामक नगर में हुआ था। उसने भी इटली में धर्म सुधार के लिए आंदोलन किए। उसने व्यक्ति के विचार स्वातंत्र्य का समर्थन किया। लेकिन उसे भी पकड़कर जिंदा जला दिया गया।

सावोतारोला की तरह एरासमस भी एक सुधारक था। उसने 'दी प्रेज ऑफ फॉली' नामक ग्रंथ लिखकर चर्च का पर्दाफाश किया लेकिन चर्च ने इसका भी दमन अन्य सुधारकों की भाँति ही कर दिया।

मार्टिन लूथर के सुधार

मार्टिन लूथर से पहले जितने भी प्रयत्न चर्च के खिलाफ हुए थे, वे सारे प्रयत्न असफल हो गए थे। इसका सबसे बड़ा कारण था राष्ट्रीयता का अभाव। लेकिन 16वीं शताब्दी में मार्टिन लूथर के नेतृत्व में जो आंदोलन आरंभ हुआ उससे चर्च का तख्ता ही उलट गया।

मार्टिन लूथर का जन्म सन् 1483 ई. में जर्मनी के एक उच्च कुल में हुआ था। इसको ऊँची शिक्षा मिली थी। प्रारंभ में वह एक धार्मिक स्वभाव का व्यक्ति था। धार्मिकता से प्रेरित होकर वह प्रारंभ में चर्च में दाखिल भी हुआ लेकिन वहाँ जाने पर और चर्च की आंतरिक बुराइयाँ देखने पर उसे घोर निराशा मिली। अतः वह चर्च से अलग हो गया। अब उसने धर्म की सत्यता का चिंतन किया और लोगों को बताया कि बाहरी आडंबर से उनके पाप नहीं मिट सकते। पाप से मुक्ति पाने के लिए अच्छा कर्म करना होगा। इंडलजेंस प्रथा का उसने घोर विरोध किया। उसने कई लेख लिखे जिनमें पादरियों के भ्रष्ट जीवन की कटु आलोचना की गई और उनके धार्मिक आचरण को ढोंग कहा गया। उसने राजा की शक्ति का समर्थन किया और उसे पोप से बढ़कर बताया। फलतः बहुत से राजाओं ने भी मार्टिन लूथर का साथ दिया। अब चर्च मार्टिन लूथर के पीछे हाथ धोकर पड़ गए। वे उसे जर्मनी बुलाकर अन्य सुधारकों की तरह ही जिंदा जला देना चाहते थे और इसी उद्देश्य से लूथर को बुलाया भी। लेकिन राजा ने लूथर को नहीं जाने दिया। चूँकि लूथर ने कैथोलिक चर्च का विरोध (प्रोटेस्ट) किया था अतः उसके अनुयायी प्रोटेस्टेंट कहलाने लगे और पीछे चलकर प्रोटेस्टेंट संप्रदाय का काफी विकास हुआ।

इस प्रकार मार्टिन लूथर ने धर्म सुधार आंदोलन को काफी मजबूत बना दिया। राजाओं के प्रभुत्व का समर्थन कर उसने बहुत से राजाओं को अपना समर्थक बना लिया जिससे राजाओं से उसे काफी सहयोग मिला। उसने अपने

सिद्धांतों से किसानों को भी प्रेरणा दी। पीछे चलकर कैथोलिकों और प्रोटेस्टेंटों में कई संघर्ष हुए जिनमें अंतिम जीत प्रोटेंस्टेंटों की ही हुई। यह लूथर की सबसे बड़ी जीत थी। लूथर के इसी महत्त्व के कारण उसे 'धर्म सुधारक का पिता' कहा जाता है।

इरेसमस और ज्विंगली

इरेसमस हालैंड का निवासी था। उसने भी अन्य सुधारकों की तरह चर्च के विरोध में कई व्यंग्यपूर्ण ग्रंथ लिखकर चर्च की खिल्ली उड़ाई। जर्मनी की तरह इंग्लैंड में भी धर्म सुधार की लहर बड़े जोरों से चल रही थी। यद्यपि जर्मनी की तरह यहाँ राष्ट्रीय भावना उतनी नहीं पनपी थी फिर भी इंग्लैंड इस क्षेत्र में जर्मनी से पीछे न रहा। यहाँ धर्म सुधार आंदोलन का श्रेय ज्विंगली को है।

ज्विंगली का जन्म सन् 1484 ई. में हुआ था। मार्टिन लूथर की तरह वह भी बाइबिल का ज्ञाता था और चर्च का घोर विरोधी था। उसने तार्किक पद्धति अपनाकर जनता के सामने स्पष्ट कर दिया कि पादरियों के सारे कार्य झूठे आधारों पर आधारित हैं। लूथर की तरह इसने भी सादा और पवित्र जीवन बिताने पर जोर दिया तथा बाइबिल की सर्वोच्च सत्ता स्थापित की। बाद में पादरियों ने उसे मरवा डाला। लेकिन ज्विंगली के विचारों का प्रभाव इंग्लैंड की जनता पर बहुत अधिक पड़ा।

अष्टम हेनरी

इंग्लैंड में ज्विंगली के अधूरे कार्य को अष्टम हेनरी ने पूरा किया। उसने चर्च की आय पर अधिकार कर लिया और उसे कर देना बंद कर दिया। चर्च की सारी जागीर और संपत्ति उसने अपने कब्जे में कर ली। सबसे बड़ा काम उसने यह किया कि कैथोलिक धर्म को त्यागकर प्रोटेस्टेंट धर्म स्वीकार कर लिया। इतना ही नहीं, उसने चर्च पर राजा के अधिकार की घोषणा तक कर दी। हेनरी के बाद भी चतुर्थ एडवर्ड, रानी एलिजाबेथ आदि ने इस आंदोलन को आगे बढ़ाया। एलिजाबेथ ने कैथोलिक और प्रोटेस्टेंट धर्म को मिलाकर 'एग्लिकन' धर्म चलाया।

कालबिन

फ्रांस में भी धर्म सुधार की लहर पहुँची और वहाँ कालबिन के नेतृत्व में चर्च के खिलाफ आंदोलन उठ खड़ा हुआ। कालबिन का जन्म सन् 1509 ई. में हुआ था। लूथर की तरह प्रारंभ में वह भी कैथोलिक धर्म का अनुगामी था। लेकिन जब चर्च की असलियत उसके सामने आई तो उसने उससे संबंध विच्छेद कर प्रोटेस्टेंट धर्म स्वीकार कर लिया। उसने 'ईसाई धर्म की स्थापनाएँ' नामक पुस्तक लिखकर प्रोटेस्टेंट धर्म की विशेषता और कैथोलिक धर्म के दोषों से जनता को परिचित कराया। उसने सेवा, सादगी और पवित्रता पर विशेष बल दिया। वह उग्र स्वभाव का था, अतः उसके विचार बड़े उग्र थे। जो व्यक्ति उसके विचारों को नहीं पसंद करते थे, उसे कालबिन जिंदा जलवा देता था। अपनी चतुराई से उसने सूदखोरी, मालगुजारी और मुनाफा लेने को उचित बताकर जमींदार और व्यापारी वर्ग की सहानुभूति प्राप्त कर ली। कालबिन एक सफल साहित्यिक और चतुर राजनीतिज्ञ था और इसी कारण उसे अपने उद्देश्य में काफी सफलता मिली। सन् 1564 ई. में उसकी मृत्यु हो गई। उसकी मृत्यु के बाद भी उसके अनुयायी उसके सिद्धांत का प्रचार करते रहे। उसका सिद्धांत कालबिनवाद या श्रेष्ठ जनवाद के नाम से प्रसिद्ध हुआ।

इस तरह मार्टिन लूथर, कालबिन, ज्विंगली आदि सफल नेता के नेतृत्व में धर्म सुधार की जो लहर उठी, वह धीरे-धीरे संपूर्ण यूरोप में फैलती गई। इंग्लैंड, हॉलैंड, जर्मनी, स्कॉटलैंड आदि सभी देशों में चर्च के विरुद्ध विद्रोह शुरू हो गए। कई देशों में तो प्रोटेस्टेंट धर्म राजधर्म बन गया।

(घ) धर्म सुधार की सफलता के कारण

धर्म सुधार की लहर 13वीं सदी से ही दिखाई देने लगी थी। लेकिन प्रारंभ में इस आंदोलन को सफलता नहीं मिली। बाद में लूथर तथा उसके बाद के अन्य सुधारकों ने पहले के सुधारकों की गलती से सबक लिया और सँभलकर कदम उठाया। अतः उन्हें सफलता भी मिली।

1. पहले के सुधारकों ने समानता के सिद्धांत का प्रचार करके बड़ी

भूल की थी। इससे राजा और उच्च वर्ग के लोगों ने इनका साथ न दिया। लूथर आदि ने हमेशा राजा और जमींदारों, व्यापारियों का समर्थन पाया।

2. इन लोगों ने जनता की सोई राष्ट्रीयता को जगाया।
3. सबसे बड़ा कारण था चर्च की अगाध संपत्ति। लोग यह समझ रहे थे कि चर्च की संपत्ति उनके हाथ लग आएगी।
4. मध्यम वर्ग के उदय होने से धर्म सुधार को और भी बल मिल गया।

इन सभी कारणों से धर्म सुधार सफल हो सका।

(ड़) धर्म सुधार के परिणाम

इस धर्म सुधार के कई परिणाम निकले। कुछ परिणाम तो इसके फायदे के लिए हुए और कुछ ने कैथोलिकों की भावना का उभारा।

(1) विरोधी धर्म सुधार (काउंटर रिफॉर्मेशन)

धर्म सुधार आंदोलन के फलस्वरूप प्रोटेस्टेंटों और कैथोलिकों में जमकर संघर्ष हुआ। इस संघर्ष में सभी जगह प्रोटेस्टेंटों की ही विजय हुई। शुरू में तो कैथोलिकों ने प्रोटेस्टेंटों पर आक्रमण कर उसे नष्ट कर देना चाहा पर पीछे वे पस्त पड़ गए। और तब अपनी आंतरिक बुराइयों को दूर करने की ओर झुके। इस क्षेत्र में उन्होंने अपने में जो सुधार लाया उसे ही 'काउंटर रिफॉर्मेशन' कहते हैं। पादरियों ने अपने भ्रष्ट जीवन में सुधार लाया। इस आंदोलन का नेता स्पेन का इग्नेशियस लायोला था। इसने 'ऑर्डर ऑफ जेसस' नामक एक संस्था का निर्माण किया जिसमें अनुशासन के नियम कड़े थे। इस प्रकार के सुधार आंदोलन का असर चर्च पर व्यापक रूप से पड़ा। पादरियों के जीवन में आडंबर की जगह पवित्रता आई। चर्च की कुरीतियों को दूर किया गया। इस सबका फल यह हुआ कि लोगों का विश्वास पुनः कैथोलिक चर्च की ओर जमने लगा।

जहाँ अभी कैथोलिक धर्म शेष था, वहाँ इसकी जड़ मजबूत बनाई गई। शिक्षा के प्रचार के लिए कई जगहों पर स्कूल खोले गए। कैथोलिक चर्च की इस प्रगति के चलते बहुत दिनों तक प्रोटेस्टेंटों की प्रगति ठप पड़ी रही। लेकिन बाद में चलकर इसके तरीके बड़े घृणित हो गए। ये लोग अपने उद्‌देश्य की पूर्ति के लिए प्रोटेस्टेंटों की हत्या करने लगे। अतः पुनः इनकी अवनति होने लगी।

(2) धार्मिक युद्ध का आरंभ

धर्म सुधार आंदोलन का सबसे बुरा परिणाम यह हुआ कि समूचे यूरोप में धर्म के नाम पर कई युद्ध लड़े गए। प्रारंभ में यह युद्ध केवल सैद्धांतिक था पर बाद में इसने भीषण रूप धारण कर लिया। यूरोप के कुछ राज्यों में कैथोलिक धर्म और कुछ में प्रोटेस्टेंट धर्म व्याप्त था। फलतः इस धार्मिक मतभेद को लेकर दोनों राज्यों में युद्ध होने लगे। पहला युद्ध स्पेन में हुआ। हॉलैंड की प्रजा उच्च प्रोटेस्टेंट धर्म को मानती थी। लेकिन राजा जो स्पेन का था, कैथोलिक धर्म को मानता था। इसी कारण डचों ने विद्रोह कर दिया और अंत में स्वाधीनता लेकर ही छोड़ी। इसी प्रकार फ्रांस के ह्यूजनों ने भी प्रोटेस्टेंट धर्म को मान लिया और जब वे नहीं दबाए जा सके तो पेरिस के आसपास के सिवा अन्य जगहों में उन्हें धार्मिक स्वतंत्रता मिल गई। सबसे बड़ा युद्ध जर्मनी में हुआ जो 30 वर्षों तक चलता रहा। इसमें जर्मनी टुकड़ों में बँट गया और इसकी अपार क्षति हुई। इंग्लैंड में भी यह युद्ध छिड़ा। वहाँ प्यूरिटनों ने, जो उग्र प्रोटेस्टेंट थे, इस युद्ध को अत्याचार सहकर भी जारी रखा। इस सबका फल यूरोप पर अच्छा न पड़ा। उसकी काफी हानि हुई। इसी युद्ध में इंग्लैंड के चार्ल्स प्रथम को फाँसी दे दी गई थी।

(ई) बौद्धिक विकास में सहायता

अब तक चर्च बौद्धिक पुनर्जागरण के मार्ग में रोड़ा अटकाता था। अत: लोगों को अपने बौद्धिक क्षेत्र में प्रगति करने का अवसर नहीं मिल रहा था। अब धर्म सुधार से यह बाधा दूर हो गई। प्रोटेस्टेंटों ने लोगों में शिक्षा के प्रचार के लिए कई स्कूल खोले। दर्शन पर बुहत से सुंदर ग्रंथ लिखे गए। बाइबिल जो अब तक लैटिन में था– इसका अनुवाद सभी स्थानीय भाषाओं में हुआ, जिससे कि सभी इसे पढ़ सकें। इस तरह साहित्य, कला, विज्ञान सभी क्षेत्रों में प्रगति आई।

(4) आर्थिक नीति में परिवर्तन

चर्च हमेशा से व्यापार का बाधक था। अत: व्यापार की उन्नति नहीं हो पा रही थी। अब नए सुधारकों ने, खासकर कालविन ने, सूदखोरी की प्रथा तथा मुनाफे को उचित बताया। इससे व्यापार को काफी बल मिला और उसकी प्रगति हुई। मालगुजारी को उचित कहने के कारण पीछे पूँजीवाद का जन्म हुआ।

(5) राष्ट्रीयता का विकास

प्रोटेस्टेंटों के नए सुधारकों ने जनता की राष्ट्रीय भावना को उभारकर उसे जाग्रत् किया। इसका असर कैथोलिकों पर भी पड़ा और कैथोलिक देशों में भी इस भावना का विकास हुआ।

(6) राजा की शक्ति में वृद्धि

प्रोटेस्टेंटों ने इस सुधार आंदोलन में राजा की शक्ति का समर्थन किया और चर्च पर राजा का आधिपत्य बताया। अत: राजा की शक्ति बढ़ने लगी। राजा ने सुधारकों की मदद भी खूब की। लेकिन राजाओं की शक्ति बढ़ जाने से पीछे स्वेच्छाचारी राजतंत्र का जन्म हुआ।

(7) वैधानिक प्रगति

धर्म सुधार के बाद संविधान में भी कई परिवर्तन किए गए। राजा की बढ़ती हुई शक्ति पर रोक लगाई गई। प्यूरिटनों ने राजा की शक्ति सीमित कर दी। इंग्लैंड में सन् 1642 में इसी कारण गृहयुद्ध हुआ जिसमें चार्ल्स प्रथम को फाँसी दे दी गई थी। इस तरह एक सीमित राजतंत्र की स्थापना हुई।

प्रश्न

1. धर्म सुधार से आप क्या समझते हैं ? इसका होना क्यों आवश्यक हो गया था ?
2. यूरोप के धर्म सुधार आंदोलन के विषय में आप क्या जानते हैं ?
3. यूरोप में धर्म सुधार आंदोलन का सूत्रपात कैसे और क्यों हुआ ?
4. धर्म सुधार आंदोलन से आप क्या समझते हैं ? कौन–कौन इसके नेता थे ? किसी एक की कृतियों का वर्णन करें।
5. मार्टिन लूथर को 'धर्म सुधार का पिता' क्यों कहा जाता है ?
6. धर्म सुधार के परिणाम क्या हुए ?
7. नोट लिखें—मार्टिन लूथर, कालबिन, ज्विंगली, विकलिफ

□

10

औद्योगिक क्रांति

(क) औद्योगिक क्रांति का अर्थ

संसार के इतिहास में दो बड़ी घटनाएँ घटीं, जिसने विश्व के रूप को ही बदल दिया। एक है फ्रांस की राज्यक्रांति और दूसरी है इंग्लैंड की औद्योगिक क्रांति। एक ओर जहाँ फ्रांस की राज्यक्रांति ने संसार में राजनीतिक चेतना का सूत्रपात किया वहाँ दूसरी ओर औद्योगिक क्रांति ने मनुष्य के आर्थिक जीवन में परिवर्तन ला दिया। क्रांति का अर्थ ही होता है परिवर्तन। चूँकि इस समय से उद्योग के क्षेत्र में परिवर्तन आया। अत: इसे औद्योगिक क्रांति कहते हैं। प्रो. राधाकृष्ण चौधरी के शब्दों में—''औद्योगिक क्रांति परिवर्तन की उस स्थिति की द्योतक है, जिसके फलस्वरूप प्राचीन काल से सीमित गृह-उद्योगों की अपेक्षा आज वातप या विद्युत यंत्रों की सहायता से बड़े-बड़े कारखानों में बहुत बड़ी संख्या में वस्तुओं का उत्पादन हो रहा है और इस परिवर्तन का आधार वैज्ञानिक उन्नति रहा है।'' अट्ठारहवीं सदी के अंतिम चरण तक यूरोप के देशों की आर्थिक स्थिति दयनीय थी। खेती-बारी में प्राचीन पद्धति अपनाई जाती थी। सूत कातने के लिए चरखे और तकली का प्रयोग होता था। लेकिन अब 18वीं सदी के अंतिम चरण से इस उद्योग के क्षेत्र में महान् परिवर्तन हुआ। भाप और विद्युत शक्ति का आविष्कार हुआ। भारी-भारी मशीनें अब भाप और विद्युत शक्ति से चलने लगीं। व्यापार में प्रगति लाने के उद्देश्य से कई बड़ी-बड़ी सड़कों का निर्माण हुआ। बड़ी-बड़ी नावें और जहाज समुद्र की सतह पर तैरने लगे। इस प्रकार आवागमन का साधन

सुलभ हो गया। खेती में वैज्ञानिक औजारों के प्रयोग होने लगे। आबादी बढ़ने लगी। घनघोर जंगलों को काट-काटकर घने शहर बसाए जाने लगे। लोगों के सामाजिक जीवन का रूप बदल गया। चूँकि ये सारे परिवर्तन उद्योग के क्षेत्र में हुए अतः इस परिवर्तन को औद्योगिक क्रांति कहा गया। साधारणतः 1760 से 1840 ई. तक के काल को औद्योगिक क्रांति का काल कहा गया है। लेकिन यह क्रांति आज भी हो रही है।

(ख) औद्योगिक क्रांति के पहले ब्रिटेन की अवस्था

औद्योगिक क्रांति के पहले ब्रिटेन की वह अवस्था नहीं थी जो आज है। क्रांति के पहले वह प्रत्येक क्षेत्र में एक पिछड़ा हुआ देश था।

कृषि

कृषि की दशा बदतर थी। यद्यपि कृषि लोगों की जीविका का प्रधान साधन थी फिर भी इसकी प्रगति की ओर किसी का ध्यान नहीं था। देहातों में किसान छोटे पैमाने पर खेती-बारी करते थे। खेती के औजार पुराने और बेढंगे थे। सिंचाई की कोई व्यवस्था नहीं थी। इंग्लैंड के उत्तरी भाग की अपेक्षा दक्षिणी भाग में अधिक खेती होती थी।

उद्योग-धंधा

कृषि की तरह उद्योग-धंधों की अवस्था भी अच्छी नहीं थी। वस्तुतः कृषि के साथ ही छोटे-मोटे पैमाने पर उद्योग-धंधे प्रचलित थे। एक ही व्यक्ति खेती भी करता था और उद्योग-धंधा भी करता था। अतः उद्योग-धंधा स्वतंत्र पेशा नहीं था। सूती, ऊनी कपड़ा बनाना, मिट्टी के बरतन बनाना आदि उद्योग प्रधान थे।

यातायात

यातायात की बड़ी असुविधा थी। पक्की सड़कें भी नहीं थीं। बरसात के दिनों में कच्ची सड़कों पर गाड़ी के पहिए धँस जाते थे। अतः घोड़ों के द्वारा व्यापार होता था। जान-माल की सुरक्षा का कोई प्रबंध नहीं रहने के कारण

लोग एक स्थान से दूसरे स्थान में जाने से हिचकते थे। अतः प्रत्येक गाँव में ही जीवन की प्रधान आवश्यकताओं को पूरा कर लिया जाता था।

आबादी

इंग्लैंड की आबादी धीरे-धीरे बढ़ रही थी। दक्षिणी भाग में चूँकि कृषि की अवस्था अच्छी थी, अतः वहाँ की आबादी घनी थी।

(ग) औद्योगिक क्रांति के कारण

(1) लोहे और कोयले का आविष्कार

इंग्लैंड में विज्ञान की बड़ी प्रगति हुई। वैज्ञानिक उन्नति के परिणामस्वरूप लोगों का ध्यान लोहे और कोयले की ओर गया। अभी तक मशीनों में लकड़ी के कोयले तथा पीतल का प्रयोग होता था। लेकिन इसी समय कोयले और लोहे का ईजाद हुआ। अब खानों से अधिक-से-अधिक परिमाण में कोयला निकाला जाने लगा और मशीन में लकड़ी और पीतल की जगह कोयले और लोहे का व्यवहार होने लगा। फिर भी कोयला निकालने का तरीका आसान नहीं था। जान जाने का खतरा हमेशा बना रहता था। खान के भीतर कई प्रकार की विषैली गैस बनती रहती थी, जिससे विस्फोट हो जाने का डर बना रहता था। इस दोष को दूर करने के लिए 'स्पेडिंग' नामक व्यक्ति ने एक नया तरीका निकाला। तभी 'न्यूकामेन ने भी एक इंजन का आविष्कार किया जिससे असुविधा और भी दूर हो गई। 'जेम्सवाट' ने एक नया इंजन बनाया जिसमें कोयले की कम खपत थी। हंप्रीडेविड ने 'सेफ्टीलैंप' का आविष्कार करके खान के भीतर हवा पहुँचाने का इंतजाम किया। इन सभी आविष्कारों का फल यह हुआ कि अब अधिक परिमाण में कोयला निकाला जाने लगा। डड डडले नामक व्यक्ति ने लोहे का पता लगाया।

बेंजामिन हंटसमैन ने स्वेडेन के लोहे से मजबूत इस्पात बनाने के तरीके का पता लगाया। सन् 1803 ई. में उसने रोलर की सहायता से कम समय में अधिक लोहा ढूँढ़ निकाला।

(2) वैज्ञानिक आविष्कार

इस अवधि में इंग्लैंड में विज्ञान की बड़ी प्रगति हुई। बहुत से वैज्ञानिकों का आविर्भाव हुआ जिन्होंने उद्योग के क्षेत्र में कई नवीन खोज की। नई-नई मशीनों का ईजाद हुआ। लोहा और कोयला निकालने के क्षेत्र में तो कई नए आविष्कार हुए ही, कपड़ा बुनने के क्षेत्र में भी कई नई मशीनों का ईजाद हुआ। पहले से ही चरखे का प्रयोग होता था। लेकिन इससे सूत काफी परिमाण में नहीं काता जाता था। इसी समय 'जॉन' ने फ्लाइंटशटल का आविष्कार किया। इस मशीन से अब अधिक परिमाण में सूत काता जाने लगा। आगे चलकर 'हार ग्रीब्स' ने 'स्पेनिंगजेनी' नामक मशीन बनाई। इसकी सहायता से अब पहले की अपेक्षा आठ गुणा अधिक सूत काता जाने लगा। सन् 1769 ई. में आर्कराइट ने 'वाटरफ्रेम' का आविष्कार किया। इस मशीन के प्रयोग के बाद से हाथ से सूत कातने की जरूरत नहीं रह गई। 'म्यूल' नामक मशीन के ईजाद होने से सूत महीन काता जाने लगा। सन् 1785 ई. में 'कार्टराइट' का 'पावरलूम' प्रकाश में आया। इन मशीनों के ईजाद और प्रयोग होने से उत्पादन बड़े पैमाने पर होने लगा। वातप शक्ति के प्रयोग से इसकी प्रगति अब दिन दूनी रात चौगुनी होने लगी। Swain के शब्दों में—"It was science that made the Industrial Revolution possible."

(3) यातायात के साधन

आवागमन के साधन में ह्रास के कारण व्यापारिक प्रगति के

मार्ग में बाधा आती थी। अत: इस समय यातायात के साधनों में बहुत बड़ा परिवर्तन आया। क्रांति के पहले इंग्लैंड की सड़कों पर कीचड़ में पैर धँसते थे। यहाँ तक कि घोड़े भी उन सड़कों पर नहीं चल सकते थे। परंतु अब बड़-बड़ी पक्की सड़कें बनाई गईं। इंग्लैंड में नियम ही बना दिया गया कि राज्य के प्रत्येक व्यक्ति को वर्ष में चार दिन सड़कों के निर्माण के लिए कार्य करना पड़ता था। जॉन मेटकाफ ने पक्की सड़कों के निर्माण में अपना महत्त्वपूर्ण योगदान दिया। बड़ी-बड़ी नहरों की खुदाई हुई जिनके द्वारा सस्ते दाम पर भारी चीजें एक जगह से दूसरी जगह ले जाई जा सकती थीं। इन नहरों के हो जाने से बड़ी-बड़ी नावों और जहाजों द्वारा व्यापार होने लगा। बंदरगाहों की स्थापना हो जाने से व्यापार को सहूलियत मिली। सन् 1814 ई. में इंजन के आविष्कार से आवागमन के मार्ग में सबसे बड़ी क्रांति लाई। समूचे यूरोप में रेलों का जाल बिछ गया।

(4) भाप की शक्ति का प्रयोग

अभी तक मशीनें हाथ से ही चलाई जाती थीं, लेकिन अब अट्ठारहवीं सदी के बाद से भाप की शक्ति का प्रयोग मशीन चलाने के लिए हुआ। सन् 1769 ई. में 'जेम्सवाट' ने भाप से चलने वाले इंजन का आविष्कार किया। धीरे-धीरे कई व्यवसायों में इस शक्ति का प्रयोग होने लगा। इस वातप शक्ति से दूसरा फायदा यह हुआ कि भारी से भारी मशीन भी अब चलाना आसान हो गया। इससे उत्पादन को बहुत बल मिला। जेम्सवाट के इसी आविष्कार के कारण उसे औद्योगिक क्रांति का पिता कहा जाता है।

(5) व्यापार की उन्नति

यातायात के साधनों में तरक्की हो जाने से व्यापार की प्रगति

धड़ल्ले से होने लगी। इसी समय कई भौगोलिक खोजें हुईं, बहुत से नए देशों का पता चला। इस सबका फल यह हुआ कि व्यापार को काफी बल मिला और व्यापार चल निकला। व्यापार की वृद्धि के साथ-साथ उत्पादन में भी वृद्धि होती गई।

(6) बैंक का विकास

इंग्लैंड में कई बड़े-बड़े बैंक खुले। रुपए का केंद्रीयकरण हुआ। धनी लोग व्यापार में अधिक-से-अधिक पूँजी लगाने लगे। अब व्यापार के लिए बैंक से रुपए देने की व्यवस्था की गई। बैंक बहुत कम ही सूद लेता था। इससे व्यापार में अब पूँजी का अभाव न रहा।

(7) नेपोलियन के युद्ध का प्रभाव

जब नेपोलियन ने यूरोप के देशों पर आक्रमण किया तो बहुत से देशों से कच्चा माल इंग्लैंड आने लगा और वहाँ तैयार माल बनने लगा। इसके फलस्वरूप उत्पादन की मात्रा बहुत अधिक बढ़ गई और औद्योगिक क्रांति को बड़ा बल मिला।

(8) उपनिवेशों की स्थापना

सन् 1765 तक इंग्लैंड का उपनिवेश अमेरिका, एशिया आदि देशों में फैल चुका था। इंग्लैंड इन उपनिवेशों से कच्चा माल आसानी से प्राप्त कर लेता था और तैयार माल की खपत भी इन्हीं उपनिवेशों में कर लेता था। इसी का फल था कि इंग्लैंड में बड़े-बड़े कारखाने खुल गए।

(9) कृषि के तरीके में परिवर्तन

17वीं सदी में यूरोप के देशों में खेती-बाड़ी के तरीकों में महत्त्वपूर्ण परिवर्तन आया। अब केवल अमीर लोग ही खेती-बाड़ी करने लायक रह गए। गरीब लोग खेती करने से लाचार

हो गए। ऐसे लोग मजदूरी के लिए शहरों की ओर दौड़े। इससे मजदूरों की जीविका का प्रश्न हल हो गया।

(10) गौरवपूर्ण राज्यक्रांति

सन् 1688 ई. में इंगलैंड में गौरवपूर्ण राज्यक्रांति हुई। इस क्रांति के फलस्वरूप सरकार द्वारा व्यापार और उद्योग को सहायता मिलने लगी। अत: इन सभी कारणों से औद्योगिक क्रांति सफल हो सकी।

(घ) औद्योगिक क्रांति सर्वप्रथम इंग्लैंड में ही क्यों हुई ?

18वीं शताब्दी तक आते-आते यूरोप के प्राय: सभी देशों में विज्ञान की उन्नति आरंभ हो चुकी थी फिर भी औद्योगिक क्रांति सबसे पहले इंग्लैंड में ही क्यों हुई—यह एक स्वाभाविक प्रश्न है। इसके कई कारण थे—

(1) वैज्ञानिक आविष्कार

यद्यपि यूरोप के सभी देशों में विज्ञान की प्रगति बड़ी तेजी से हो रही थी फिर भी इंग्लैंड के वैज्ञानिक अन्य देशों की अपेक्षा अधिक क्रियाशील थे। फ्रांसीसी बेकन की प्रयोगात्मक प्रणाली ने शिक्षित लोगों के ध्यान को आकृष्ट किया, फलस्वरूप इंग्लैंड में वैज्ञानिक आविष्कारों की बाढ़ सी आ गई। संक्षेप में अट्ठारहवीं सदी में जितने वैज्ञानिक आविष्कार हुए, सबके सब इंग्लैंड में ही हुए जिस कारण यहीं पहले क्रांति हुई।

(2) लोहे और कोयले की खान

दूसरा कारण यह था कि इंग्लैंड में लोहे और कोयले की बड़ी-बड़ी खानों का पता लगा। कोयले की सहायता से मजबूत लोहा बनाया जाने लगा। फलत: इंग्लैंड में कल-कारखानों की स्थापना में सुविधा हुई।

(3) भौगोलिक स्थिति

इंग्लैंड की भौगोलिक स्थिति ने भी वहाँ क्रांति को सुविधा दी। यहाँ बड़े-बड़े बंदरगाह थे जो व्यापारिक दृष्टि से महत्त्वपूर्ण थे। चारों ओर से समुद्र से घिरे रहने के कारण इसे बाहरी दुश्मन का भय न था। अतः इंग्लैंड निश्चिंत होकर प्रगति का कार्य कर रहा था। यहाँ की जलवायु भी ठंडी है, जिस कारण यहाँ के लोग अधिक परिश्रमी हैं।

(4) मध्यम वर्ग का उदय

17वीं सदी में इंग्लैंड की राजनीति में महान् परिवर्तन आया। निरंकुश शासन व्यवस्था की नींव हिल गई। सामंतों का प्रभाव भी नष्ट हो गया। इस पुरानी व्यवस्था के ध्वंसावशेष पर एक नया वर्ग पैदा हुआ जो मध्यम वर्ग कहलाया। इस वर्ग ने औद्योगिक क्रांति को काफी आगे बढ़ाया। दूसरे देशों में इस प्रकार का कोई मध्यम वर्ग नहीं पैदा हुआ था।

(5) पूँजी जमा करने की सुविधा

इंग्लैंड में 17वीं और 18वीं सदी में व्यापारवाद का विकास हुआ। व्यापार में तरक्की होने से देश में पूँजी की वृद्धि हुई। इस पूँजी से कल-कारखानों की स्थापना और विकास में सहायता मिली।

(6) बैंकों से सहायता

इंग्लैंड में बहुत से बैंकों की स्थापना हुई। ये बैंक व्यापारियों को कम ब्याज पर कर्ज देते थे जिससे व्यापारियों को बड़ी सुविधा मिली। दूसरे देशों में व्यापार की सुविधा के लिए इस प्रकार की कोई व्यवस्था नहीं थी।

(7) कृषि की उन्नति

इंग्लैंड की कृषि ने वहाँ की औद्योगिक क्रांति को बहुत बड़ा सहयोग दिया। यद्यपि क्रांति के पहले से ही इंग्लैंड एक कृषि-प्रधान देश था। लेकिन कृषि की अवस्था अच्छी न थी। खेती में आधुनिक तरीकों का अभाव था। परंतु 18वीं सदी में कृषि के क्षेत्र में नवीनता का सूत्रपात हुआ, अतः इसका प्रभाव औद्योगिक क्रांति पर पड़े बिना न रहा।

(8) राजनीतिक स्थिति

इंग्लैंड की राजनीतिक अवस्था भी अन्य देशों की तुलना में अच्छी थी। शासन में दिन-दिन शांति और सुव्यवस्था आ रही थी। इस कारण भी क्रांति यहाँ संभव हुई।

(9) यूरोपीय युद्ध

18वीं सदी में यूरोप में कई बड़ी-बड़ी लड़ाइयाँ लड़ी गईं। इस युद्ध में मित्र राष्ट्र इंग्लैंड के मोहताज थे, क्योंकि उन्हें युद्ध के सामानों की आवश्यकता थी। इस प्रकार युद्ध के सामानों की माँग दिन-दिन बढ़ती गई और इसी अनुपात में इंग्लैंड का व्यापार भी बढ़ता गया।

(10) उपनिवेश की स्थापना

इंग्लैंड ने बहुत से देशों में अपना उपनिवेश स्थापित किया। इन उपनिवेशों से उसे कच्चा माल मिल जाता था और यहाँ का तैयार माल उन उपनिवेशों में बिक भी जाता था। भारत इसी प्रकार का एक उपनिवेश था।

(11) प्लासी और बक्सर की विजय

प्लासी और बक्सर के युद्ध में अंग्रेजों ने भारत पर कब्जा कर लिया। बंगाल उस समय काफी समृद्ध इलाका था। बंगाल पर

अधिकार हो जाने से इंग्लैंड को पूँजी की कमी न रही। इन सभी कारणों से इंग्लैंड में ही पहले क्रांति प्रारंभ हुई।

(ड़) औद्योगिक क्रांति के परिणाम

औद्योगिक क्रांति आधुनिक विश्व की सबसे महत्त्वपूर्ण घटना है, जिसने आधुनिक विश्व-सभ्यता की दिशा में एक नया मोड़ ला दिया है। आज हमारे आस-पास सभ्यता की जो भी चीजें हैं सब औद्योगिक क्रांति का ही परिणाम हैं। स्वेन के शब्दों में—"Practically everything that is known as modern can be traced to the French Revolution and the Industrial revolution (प्रायः सभी चीजें जिन्हें हम आधुनिक कहते हैं, फ्रांसीसी क्रांति और औद्योगिक क्रांति का परिणाम हैं) एस.आर. शर्मा ने भी लिखा है—"It has made the modern world what it is." संक्षेप में औद्योगिक क्रांति ने हमारी आर्थिक, सामाजिक और बहुत मायने में राजनीतिक संस्थाओं की बुनियाद तैयार की। इसने प्रत्येक चीज को प्रत्येक जगह प्रभावित किया और आज भी कर रही है।'' इस क्रांति के अच्छे और बुरे दोनों परिणाम निकले। अध्ययन की सुविधा के लिए हम इन परिणामों को निम्नलिखित भागों में बाँट सकते हैं—

आर्थिक परिणाम

(1) गृह उद्योग-धंधे का अंत

औद्योगिक क्रांति का सबसे पहला परिणाम निकला कि गृह उद्योग-धंधे का नाश हो गया। अब बड़े-बड़े कल-कारखानों की स्थापना हुई जहाँ हाथ की जगह मशीन से काम होता था। मशीन से बना माल सस्ता और सुंदर होता था। फलतः हस्तकर्म का महत्त्व घटने लगा। मजदूरों को कच्चा माल भी नहीं मिल पाता था, क्योंकि अब वह सीधे कारखाने में पहुँच जाता था। अतः धीरे-धीरे गृह उद्योग-धंधा नष्ट होता चला गया।

(2) बेकारी की समस्या

गृह उद्योग के नष्ट होने से इस धंधे में जितने कारीगर लगे हुए थे, वे सब बेकार हो गए और बेकारी की समस्या बहुत बढ़ गई।

(3) विस्तृत पैमाने पर उत्पादन

औद्योगिक क्रांति के फलस्वरूप बड़े-बड़े कारखानों की स्थापना हुई। इन कारखानों में मालों का उत्पादन बड़े पैमाने पर होने लगा। इस प्रकार थोड़े ही दिनों में इंग्लैंड दुनिया का सबसे बड़ा व्यापारी देश बन गया।

(4) यातायात के साधनों में सुधार

उत्पादन की वृद्धि होने पर तैयार माल की बिक्री और कच्चा माल लाने के लिए आवागमन के साधन में सुधार की आवश्यकता पड़ी। फलतः बड़े-बड़े जहाज, रेल, नहर, सड़क आदि का निर्माण हुआ। इन साधनों की उपलब्धि के बाद अब तैयार माल बाहर भेजे जाने लगे। एशिया, अफ्रीका, अमेरिका आदि जगहों में यूरोप का बाजार कायम हुआ और यूरोप का संसार से आर्थिक संबंध प्रारंभ हुआ।

(5) बैंक प्रणाली का विकास

इंग्लैंड में व्यापार की तरक्की के साथ-साथ बैंकों का भी विकास हुआ। व्यापार में व्यापारी वर्ग को हमेशा पूँजी की जरूरत पड़ती थी। इसी जरूरत की पूर्ति के लिए बैंकों का विकास हुआ। इंग्लैंड में कई नए बैंक खुले।

(6) सम्मिलित पूँजी की कंपनियों का जन्म

विस्तृत पैमाने पर व्यापार की स्थापना होने से बड़ी-बड़ी कंपनियाँ स्थापित हुईं। इन कंपनियों को पूँजी देने के लिए बैंकों

से कर्ज लिया जाने लगा और शेयर बेचे जाने लगे और इस प्रकार सम्मिलित पूँजी की कंपनी प्रणाली शुरू हुई।

(7) उपनिवेश की स्थापना

तैयार माल की बिक्री के लिए बाजारों की आवश्यकता हुई। कई नवीन उद्योगों का भी जन्म हुआ। इस सबका परिणाम यह हुआ कि दूर-दूर देशों में उपनिवेशों की स्थापना की जाने लगी।

(8) राष्ट्रीय संपत्ति में वृद्धि

औद्योगिक क्रांति के फलस्वरूप इंग्लैंड एक धनी देश बन गया। वहाँ राष्ट्रीय संपत्ति की काफी वृद्धि हुई।

सामाजिक परिणाम

(1) जनसंख्या में वृद्धि

इस क्रांति के फलस्वरूप लोगों को अच्छा खाना, कपड़ा मिलने लगा जिससे लोगों के रहन-सहन का स्तर बहुत ऊँचा हो गया। बीमारी आदि से लोगों को मुक्ति मिली। इसका फल यह हुआ कि जनसंख्या में वृद्धि होने लगी। 1750 ई. में इंग्लैंड की आबादी जहाँ 60 लाख के करीब थी, वहाँ 1851 में दूनी हो गई।

(2) शहरों की स्थापना

अधिक परिमाण में कल-कारखानों की स्थापना से शहरों का विकास हुआ। जंगल काट-काटकर शहरों का विकास किया जाने लगा। देहात से बहुत से किसान मजदूर भागकर शहरों में आए। पढ़े-लिखे व्यक्ति नौकरी की खोज में शहरों की ओर दौड़ने लगे। अतः शहरों का विकास होता गया।

(3) वर्ग विभेद

औद्योगिक क्रांति से जहाँ इतने फायदे हुए वहाँ सबसे बड़ी

हानि यह हुई कि पूँजीपति और गरीब वर्ग का जन्म हुआ। मिल मालिक जहाँ दिन-दिन धनी होते गए वहाँ मजदूर दिन-दिन गरीब बनते गए। इन दोनों वर्गों के बीच आपसी प्रेम-भाव की कोई चीज न रह गई। आपस की दूरी दिन-दिन बढ़ती गई। पीछे चलकर पूँजीपतियों ने शासन पर अपना प्रभाव डाला और इन्हें वोट देने का भी अधिकार मिला।

(4) मजदूरों की शोचनीय हालत

वर्ग विभेद के चलते अमीरों ने गरीब मजदूरों का शोषण करना प्रारंभ कर दिया। मशीन की तरह मजदूर भी पैसा कमाने के साधन बन गए। मिल मालिक केवल अपने मुनाफे पर ही सोचते थे। मजदूरों से अधिक-से-अधिक काम लिया जाने लगा और उन्हें कम-से-कम मजदूरी दी जाने लगी। बच्चों तक से 17-18 घंटे काम लिया जाता था। स्वेन के अनुसार—"The Children lived the life of a machine while working and at other times that of a beast."

(5) स्वास्थ्य और नैतिकता का पतन

अब शहरों के विकास के साथ-साथ शहरों की जनसंख्या भी बढ़ने लगी। काफी बड़ी संख्या में मजदूर एक जगह रहने लगे। इससे उनका नैतिक पतन प्रारंभ हो गया। वे शराबी और जुआरी बन गए। गाँव का जो आदर्श था, वह न रहा। कारखानों के धुएँ से हमेशा शहर आच्छादित रहता था, जिससे शुद्ध हवा का मिलना मुश्किल था। इस सबका बड़ा प्रभाव लोगों के स्वास्थ्य पर पड़ा। शहरों में गंदगी भी जोर पकड़ने लगी। इस सबसे लोगों के नैतिक और स्वास्थ्य दोनों का पतन हो गया।

(6) समाजवाद का विकास

सामाजिक अव्यवस्था ने जब बहुत जोर पकड़ लिया तब

समाजवाद लाने का प्रयास किया जाने लगा। मजदूरों की स्थिति में सुधार लाने का प्रयास हुआ। कई आंदोलन भी हुए। इसका प्रवर्तक कार्ल मार्क्स था। वह जर्मनी का निवासी था तथा एक बहुत बड़ा विद्वान था। राष्ट्रीय क्रांति में हाथ बँटाने के अपराध में उसे जर्मनी से निकाल दिया गया। पीछे वह लंदन चला गया। उसने अपनी प्रसिद्ध पुस्तक 'कैपिटल' में बताया कि—"आर्थिक परिस्थिति का व्यापक प्रभाव मनुष्य के कार्य तथा विचार पर पड़ता है। मजदूरों की स्थिति में सुधार लाने के लिए पूँजीवाद का विनाश अत्यावश्यक है। संसार के सभी मजदूर एक हैं। और उनकी समस्या भी एक है।

मार्क्स ने संसार के सभी मजदूरों को संगठित होने की सलाह दी है और उनके सामने सामाजिक क्रांति का कार्यक्रम रखा। सन् 1883 ई. में मार्क्स का देहांत हो गया। आज भी उसके लेख समाजवादियों के मार्गदर्शन का कार्य करते हैं।

राजनीतिक परिणाम

(1) साम्राज्यवाद और युद्ध

कच्चे माल की प्राप्ति और तैयार माल की खपत के लिए बाजार की आवश्यकता थी। अतः सभी देश एक-दूसरे देश में उपनिवेश बनाने के लिए दौड़ पड़े। अब इनमें युद्ध की भावना आई और इसी परिणाम के चलते साम्राज्यवाद की भावना बढ़ती चली गई है। जिसका परिणाम पहले और दूसरे विश्वयुद्ध के रूप में प्रकट हुआ।

(2) मजदूरों का संगठन

पूँजीवाद के विरोध में मजदूरों ने अपना संगठन करना आरंभ किया और अपने अधिकारों के लिए आवाज उठाने लगे। अतः

सरकार ने कई प्रकार के फैक्टरी कानून पास किए। काम के घंटे 8 घंटे नियत कर दिए गए। बच्चों की बहाली कारखाने में रोक दी गई। स्त्रियों की दशा में भी बहुत से सुधार हुए। इंग्लैंड में कई चार्टिस्त आंदोलन भी हुए।

(3) वैधानिक प्रगति

इंग्लैंड के मध्यम वर्ग ने वैधानिक प्रगति में बहुत योगदान दिया। फलतः वहाँ सन् 1832 ई. में एक सुधार एक्ट पास हुआ और इस एक्ट के अनुसार मध्यम वर्ग को भी वोट का अधिकार मिला। इस प्रकार इंग्लैंड की औद्योगिक क्रांति के कई परिणाम निकले और इससे न केवल इंग्लैंड के लोगों को फायदा हुआ वरन् संसार इससे लाभान्वित हुआ।

प्रश्न

1. औद्योगिक क्रांति ने इंग्लैंड के लोगों के जीवन पर क्या प्रभाव डाला?
2. औद्योगिक क्रांति इंग्लैंड में ही क्यों शुरू हुई? इसके सामाजिक और आर्थिक परिणाम क्या हुए?
3. इंग्लैंड की औद्योगिक क्रांति का वर्णन कीजिए। इसके क्या परिणाम हुए?
4. इंग्लैंड की औद्योगिक क्रांति के क्या कारण थे?

□

11

ब्रिटेन में लोकतंत्र का विकास

लोकतंत्र का अर्थ

लोकतंत्र शासन व्यवस्था उस व्यवस्था को कहते हैं जिसमें जनता अपने शासन के लिए स्वयं प्रतिनिधि चुनती है और वे चुने हुए प्रतिनिधि ही जनता के शासन का संचालन करते हैं। अत: लोकतंत्र शासन वह शासन व्यवस्था है जो जनता के लिए, जनता द्वारा संचालित होती है। (For the people, by the people and of the people) इस व्यवस्था में सरकार का कर्तव्य होता है कि वह जनता के हितों की रक्षा करे।

ब्रिटेन का शासन

ब्रिटेन ने लोकतंत्रात्मक शासन प्रणाली के रूप में आधुनिक विश्व को एक नवीन देन दी है। ब्रिटेन में इस लोकतंत्र शासन का विकास एक ही बार नहीं वरन् धीरे-धीरे हुआ है। आज संसार में जहाँ भी प्रजातंत्र प्रणाली है वहाँ की प्रजातंत्र व्यवस्था पर ब्रिटेन की छाप अवश्य दिखलाई पड़ेगी। यही कारण है कि ब्रिटेन को आधुनिक लोकतंत्रात्मक पद्धति का पिता भी कहा जाता है। शुरू में अन्य देशों की तरह यहाँ भी राजतंत्र की व्यवस्था थी, जिसमें राजा प्रधान होता था। ये राजा अन्य देशों के राजाओं की तरह ही निरंकुश और स्वेच्छाचारी होते थे। लेकिन सदियों संघर्ष करते-करते आखिर एक दिन शासन-सूत्र साधारण जनता के हाथ में आ ही गया। इंग्लैंड में पुरानी व्यवस्था ही रहने दी गई। केवल समय और आवश्यकता के अनुसार उस प्राचीन

व्यवस्था के रूप को बदल दिया गया। लेकिन इस व्यवस्था के कायम होने में भी समय लगा है। आज इंग्लैंड में लोकतंत्र होते हुए भी राजा का ही शासन होता है और वहाँ की संसद के ऊपरी सदन के सदस्य अपने पुश्तैनी अधिकार के बल सदन में बैठते हैं। उसका एक भी सदस्य साधारण जनता द्वारा नहीं चुना जाता।

ब्रिटेन में शासन का आधार वास्तव में मंत्रिमंडल है। राजा केवल वैधानिक प्रधान है। यद्यपि शासन के सारे कार्य राजा के नाम से होते हैं। लेकिन वह केवल मुहर लगाता है। वास्तविक शक्ति मंत्रिमंडल के हाथ में है। वह राजा को खबर देता है, चेतावनी देता है और सलाह देने का कार्य करता है लेकिन व्यवहार में वही होता है जो मंत्रिमंडल चाहता है। इसका दायित्व संसद के प्रति है। संसद में कामंस सभा और लॉर्ड्स सभा—दो सभा होती हैं। कामंस सभा में जनता के प्रतिनिधि बैठते हैं। अत: मंत्रिमंडल कामंस सभा के प्रति ही उत्तरदायी होता है। दोनों के बीच कई प्रकार की राजनीतिक पार्टियाँ कायम हैं। प्रत्येक पार्टी अपना उम्मीदवार खड़ा करती है। जिस पार्टी के सदस्यों का कामंस सभा में बहुमत होता है उसी से राजा प्रधानमंत्री को चुनता है और प्रधानमंत्री की राय से अन्य मंत्रियों की नियुक्ति होती है।

मंत्रिमंडल की विशेषता

1. राजा नाममात्र का प्रधान
2. संसद के बहुमत पर आश्रित
3. सामूहिक उत्तरदायित्व की भावना
4. विचारों में एकता
5. गोपनीयता
6. प्रधानमंत्री का नेतृत्व

(ख) मंत्रिमंडल पद्धति का उद्‌भव और विकास

मंत्रिमंडल पद्धति की विशेषताएँ—मंत्रिमंडल पद्धति की निम्नलिखित विशेषताएँ हैं—

(1) राजा नाम का प्रधान

ब्रिटेन के मंत्रिमंडल में राजा नाममात्र का प्रधान होता है। वास्तविक शक्ति मंत्रिमंडल के हाथ में रहती है। उसकी बैठकों में भी राजा उपस्थित नहीं रहता क्योंकि मंत्रिमंडल के फैसले पर राजा का प्रभाव पड़ सकता है। अत: प्रत्येक फैसले या कार्य के लिए मंत्रिमंडल ही जिम्मेदार है। वैसे तो वैधानिक नियम के अनुसार राजा ही शासन का प्रधान है और सभी आदेश उसके हैं। सिद्धांत में वह किसी भी विधेयक को अस्वीकृत कर सकता है। लेकिन व्यवहार में यदि संसद के दोनों सदन राजा का मृत्यु आदेश पास कर दें तो राजा को उस पर हस्ताक्षर करना ही होगा। अत: इंग्लैंड के पार्लियामेंट की यह पहली विशेषता है कि राजा मंत्रिमंडल की बैठकों में भाग नहीं लेता। शायद इसी कारण इंग्लैंड के राजा के संबंध में कहा जाता है कि ''वह कभी गलती नहीं कर सकता।''

(2) संसद के बहुमत पर आश्रित

मंत्रिमंडल की दूसरी विशेषता यह है कि इसके सभी सदस्य संसद के बहुमत पर आश्रित रहते हैं। वस्तुस्थिति यह है कि मंत्रिमंडल के सदस्य ही संसद के सदस्य होते हैं और जब तक उन्हें बहुमत दल का समर्थन प्राप्त है तब तक वे अपने पद पर डटे रहते हैं। यदि बहुमत नहीं हो तो सदस्य पदच्युत कर दिए जाते हैं। दोनों के बीच पारस्परिक सहयोग की भी भावना रहती है। मंत्रिमंडल संसद का नेतृत्व करता है, प्रमुख बिल उसके सामने प्रस्तुत करता है, शासन कार्य में गतिशीलता और सुधार लाता है। इस तरह यदि संसद मंत्रिमंडल को अविश्वास का प्रस्ताव पास कर हटा सकता है तो मंत्रिमंडल को भी अधिकार है कि वह संसद को तोड़ दे।

(3) सामूहिक उत्तरदायित्व की भावना

यह मंत्रिमंडल की सबसे बड़ी विशेषता है। इसका संपूर्ण कार्य उत्तरदायित्व की भावना पर ही संपादित होता है। कहने का तात्पर्य यह है कि एक विभाग के कार्यों के लिए केवल उसी विभाग के मंत्री उत्तरदायी नहीं हैं वरन् मंत्रिमंडल का प्रत्येक सदस्य उत्तरदायी है। इस अर्थ में यदि संसद किसी मंत्री के प्रति अविश्वास का प्रस्ताव उपस्थित करती है तो प्रत्येक मंत्री को अपने पद से हट जाना पड़ेगा। इस सामूहिक उत्तरदायित्व का फल यह होता है कि सभी मंत्री सहयोग की भावना लेकर काम करते हैं। वे एक–दूसरे के खिलाफ बोलते नहीं, वरन् सभी एक–दूसरे का समर्थन करते हैं।

(4) विचारों की एकता

प्रत्येक सदस्य के विचार आपस में मिलते हैं। वे एक ही सिद्धांत के समर्थक होते हैं, एक ही राजनीतिक विचार को मानते हैं। फल यह होता है कि वे सभी मंत्री एक ही राजनीतिक दल के होते हैं। भले ही छोटी–छोटी बातों पर उनमें व्यक्तिगत विचारों का अंतर पड़े लेकिन बड़ी–बड़ी समस्याओं के समाधान के लिए उनमें आपसी मतैव्य का होना अनिवार्य है। कभी–कभी किसी खास परिस्थिति में कई पार्टियों के प्रतिनिधियों को मिलाकर मंत्रिमंडल बनाया जाता है। इसे संयुक्त मंत्रिमंडल कहते हैं। लेकिन हमेशा यह व्यवस्था अच्छी नहीं होती।

(5) गोपनीयता

मंत्रिमंडल की एक अन्य बड़ी विशेषता यह है कि इसके सारे कार्य गुप्त रहते हैं। इस नियम का पालन कठोरता से किया जाता है। कोई भी मंत्री मंत्रिमंडल के बाहर अपने विचारों को दूसरे से भिन्न करके नहीं व्यक्त कर सकता है। वह मंत्रिमंडल की

कारखाई की सूचना किसी बाहरी व्यक्ति को नहीं दे सकता। इस नियम को भंग करनेवाले को अपने पद से हट जाना पड़ता है। अतः प्रारंभ में ही प्रत्येक मंत्री को गोपनीयता की शपथ लेनी पड़ती है।

(6) प्रधानमंत्री का नेतृत्व

मंत्रिमंडल की सबसे बड़ी विशेषता प्रधानमंत्री का नेतृत्व है। प्रधानमंत्री मंत्रिमंडल का नेता होता है। मंत्री चुनने के समय राजा इसी की सलाह मानते हैं। अतः मंत्रियों के चुनाव पर प्रधानमंत्री का विशेष प्रभाव पड़ता है। वह मंत्रिमंडल की बैठक में सभापति का पद ग्रहण करता है। अगर यह चाहता है तो किसी भी मंत्री को हटा सकता है। यदि वह मंत्री पदत्याग करने से इनकार करे तो उस हालत में वह पूरे मंत्रिमंडल को भंग कर दूसरा मंत्रिमंडल बना लेता है। उसका काम है कि एक मंत्री का दूसरे से मतभेद हो जाने पर उसे दूर करे। बहुमत दल का नेता होने के कारण वह शासन संबंधी नीति का निर्धारण करता है। संक्षेप में, "वह मंत्रिमंडलरूपी टीम का प्राण है और मंत्रिमंडल, सम्राट् और संसद के बीच कड़ी का काम करता है। इसलिए कहा जाता है कि यदि मंत्रिमंडल राज्यरूपी जहाज है तो प्रधानमंत्री उसका चालक है।"

(ग) मंत्रिमंडल पद्धति का विकास

ऊपर मंत्रिमंडल के जिन गुणों की चर्चा की गई है उसका विकास एकाएक नहीं हुआ है, वरन् उसके विकास में वर्षों लगे हैं। उसी प्रकार मंत्रिमंडल का विकास भी स्वायत्त होता गया है। इसके लिए न तो कोई विशेष कानून बना है और न संविधान में किसी प्रकार का संशोधन ही हुआ है। देश के प्राचीन रिवाजों के आधार पर ही मंत्रिमंडल विकसित हुआ है।

राजा की कौंसिल

अत्यंत प्राचीन काल से ही नॉर्मन वंश के शासक शासन के कार्यों में एक कौंसिल की सलाह लेते थे। इस कौंसिल का नाम 'क्यूरिया टेगिस' था और तभी से कौंसिल की परंपरा चलती आई है। समय-समय पर केवल उसके नाम में परिवर्तन होता आया है। आगे चलकर यही कौंसिल प्रिवी कौंसिल कहलाने लगी। इसके सदस्यों की नियुक्ति राजा के द्वारा होती थी।

प्रिवी कौंसिल

15वीं सदी में प्रिवी कौंसिल संसद के अंदर चली गई। 16वीं सदी ट्यूडर वंश के राजा गद्दी पर बैठे। उन्होंने कौंसिल के माध्यम से अपनी शक्ति बहुत बढ़ा ली। अतः राजा की शक्ति बढ़ जाने से कौंसिल की शक्ति भी आपसे आप बढ़ गई। 17वीं सदी में स्टुअर्ट वंश के राजा आए। इस समय कौंसिल के सदस्यों की संख्या में वृद्धि हुई। अब इतने अधिक व्यक्तियों से राय लेना संभव न रहा। राजा कुछ चुने हुए सदस्यों से राय लेने लगे।

केबाल

चार्ल्स द्वितीय ने शासन के कामों की देखभाल के लिए प्रिवी कौंसिल को छोटी-छोटी चार समितियों में विभाजित कर दिया और प्रत्येक के अधिकार में एक-एक विभाग दे दिया गया। साथ ही चार्ल्स ने शासन में सलाह लेने के लिए अपने विश्वासपात्रों का एक गुट बनाया जिसे केबाल कहते थे। इसमें पाँच सदस्य थे और उनके नाम C.A.B.A.L. से शुरू होते थे। इसके नाम का यही रहस्य था। केबाल की बैठक राजा के महल के एक छोटे से कमरे में होती थी। अतः इसे कैबिनेट कहा जाने लगा। लेकिन इस कैबिनेट में आधुनिक कैबिनेट की एक भी विशेषता न थी। राजा अपनी इच्छा से सलाहकारों को चुनता था, अतः ये सलाहकार राजा के प्रति उत्तरदायी थे, संसद के प्रति नहीं। इनकी बात मानना या न मानना राजा की इच्छा पर निर्भर करता था।

मंत्रियों का उत्तरदायित्व और महाभियोग

स्टुअर्ट के जमाने से ही संसद राजा के मंत्रियों को अपने प्रति उत्तरदायी बनाने की कोशिश कर रही थी। इसके लिए संसद ने मंत्रियों पर महाभियोग चलाना शुरू किया। (इम्पीचमेंट) महाभियोग एक प्रकार का मुकदमा था, जिसे कॉमन सभा करती थी और लॉर्ड्स सभा उस पर फैसला देती थी। इसका अर्थ यह था कि अगर किसी मंत्री की सलाह बुरी निकलती थी तो वह मंत्री ही इसका भागी था, राजा नहीं और तब उस मंत्री को सजा मिलती थी। बकिंघम तथा स्ट्रैफोर्ड जो चार्ल्स प्रथम के मंत्री थे—उनपर इसी प्रकार का अभियोग लगाया गया। चार्ल्स द्वितीय के मंत्री जो डैनवी पर भी अभियोग लगाया गया। लेकिन राजा ने उसे लिखकर माफ कर दिया था। महाभियोग पीछे चलकर गलत सिद्ध हुआ। अंत में 1641 में यह माँग रखी गई कि राजा वैसे ही व्यक्तियों को मंत्री पद पर बहाल करे, जिस पर संसद का विश्वास है।

रक्तहीन क्रांति

जेम्स द्वितीय कैथोलिक धर्म को मानता था तथा शासन में दैवी सिद्धांत का समर्थक था। अतः उसके गद्दी पर बैठते ही संसद से उसका झगड़ा हो गया। पहले तो जनता ने संतोष कर लिया कि जेम्स निःसंतान है अतः इसकी मृत्यु के साथ ही सारा झगड़ा समाप्त हो जाएगा। लेकिन 1688 ई. में 10 जून को जेम्स को एक पुत्र हुआ। अब जनता के सारे मंसूबों पर पानी फिर गया और जनता में असंतोष की आग भड़कने लगी। लोगों ने विलियम को गद्दी पर बैठने का निमंत्रण भेजा। वह प्रोटेस्टेंट था और स्टुअर्ट घराने से उसका संबंध था। उसके इंग्लैंड पहुँचते ही जनता ने उसका साथ दिया। जब जेम्स चारों ओर से निराश हो गया तो उसने 1688 के 22 दिसंबर को खुद गद्दी छोड़ दी और फ्रांस चला गया। इतिहास में यह घटना रक्तहीन क्रांति (Glorious revolution) के नाम से प्रसिद्ध है। इस घटना से राजा और संसद के बीच का झगड़ा मिट गया। साथ ही संसद की शक्ति का पता भी चल गया।

क्रांति के बाद

क्रांति के बाद मंत्रिमंडल के विकास में तेजी आई। मंत्रिमंडल का असल विकास जार्ज प्रथम के शासनकाल में हुआ। जॉर्ज प्रथम जर्मनी से आया था। अत: वह अंग्रेजी बिल्कुल नहीं जानता था। फल यह हुआ कि उसने मंत्रिमंडल की बैठकों में जाना छोड़ दिया। अब्र मंत्रिमंडल का सभापतित्व उसका मंत्री सर रॉबर्ट बालपोल करने लगा। धीरे-धीरे वह प्रधानमंत्री बन गया। फलतः अब मंत्रिमंडल प्रधानमंत्री बालपोल के नेतृत्व में काम करने लगा। जिन मंत्रियों से उसका मतभेद हो जाता था उन्हें वह हटा देता था। लेकिन 1742 ई. में उसका दल हार गया और वह भी प्रधानमंत्री पद से च्युत हो गया। फिर भी इस समय संयुक्त उत्तरदायित्व और प्रधानमंत्री के पद का विकास हुआ।

1760 ई. में जॉर्ज तृतीय_गद्दी पर बैठा। उसने फिर से राजा की शक्ति बढ़ाने का प्रयास किया। लेकिन वह सफल नहीं हो सका। तभी छोटा पिट प्रधानमंत्री बना और वह शासन का सर्वेसर्वा हो गया। तब से मंत्रिमंडल का विकास अबाध गति से होता रहा है।

विश्वयुद्धों का प्रभाव

प्रथम विश्वयुद्ध और द्वितीय विश्वयुद्ध का असर भी मंत्रिमंडल पर पड़ा। 1914 में प्रथम विश्वयुद्ध के अवसर पर लॉयड जॉर्ज ने संयुक्त मंत्रिमंडल की स्थापना की। इसी तरह युद्ध कार्यों की देखरेख के लिए पाँच सदस्यों का 'युद्ध मंत्रिमंडल' (War Cabinet) बनाया गया। इसमें युद्ध संबंधी विचार-विमर्श के लिए ब्रिटेन के डोमिनियनों और भारत के प्रतिनिधि भी इसमें बुलाए गए। लेकिन युद्ध समाप्त होते ही ये संस्थाएँ हटा दी गईं। अब मंत्रिमंडल का अलग सचिवालय बना, उनके वेतन निश्चित कर दिए गए और इस तरह मंत्रिमंडल को वैधानिक स्वीकृति मिल गई। दूसरे युद्ध काल में पुनः संयुक्त मंत्रिमंडल का निर्माण हुआ।

(घ) मंत्रिमंडल की अधिनायकशाही

समय की गति के साथ-साथ मंत्रिमंडल की शक्ति में वृद्धि आती गई

है और आजकल तो इसकी शक्ति इतनी बढ़ गई है कि लोग इसे मंत्रिमंडल की अधिनायकशाही कहकर पुकारते हैं। इस शक्ति के बढ़ने के बहुत से कारण हैं—

(क) आजकल शासन के काम बहुत ज्यादा बढ़ गए हैं और उसी अनुपात में मंत्रिमंडल की शक्ति भी बढ़ी है।

(ख) संसद पर काम का बोझ इतना अधिक रहता है कि वह सभी काम पर अधिक समय और पूरा ध्यान नहीं दे पाती। फलस्वरूप विधेयक संबंधी बहुत सी बातें मंत्रिमंडल की जिम्मेवारी पर ही छोड़ दी जाती हैं।

(ग) इधर राजनीतिक पार्टियाँ भी संगठित हो गई हैं, जिसके कारण भी मंत्रिमंडल को संसद का समर्थन मिलता रहता है।

इन सभी तथ्यों के आधार पर कुछ लोगों ने मंत्रिमंडल पर अधिनायकशाही का आरोप लगाया है। लेकिन यह गलत है। मंत्रिमंडल के सभी कामों पर संसद में विचार-विमर्श होता है, उस पर वाद-विवाद होता है, आलोचना-प्रत्यालोचना होती है। संसद में मंत्रिमंडल के विरोधियों को भी बोलने का पूरा मौका दिया जाता है। लेकिन अधिकनायकवाद में ऐसा नहीं होता है। फिर मंत्रिमंडल हर पाँच वर्ष पर बदलता रहता है। ऐसी हालत में मंत्रिमंडल तानाशाह कैसे बन सकता है?

(ङ) राजा और मंत्रिमंडल

राजा और मंत्रिमंडल के संबंध पर भी विचार कर लेना आवश्यक है। राजा यद्यपि शासन का प्रधान होता है, उसके अधिकार असीमित हैं फिर भी वह मंत्रिमंडल की बैठक में शामिल नहीं होता और मंत्रिमंडल का हर फैसला उसे मानना पड़ता है। यहाँ तक कि अपने व्यक्तिगत जीवन में भी वह मंत्रिमंडल के निर्णय के विरुद्ध नहीं जा सकता। इसका सबसे अच्छा उदाहरण अष्टम एडवर्ड है। वह एक साधारण लड़की से शादी करना चाहता था, जो पहले भी शादी कर चुकी थी। लेकिन मंत्रिमंडल इस शादी के पक्ष में नहीं था। फलतः एडवर्ड को गद्दी छोड़ देनी पड़ी।

लेकिन यह न समझना चाहिए कि मंत्रिमंडल के कार्यों पर राजा का कोई प्रभाव नहीं पड़ता है। वह सभी पार्टियों से परे है। अधिकार रहित होने पर भी उसके व्यक्तित्व का प्रभाव इंग्लैंड की जनता पर पड़ता है। राजा बहुत दिनों तक अपने पद पर कायम रहता है, इस बीच उसके मंत्रिमंडल बदलते रहते हैं। अतः राजा का अनुभव विशाल होता है। प्रधानमंत्री शासन संबंधी बातों की जानकारी उसे दिलाता रहता है और राजा उसे अपना परामर्श देता है। उसके परामर्श का महत्त्व होता है। वह जो भी कहता है उस पर मंत्रिमंडल में विचार होता है भले ही उसकी बात नहीं मानी जाए। इस प्रकार राजा के विचारों का प्रभाव भी मंत्रिमंडल के फैसले पर पड़ता है। लेकिन किस राजा का प्रभाव कितना पड़ता है– यह उसके व्यक्तित्व पर निर्भर करता है।

(च) संसद में सुधार

धीरे-धीरे राजा का दैवी अधिकार समाप्त हुआ। शासन राजाओं की निरंकुशता से मुक्त होकर संसद के हाथ आया। लेकिन संसद के गठन में भी उस समय कई दोष थे। वह जनता का सही प्रतिनिधित्व नहीं करती थी। अतः समय-समय पर संसद में सुधार लाने के कई कानून बने। उस समय संसद में निम्नलिखित दोष थे–

(क) सीटों का गलत बँटवारा

इंग्लैंड की आबादी वहाँ की औद्योगिक क्रांति के फलस्वरूप बहुत अधिक बढ़ गई थी। बहुत से नए-नए शहरों का निर्माण हुआ था। लेकिन संसद अभी तक सीटों का गलत बँटवारा करती थी। अतः जहाँ बर्मिंघम, मैनचेस्टर आदि घनी आबादी वाले हिस्से से एक भी प्रतिनिधि नहीं जा पाते थे वहाँ ब्यूटन, गैटोन आदि उजाड़ इलाकों से कई प्रतिनिधि जाते थे।

(ख) वोट देने में विषमता

मतदान के अधिकार भी समान नहीं थे। देहातों में वोट देने का

प्राचीन कानून प्रचलित था। इसके अनुसार वे ही वोट दे सकते थे, जिनके पास 40 शिलिंग की अपनी जमीन थी। इस शर्त के कारण बहुत से लोग मतदान के अधिकार से वंचित रह जाते थे। शहरों में भी भिन्न-भिन्न नियम बने थे। किसी शहर में कर देनेवाले को तो किसी शहर में म्युनिसिपैलिटी के सदस्यों को ही वोट देने का अधिकार प्राप्त था। इस नियम के चलते भी बहुत से लोग इस अधिकार से वंचित थे।

(ग) चुनाव में भ्रष्टाचार

चुनाव में चारों ओर भ्रष्टाचार और घूसखोरी का बोलबाला था। बड़े-बड़े लोग जनता को कई प्रकार का लोभ देकर उनका वोट खरीद लेते थे। प्रभावशाली आदमी अपने आदमी को लोकसभा में भेजने की कोशिश करते थे। वोट देने का काम खुले रूप में होता था। अतः लोग गरीब जनता पर दबाव भी डालते थे। इस प्रकार संसद में कई प्रकार के अवगुण थे।

सुधार आंदोलन

जनता की प्रतिनिधि संस्था होने के लिए आवश्यक था कि संसद में से इन त्रुटियों को दूर किया जाए। इसी समय 18वीं सदी में कुछ ऐसी घटनाएँ घटीं, जिससे सुधार और आवश्यक हो गया। अमेरिका का स्वातंत्र्य संग्राम छिड़ा जिससे लोगों में अत्याचार के विरुद्ध लड़ने की प्रेरणा जगी। 1789 की फ्रांस की राज्य क्रांति ने समानता, स्वतंत्रता और भ्रातृत्व का पाठ लोगों को पढ़ाया। इंग्लैंड औद्योगिक क्रांति के फलस्वरूप मजदूरों का संगठन हुआ। इनके प्रतिनिधि संसद में नहीं थे। अतः ये भी संसद में सुधार की माँग करने लगे। इन सभी कारणों से संसद में सुधार आवश्यक हो गया।

सुधार का पहला नियम

इस दिशा में सबसे पहला काम जॉन रसेल ने किया। सन् 1831 ई. में

उन्होंने सुधार संबंधी एक बिल संसद में उपस्थित किया। लॉड्‌र्स सभा ने इस बिल का खुला विरोध किया। लेकिन 1832 ई. में किसी प्रकार यह बिल पास हो गया। यही सुधार का पहला प्रयास था। इसके अनुसार जहाँ की जनसंख्या 2000 से कम थी वहाँ से प्रतिनिधि नहीं भेजे जा सकते थे। 2000 से 4000 जनसंख्यावाली जगहों को एक प्रतिनिधि भेजने का अधिकार मिला। इस प्रकार औद्योगिक शहरों को भी वोट के अधिकार मिले। मतदाता बनने के नियम में भी परिवर्तन लाया गया। देहातों में जो लोग 10 पौंड की जमीन के मालिक थे या रैयत की हैसियत से पचास पौंड सालाना कर देते थे, वे सभी अब वोट दे सकते थे। शहरों में जिनके पास दस पौंड के मकान थे, उन्हें भी वोट देने का अधिकार मिला। इसका फल यह हुआ कि अब शहरों में मध्यम वर्ग भी वोट देने का अधिकारी बन गया। इन सभी सुधारों का फल यह हुआ कि कामंस सभा का महत्त्व पहले से अधिक हो गया। अतः लॉड्‌र्स सभा से उसका संघर्ष प्रारंभ हुआ। राजा का प्रभाव तो समाप्त हो ही गया। लेकिन मजदूरों को अभी भी वोट देने का अधिकार नहीं मिला था।

चार्टिस्ट आंदोलन

सुधार के आंदोलन बराबर हो रहे थे। अभी भी चुनाव के क्षेत्र में कई प्रकार के दोष थे। इधर महारानी विक्टोरिया के शासनकाल से ही लोगों की आर्थिक दशा दयनीय हो रही थी। निचले वर्ग के लोगों को अपना प्रतिनिधि भेजने का अधिकार नहीं था। अतः मजदूरों के नेता 'फियरगस ओकोनर' ने मजदूरों की माँगों की एक सूची तैयार की। यह जनता का 'अधिकारपत्र' कहलाया। इसमें छह माँगें रखी गई थीं—(क) बालिग मताधिकार, (ख) बराबर चुनाव क्षेत्र, (ग) गुप्त वोट की प्रथा, (घ) संसद का सालाना चुनाव, (ङ) संसद के सदस्य होने के लिए संपत्ति की आवश्यकता का अंत और (च) संसद के सदस्यों को वेतन देने की व्यवस्था। इन माँगों का जिन्होंने समर्थन किया, वे चार्टिस्ट कहलाए। लेकिन संसद ने इन माँगों को अस्वीकृत कर दिया। फलतः इसके विरुद्ध जोरदार आंदोलन हुए और तब पीछे उन माँगों के आधार पर कई सुधार हुए।

सुधार का दूसरा नियम

1867 ई. में डिजरैली की सरकार बनी। इस समय सुधार का दूसरा नियम पास हुआ। इस कानून के अनुसार देहात के ऐसे लोग भी वोट के अधिकारी हो गए जिनके पास 12 पौंड की जमीन थी।

बैलेट एक्ट

अब तक प्रकट रूप से वोट दिया जाता था। लेकिन 1872 ई. में बैलेट एक्ट पास हुआ जिसके अनुसार गुप्त रूप से वोट देने की प्रथा चली। अब लोग स्वतंत्रतापूर्वक वोट दे सकते थे। 1884 ई. में ग्लैड स्टोन की सरकार के नेतृत्व में तीसरा सुधार नियम पास हुआ। इसके अनुसार देहात-शहर सभी जगह के लोगों को वोट देने का अधिकार मिला। अब मजदूर भी अपना प्रतिनिधि भेजने लगे।

पार्लियामेंट एक्ट

1911 में पार्लियामेंट एक्ट के द्वारा लॉड्र्स सभा के अधिकारों को सीमित कर दिया गया। अर्थ संबंधी विधेयक पर केवल अब कामंस का अधिकार रहा। साधारण विधेयकों पर भी लॉड्र्स सभा के पुराने अधिकार समाप्त हो गए। संसद का कार्यकाल 7 वर्ष से घटाकर पाँच वर्ष कर दिया गया और सदस्यों को वेतन देने की प्रथा शुरू हुई।

चुनाव के नियमों में सुधार

अब तक स्त्रियों को मताधिकार नहीं मिला था। लेकिन 1918 ई. में संसद ने एक कानून बनाकर स्त्रियों को भी मताधिकार का अधिकार दिया। इसके अनुसार पुरुषों को भी बालिग मताधिकार मिला। अब 21 वर्ष से ऊपर के सभी पुरुष वोट दे सकते थे। स्त्रियों के लिए 30 वर्ष की उम्र रखी गई। लेकिन 1828 में एक कानून पास हुआ जिसके अनुसार स्त्रियों और पुरुषों के बीच का यह भेद दूर कर दिया गया। द्वितीय विश्वयुद्ध के बाद जब मजदूर दल की सरकार बनी तो उसने लॉड्र्स सभा के अधिकार को और सीमित कर दिया।

(घ) राजनीतिक पार्टियाँ

(क) पार्टियों की उत्पत्ति और विकास

ब्रिटेन की पार्टियों का इतिहास बहुत प्राचीन है। स्टुअर्ट राजाओं के समय से ही वहाँ कई पार्टियाँ बनती चली आ रही हैं। लैंकेस्ट्रियन तथा चर्कोस्टि, कैवेलियर तथा राउंडहेड, ह्विग तथा टोरी, लिबरल तथा कंजरवेटिव आदि कई दल इंग्लैंड में जमाने से काम करते आए हैं। इसकी उत्पत्ति 15वीं शताब्दी में हुई। उस समय इंग्लैंड की गद्दी पर दो हकदार थे– लैंकेस्ट और चार्क। लेकिन ये शुद्ध राजनीतिक दल नहीं थे।

कैवेलियर और राउंडहेड

स्टुअर्ट काल में अपने–अपने अधिकारों की स्थापना के लिए राजा और संसद में संघर्ष हुआ। राजा की तरफ घुड़सवारों की संख्या अधिक थी, अतः उसके समर्थक कैवेलियर्स कहलाए। इनके विरोधी सर मुँड़ाए रहते थे। अतः वे राउंडहेड कहलाए। चार्ल्स द्वितीय जब गद्दी पर बैठा तब उसने संसद को भंग कर दिया। अतः पुनः दो पार्टियों का जन्म हुआ।

ह्विग और टोरी

चार्ल्स द्वितीय ने जब संसद को भंग कर दिया तो बहुत से लोगों ने संसद की बैठक बुलाने के लिए चार्ल्स के पास आवेदन पत्र दिया। अतः ये लोग पेटिशनर्स कहलाए और जिन लोगों ने इनकी निंदा की वे एमोरर्स कहलाए। बाद में इन्हीं दोनों दलों का नाम ह्विग और टोरी पड़ा। ह्विग लोग धर्म के क्षेत्र में उदारनीति के समर्थक थे और वैधानिक शासन की नींव डालना चाहते थे। लेकिन टोरी दल के लोग राजा के दैवी अधिकार में विश्वास रखते थे और चर्च के समर्थक थे। दोनों में संघर्ष आवश्यक था। अब चुनाव में दोनों दल अपने बहुमत के लिए लड़ने लगे। विलियम तृतीय के शासनकाल में ह्विग दल का बहुमत कामंस सभा में रहा और फिर टोरी दल का बहुमत हुआ। फिर

जब हैनोवर राजवंश का शासन प्रारंभ हुआ तो करीब पचास वर्षों तक ह्विग दल का ही शासन चला। प्रधानमंत्री वालपोल इसी दल का नेता था। पुनः बड़े पिट और छोटे पिट के समय में टोरी दल का बहुमत आरंभ हुआ, जो पचास वर्षों तक चला। इस प्रकार जिस दल का भी मंत्रिमंडल बना उसने बहुत दिनों तक शासन किया।

लिबरल और कंजरवेटिव

1832 के सुधार के बाद से पार्टी में हमेशा परिवर्तन होता रहा। ह्विग और टोरी दल का नाम पीछे चलकर लिबरल और कंजरवेटिव दल पड़ा। कंजरवेटिव दल के लोग टोरी के नियमों पर चलते थे और लिबरल दल ह्विग की नीति पर चलता था। लेकिन धीरे-धीरे कंजरवेटिव पार्टी के लोगों के भी पुराने विचार बदलते गए। उन्होंने अन्न संबधी कानून बनाने में लिबरल दल का साथ दिया था।

19वीं सदी में ग्लैडस्टोन और डिजरैली का उदय हुआ। ग्लैडस्टोन लिबरल पार्टी का नेता था और डिजरैली कंजरवेटिव पार्टी का नेता था। इन दोनों के नेतृत्व में पार्टियों का पूर्ण विकास हुआ। लेकिन तभी आयरलैंड के प्रश्न को लेकर दोनों में मतभेद तीव्र हो गया। 1866 ई. में ग्लैडस्टोन ने आयरलैंड की स्वतंत्रता के लिए एक बिल संसद में उपस्थित किया। इसका नाम 'आयरिश होमरूल बिल' था। लेकिन इस बिल का कड़ा विरोध हुआ। लिबरल दल के लोगों ने भी इसका विरोध किया। फलतः लिबरल पार्टी में गृहयुद्ध आरंभ हो गया। अतः इस समय शासन कंजरवेटिव दल के हाथ में आ गया। पुनः 1905 ई. में इस पार्टी की हार हो गई। और 1915 तक शासन सूत्र लिबरल पार्टी के हाथ में रहा। इस अवधि में लिबरल पार्टी ने कई सुधार किए।

लेबर पार्टी का उदय

1914 में जब प्रथम महायुद्ध शुरू हुआ तब सभी पार्टियाँ आपसी वैमनस्यता को भुलाकर एक में मिल गईं, और युद्ध से देश की रक्षा की, लेकिन युद्ध की समाप्ति के बाद पुनः आपसी झगड़े प्रारंभ हो गए। इसी समय

लेबर पार्टी का जन्म हुआ। इसके पहले भी संसद में मजदूर सदस्य थे। लेकिन 1899 ई. में 'ब्रिटिश ट्रेड यूनियन कांग्रेस' की ओर से एक कमिटी बहाल हुई। इसने मजदूरों का संगठन किया और उनकी संख्या बढ़ाई। दूसरे वर्ष 'लेबर प्रतिनिधि कमिटी' की स्थापना हुई और 1906 में इसी का नाम लेबर पार्टी पड़ा। आरंभ में तो इस पार्टी ने लिबरल पार्टी के साथ मिलकर कार्य किया लेकिन प्रथम विश्वयुद्ध के समय इसकी स्थिति अच्छी हो गई और तब यह स्वतंत्र रूप से लड़ने लगी। फलतः इंग्लैंड में तीन पार्टियाँ हो गईं।

प्रथम विश्वयुद्ध के बाद से पार्टियों का इतिहास

प्रथम विश्वयुद्ध के बाद बहुत दिनों तक लिबरल और कंजरवेटिव दल आपस में मिले-जुले रहे। इसके बाद 1924 तक कंजरवेटिव पार्टी का शासन चला। लेकिन इसके सामने युद्ध के कारण कई तरह की कठिनाइयाँ उत्पन्न हो गई थीं। अतः 1923 के दूसरे चुनाव में इसकी हार हो गई। अब लेबर पार्टी ने लिबरल पार्टी से मिलकर अपनी सरकार बनाई। लेकिन 9 महीने के बाद पुनः कंजरवेटिव पार्टी का बहुमत हो गया। 1929 में पुनः दूसरा चुनाव हुआ। इस चुनाव में लेबर पार्टी की शानदार जीत हुई। 1931 के चुनाव में पुनः बहुमत के अभाव में लेबर पार्टी की हार हो गई लेकिन कंजरवेटिव पार्टी में नेता मैकडॉनल्ड ही था जो लेबर पार्टी का था। 1937 में चेंबरलैन प्रधानमंत्री बना। दूसरे विश्वयुद्ध में विपरीत परिस्थितियों के कारण उसे त्याग-पत्र देना पड़ा और विंस्टन चर्चिल ब्रिटेन के प्रधानमंत्री बने।

सर विंस्टन चर्चिलः-

चर्चिल ब्रिटेन के महान् नेता हुए। द्वितीय विश्वयुद्ध में उन्होंने युद्ध की विभीषिका से संसार को बचाया और संसार से अधिनायकवाद को नष्ट किया।

चर्चिल का जन्म ऑक्सफोर्ड शायर के एक कुलीन परिवार में सन् 1844 में हुआ था। इनकी माता न्यूयार्ड की रहने वाली थीं और उनका नाम जेनी था। 1895 में चर्चिल ने सेना विभाग में प्रवेश किया और बहुत सी लड़ाइयों में सफलता पाई। 1900 ई. में उन्होंने कंजरवेटिव पार्टी के सदस्य के रूप में

संसद में प्रवेश किया। कंजरवेटिव होते हुए भी इसके विचार काफी उदार रहे और मजदूरों के अधिकार का ये हमेशा समर्थन करते रहे। द्वितीय विश्वयुद्ध के समय ब्रिटेन के ये प्रधानमंत्री हुए और अपनी अद्भुत सैनिक कुशलता का परिचय देकर ब्रिटेन को इस युद्ध में विजयी बनाया। इनकी मृत्यु 1965 के जुलाई महीने में हो गई।

1945 में जब विश्वयुद्ध का अंत हुआ तब तक लेबर पार्टी काफी शक्तिशाली बन गई थी और 1945 के चुनाव में उसकी शानदार जीत हुई। तब से 1950 ई. तक इसी पार्टी के हाथ में शासन-सूत्र रहा। इस समय इसके नेता एटली थे।

एटली

एटली का पूरा नाम क्लीमेंट एटली है। इनका जन्म 1883 ई. में एक मध्यम वर्ग के परिवार में हुआ था। विद्यार्थी जीवन में राजनीति से इनका संबंध नहीं था। 1905 ई. में इन्होंने वकालत का पेशा शुरू किया। लेकिन 1918 ई. में ये सेना में भरती हो गए। युद्ध की समाप्ति के बाद इन्होंने समाज सुधार की ओर कदम बढ़ाया और स्टेपनी के पहले मेयर बने। 1922 ई. में मजदूर दल ने इन्हें चुनाव में संसद की सदस्यता के लिए उम्मीदवार चुना और इस प्रकार ये संसद के सदस्य बने। इस अवधि में इन्होंने घरेलू नीति में काफी दिलचस्पी दिखलाई। 1927 ई. में साइमन कमीशन के सदस्य बनकर एटली भी भारत आए और भारतीय जीवन से बड़े प्रभावित हुए। फलतः भारत की स्वतंत्रता के लिए उन्होंने आवाज भी उठाई थी। पहले ये सरकार के विरोधी थे लेकिन प्रथम विश्वयुद्ध के समय इन्होंने चर्चिल का साथ दिया था और बदले में इन्हें उप-प्रधानमंत्री बना दिया गया। 1845 में जब लेबर पार्टी की जीत हुई तब से 1951 तक उसके नेता एटली ही थे। इनके समय में देश में कई महत्त्वपूर्ण परिवर्तन हुए। 1955 में पुनः कंजरवेटिव की जीत हुई और चर्चिल की सरकार बनी। लेकिन 1964 में फिर लेबर पार्टी की जीत हुई और आजकल उसी की सरकार चल रही है।

पार्टियों की नीतियाँ

ब्रिटेन में प्रत्येक दल की अपनी-अपनी नीति है जिसकी पूर्ति के लिए वह काम करता है।

कंजरवेटिव पार्टी

यह पार्टी मुख्य रूप से रूढ़िप्रिय है। यह प्राचीन परंपराओं में विश्वास करती है। इस पार्टी के सदस्य व्यक्तिगत संपत्ति पर विश्वास करते हैं, अतः शुरू से ही यह पार्टी मिल मालिकों, पूँजीपतियों आदि के फायदे की बात सोचती आई है। इनके अनुसार उपनिवेशों पर हमेशा ब्रिटेन का अधिकार रहे। धीरे-धीरे अब उसमें भी सुधार आता जा रहा है।

लिबरल पार्टी

यह पार्टी व्यक्ति को अधिक महत्त्व देती है। इसमें प्रायः मध्यम वर्ग के व्यक्ति हैं। यद्यपि यह भी उद्योग को व्यक्तिगत संपत्ति कहती है लेकिन उस पर सरकार का नियंत्रण भी चाहती है। लेकिन आजकल इसके सदस्यों की संख्या नगण्य है अतः यह पार्टी खत्म हो चली है।

लेबर पार्टी

यह पार्टी साम्राज्यवाद का विरोध करके ब्रिटेन में समाजवाद लाना चाहती है। उद्योग-धंधों का यह राष्ट्रीयकरण करना चाहती है। धन का बँटवारा समान हो और गरीबों की भलाई हो यही इस पार्टी का मुख्य ध्येय है। यह स्वतंत्रता का समर्थक है, अतः इसके प्रयत्नों से कई देशों को स्वतंत्रता मिली है।

पार्टियों का संगठन

पार्टी के समर्थक

कंजरवेटिव पार्टी के समर्थक बड़े-बड़े जमींदार और पूँजीपति हैं। यही कारण है कि इस पार्टी को धन की कमी नहीं है। लिबरल पार्टी में मध्यम वर्ग के लोगों, छोटे-छोटे व्यापारियों की धाक है। इस पार्टी को भी रुपए की कमी

नहीं महसूस होती। लेकिन लेबर पार्टी में अधिकांशत: मजदूर वर्ग के लोग हैं, जो नौकरी पर जीवन गुजारते हैं। इस पार्टी के व्यय के लिए इसके सदस्य सालाना एक निश्चित रकम दिया करते हैं फिर भी इसे पैसे का अभाव रहता है।

चुनाव क्षेत्र

पार्टियों के संगठन का सबसे छोटा क्षेत्र एक चुनाव क्षेत्र है। हर चुनाव क्षेत्र में एक कमेटी होती है। यह कमेटी उस क्षेत्र में पार्टी के संगठन का भार सँभालती है। इस दिशा में लेबर पार्टी को मजदूर संघ, समाजवादी संघ, युवक संघ से भी सहायता मिलती है।

केंद्रीय संगठन

लंदन में प्रत्येक पार्टी का कार्यालय है जहाँ उसका सभापति रहता है। वह पार्टी के लिए चंदा वसूलता है, पार्टी के सिद्धांतों का प्रचार करता है और वोट आदि का प्रबंध करता है। पार्टी कांग्रेस की बैठक हमेशा होती रहती है, जहाँ पर उसके सिद्धांत पर विचार-विमर्श होता है। लिबरल और कंजरवेटिव पार्टी का भी संगठन इसी प्रकार होता है। लेकिन लेबर पार्टी का संगठन अलग है। इसमें प्रत्येक 5000 सदस्यों पर एक प्रतिनिधि चुना जाता है। इसकी कार्यकारिणी में श्रमिक संघ के प्रतिनिधि भी रहते हैं। यह समिति भी पार्टी के लिए चंदा वसूलती है और सिद्धांतों का प्रचार करती है।

संसद में पार्टियों का संगठन

संसद में भी प्रत्येक पार्टी का अलग-अलग संगठन है। प्रत्येक का अपना नेता, उपनेता और ह्विप (सचेतक) हुआ करता है। कंजरवेटिव और लिबरल पार्टी में संसद का दल बाहरी दल से स्वतंत्र रहता है। लेकिन लेबर पार्टी में संसद के दल को भी अपनी पार्टी द्वारा बनाए रास्ते पर ही चलना होता है। नेता का चुनाव संसद के सदस्य करते हैं। ह्विप (सचेतक) संसद में अपनी पार्टी के सदस्यों को मिलाए रखने का काम करता है।

प्रश्न

1. इंग्लैंड में कैबिनेट प्रथा के विकास का संक्षेप में वर्णन कीजिए।
2. कैबिनेट प्रथा से आप क्या समझते हैं? इंग्लैंड में इसका विकास 1760 ई. तक बताइए।
3. क्या प्रजातंत्र के लिए पार्टी व्यवस्था आवश्यक है? इंग्लैंड में दल व्यवस्था का विकास किस प्रकार हुआ।
4. इंग्लैंड के प्रथम तीन सुधार कानूनों का वर्णन कीजिए।
5. इंग्लैंड में कैबिनेट प्रणाली द्वारा होने वाले शासन का संक्षेप में वर्णन कीजिए।
6. इंग्लैंड में ह्विग तथा टोरी दलों की उत्पत्ति कैसे हुई? इन दलों ने कैबिनेट प्रणाली में कैसे सहायता दी।
7. 18वीं सदी में पार्लियामेंट सुधार क्यों आवश्यक हो गया? 1832 के प्रथम रिफार्म एक्ट के द्वारा क्या परिवर्तन हुआ?
8. इंग्लैंड में कैबिनेट शासन प्रणाली की उत्पति एवं विकास का वर्णन कीजिए।
9. इंग्लैंड में 1832 से 1911 तक के संसदीय सुधारों का वर्णन कीजिए।

□

12

फ्रांस की राज्यक्रांति (1789 ई.)

दुनिया के इतिहास में दो बड़ी महत्त्वपूर्ण घटनाएँ घटी हैं। एक इंग्लैंड की औद्योगिक क्रांति और दूसरी फ्रांस की राज्यक्रांति। औद्योगिक क्रांति ने जहाँ लोगों के आर्थिक जीवन में एक नया मोड़ ला दिया उसी प्रकार फ्रांस की राज्यक्रांति ने दुनिया में एक नई व्यवस्था का सूत्रपात किया। इस क्रांति के फलस्वरूप फ्रांस की प्राचीन राजनीतिक, सामाजिक और आर्थिक अवस्था खत्म हो गई और नई व्यवस्था कायम हुई। इस क्रांति ने विश्व को स्वतंत्रता, समानता और भ्रातृत्व का संदेश दिया। इसी क्रांति के चलते यूरोप में लोकतंत्रवाद का जन्म हुआ। संक्षेप में इस क्रांति का प्रभाव केवल फ्रांस तक ही सीमित न रहा वरन् धीरे-धीरे संपूर्ण यूरोप में फैल गया। क्रांति के कारणों को समझने के लिए फ्रांस की दशा से परिचित होना आवश्यक है। क्रांति से पहले फ्रांस की जो अवस्था थी, वह अवस्था ही क्रांति का मूल कारण थी।

(1) क्रांति के कारण

(क) क्रांति के पहले फ्रांस की अवस्था

राजनीतिक अवस्था

(1) निरंकुश राजतंत्र

फ्रांस में निरंकुश राजतंत्र का बोलबाला था। राजा की इच्छा ही कानून माना जाता था और उसका पालन कठोरता के साथ किया जाता था। राजा अपनी इच्छानुसार लोगों पर कर लगाता था, राजकीय पद पर जिसे चाहे नियुक्त करता था जिसे चाहे पदच्युत करता था। वह अपने को धरती पर ईश्वर का प्रतिनिधि कहता था। उसकी इच्छा ही कानून थी। 16वाँ लुई अभिमान से कहा करता था—"मेरी इच्छा कानून है। राज्य की प्रभुत्व शक्ति मुझमें निहित है। कानून बनाने का अधिकार केवल मुझे है और इसके लिए मुझे किसी पर आश्रित रहने की जरूरत नहीं है।" राजा कर के रूप में जनता से अपार संपत्ति इकट्ठी करता था और उसका उपयोग वह अपने आनंद भोग में करता था। प्रजा की इच्छा का कोई मूल्य न था। उसे बिना मुकदमा चलाए जेल में डाल दिया जाता था। इस प्रकार 17वीं और 18वीं सदी में फ्रांस में राज्य शक्ति काफी बढ़ी-चढ़ी थी लेकिन राजा व प्रजा के बीच दिन-दिन एक खाई बड़ती जा रही थी।

(2) राजा की स्वेच्छाचारिता

निरंकुश राजतंत्र में फ्रांस के राजाओं की स्वेच्छाचारिता खुलकर खेल रही थी। राजा एक तरह का विशेषाधिकार अपने कर्मचारियों, कृपापात्रों आदि को देता था जिसको पाकर ये कृपापात्र भी जिसको चाहे गिरफ्तार कर सकते थे। यह विशेषाधिकार 'मुद्रित पत्र' के द्वारा दिया जाता था। फलतः निर्बल और बेकसूर लोग भी जुल्म की चक्की में पिस रहे थे। इतना सब कुछ होते हुए भी यदि फ्रांस का राजा राजनीतिक दृष्टिकोण से मजबूत होता तो एक बात थी लेकिन फ्रांस का राजा राजनीतिक अधिकारों में दुर्बल था। जागीरदारों, जमींदारों की इच्छा के खिलाफ राजा कुछ भी नहीं कर पाता था। सरकारी अफसर मनमाने ढंग से शासन करते थे। बाहर से देखने पर फ्रांस एक देश

था पर असलियत यह थी कि यह 34 प्रांतों में बँटा था और प्रत्येक प्रांत का अधिकारी अपने को उस प्रांत का राजा ही मानता था। स्थानीय शासन की संस्थाओं को नष्ट किया जा रहा था और राजा इधर से बेखबर था। न तो वह युद्ध में जाता था और न शासन में उसकी दिलचस्पी थी। आधुनिक युग में जो लहर उठ रही थी, राजा उससे अपरिचित था। लुई 15वें की विलासिता तो हद दर्जे की थी। वर्साय में उसके विलास के लिए लड़कियों का एक पार्क बनाया गया था, जिस पर करोड़ों रुपए का व्यय होता था।

(3) कानूनी असमानता

फ्रांस में कोई एक तरह का कानून प्रचलित नहीं था और न एक तरह से वह लागू किया जाता था। समूचा फ्रांस 34 प्रांतों में बँटा था और प्रत्येक प्रांत के कानून अलग थे। मुकदमे की सुनवाई के लिए एक तरह की अदालत भी नहीं थी। 'मुद्रित पत्र' द्वारा किसी भी व्यक्ति को बिना मुकदमा चलाए ही जेल में बंद रखा जा सकता था। एक ही अपराध के लिए अलग-अलग दंड की व्यवस्था थी। राजा की अदालत अलग और सामंतों की अदालत अलग थी। कुलीन वर्ग के लोग सभी प्रकार की सजाओं से मुक्त थे। वाल्टेयर ने लिखा है—''जैसे कोई व्यक्ति एक जगह से दूसरी जगह जाते समय रास्ते में घोड़ा बदल देता है उसी प्रकार कानून भी बदल जाता था।'' पूर्वी फ्रांस में 285 प्रकार के कानून प्रचलित थे। इस प्रकार कानूनी असमानता के चलते जनता में राष्ट्रीयता की भावना नहीं आ पाती थी।

(4) व्यवस्थापिका सभा का अभाव

इंग्लैंड आदि देशों की तरह फ्रांस में कानून बनाने अथवा अन्य राजनीतिक विषयों पर विचार-विमर्श करने के लिए किसी व्यवस्थापिका सभा का अभाव था। यद्यपि फ्रांस में 'स्टेटस जेनरल' नाम की एक संस्था थी लेकिन 175 वर्षों से उसकी बैठक नहीं हुई थी। अतः लोग प्राचीन नियम और कानून भूल से गए थे और राजा मनमाना शासन कर रहा था। इस प्रकार फ्रांस की राजनीतिक दशा बदतर थी।

सामाजिक अवस्था

5. वर्ग विभेद

फ्रांस की सामाजिक अवस्था का ढाँचा भी इस तरह बेमेल था कि क्रांति और भी जल्द संभव हो गई। यह एक साधारण नियम है कि जहाँ सामाजिक समानता न होगी वहाँ की जनता में संतोष का भाव भी न होगा। फ्रांस का समाज तीन वर्गों में बँटा था—कुलीन वर्ग, पादरी वर्ग और साधारण वर्ग।

सबसे ऊपर रईस और सरदार वर्ग के लोग थे। ये कुलीन वर्ग वाले कहलाते थे। इन लोगों की सामाजिक स्थिति बड़ी सुदृढ़ थी। इन्हें सभी प्रकार के विशेषाधिकार प्राप्त थे और ये सभी प्रकार के कर से मुक्त थे। इन लोगों का अधिकांश समय आमोद-प्रमोद और जनता के शोषण में बीतता था। देश की जमीन का पाँचवाँ हिस्सा इनकी संपत्ति था। बड़े-बड़े पदों पर इनकी ही बहाली होती थी।

दूसरे वर्ग में पादरी लोग आते थे। ये भी देश की जमीन के पाँचवें हिस्से के मालिक थे और सभी प्रकार के करों से मुक्त थे। इन पादरियों का धर्म से कोई वास्ता नहीं रह गया था। केवल धन प्राप्त करना और विलास करना इनके जीवन का उद्देश्य बन गया था। चर्च के अंदर ये पादरी राजा की तरह ही शान-शौकत से रहते थे। इन्हें जनता से कर वसूलने का भी अधिकार था। इनके न्यायालय अलग होते थे जहाँ धार्मिक और सामाजिक मुकदमों का फैसला होता था। ये पादरी अपने अनुयायियों से दशांश वसूल करते थे। इस प्रकार चर्च में अपार संपत्ति भरी पड़ी थी। इसका फल यह हुआ कि चर्च के जीवन से धर्म-कर्म जाता रहा और उनका जीवन भ्रष्ट हो गया था। वे स्वतंत्र विचारों को पनपने देना नहीं चाहते थे फलतः साधारण जनता उन्हें घृणा की दृष्टि से देखती थी। लेकिन यह अवस्था केवल बड़े-बड़े पादरियों की थी जो निम्न वर्ग के पादरी थे वे अपना अधिकांश समय चर्च की सेवा में लगाते थे और साधारण जनता की तरह वे उच्च पादरियों से घृणा करते थे।

सबसे अधिक संख्या तीसरे वर्ग वालों की थी। इस वर्ग में भी दो प्रकार के लोग थे—देहातों में रहनेवाले किसान वर्ग के लोग और शहरों में रहनेवाले

मध्यम वर्ग के लोग। इस वर्ग को किसी प्रकार का सामाजिक या राजनीतिक अधिकार प्राप्त नहीं था। हमेशा यह वर्ग कर के बोझ से दबा रहता था। उन्हें सामंत, चर्च, सरकार सभी को कर्ज देना पड़ता था। अतः सबसे अधिक क्रांति की आग इसी वर्ग के भीतर जल रही थी।

(6) किसान मजदूरों की शोचनीय दशा

किसान और मजदूरों की दशा सबसे गई-गुजरी थी। किसान अपने खेतों में बँधुआ मजदूर थे। अपने मालिक के खेतों में इन्हें बेगार भी खटना पड़ता था। चर्च, राजा, सामंत सभी को इन्हें कर देना पड़ता था, अतः हमेशा ये कर्ज के भार से दबे रहते थे। इनकी दशा कितनी खराब थी, इसका पता तो इसी से चल जाता है कि अगर सामंतों के पाले कबूतर इनके खेतों में चरते थे तो ये उसे उड़ा भी नहीं सकते थे। उनकी दयनीय दशा का चित्रण करते हुए एक अंग्रेज इतिहासकार ने लिखा है—"One third of them had no thing but third rate potatoes to eat for one third of the year." यह वर्ग उपर्युक्त दोनों वर्गों के विलास का खर्च जुटाता था। मजदूरों की दशा गुलामों से भी बढ़कर थी। उन पर कई तरह के अत्याचार किए जाते थे। अतः किसान मजदूरों का असंतोष बहुत बढ़ गया था। इतना सब कुछ होते हुए भी फ्रांस के किसानों की दशा अन्य देशों के किसानों से अच्छी थी। उनके पास जमीन खरीदने को पैसे थे और फ्रांस की एक-तिहाई भूमि उन्हीं के पास थी।

(7) मध्यम वर्ग का उदय

इसी समय फ्रांस के शहरों में एक नए वर्ग का उदय हो रहा था जिसे मध्यम वर्ग कहते थे। इस वर्ग में व्यापारी, डॉक्टर, शिक्षक, वकील आदि आते थे। इस वर्ग के पास धन भी था और बुद्धि भी थी। ये समाज में अपनी स्थिति सुदृढ़ करना चाहते थे लेकिन पादरियों, सामंतों से इनकी स्थिति अच्छी न थी। अतः इस वर्ग ने क्रांति की भावना को और भी अधिक उभारा। बड़े-बड़े पदों के दरवाजे इनके लिए बंद थे। उस पर अयोग्य व्यक्तियों की बहाली होती थी जिसे देख-देखकर इन्हें द्वेष होता था, अतः इस वर्ग का अहंकार ही क्रांति का

मुख्य कारण था। एक बार नेपोलियन ने कहा भी था—"फ्रांसीसी क्रांति का मुख्य कारण अहंकार था। स्वतंत्रता तो केवल एक बहाना था।"

आर्थिक अवस्था

(8) कर में असमानता

जिस प्रकार फ्रांस में कानून समान नहीं थे उसी प्रकार कर में भी समानता नहीं थी। कर दो प्रकार के लगाए जाते थे—प्रत्यक्ष कर और परोक्ष कर। प्रत्यक्ष कर जमीन पर लगाया जाता था। यह कर अमीरों को नाममात्र का देना पड़ता था। कर का अधिकांश भाग गरीब जनता वहन करती थी। परोक्ष कर नमक, तंबाकू आदि पर लगाया जाता था। परोक्ष कर का भार भी गरीब जनता पर ही अधिक पड़ता था। इन करों को वसूल करने का तरीका बड़ा विचित्र और क्रूर था। कर वसूलने का काम ठेकेदारों को दे दिया जाता था। ये ठेकेदार जनता पर मनमाना अत्याचार करके कर वसूलते थे। इस प्रकार जनता परेशान थी और इन करों का उपयोग राजा की विलासिता पर होता था।

(9) सरकार की आर्थिक स्थिति

इनता धन होते हुए भी सरकार आर्थिक दृष्टिकोण से दिवालिया बन गई थी। दरबारियों के विलास के कारण खजाना प्रायः खाली रहा करता था। राजा ने 30 करोड़ में केवल अपना मकान बनवाया था। सरकार का खर्च भी दिन-दिन बढ़ता जा रहा था। अतः जनता अब इस आर्थिक दिवालियेपन पर भड़क रही थी।

(10) व्यापार का विकास

मध्यम वर्ग में सबसे प्रमुख व्यापारी थे। व्यापार की दिन-दिन प्रगति हो रही थी। लेकिन व्यापारियों को कई परेशानियाँ उठानी पड़ती थीं। उन्हें कई जगह चुंगी देनी पड़ती थी। वे सरकार को समय-समय पर कर्ज भी देते थे लेकिन उन्हें अब यह विश्वास न रह गया कि सरकार वह रकम लौटाएगी। अतः इन सभी कारणों से व्यापारी वर्ग तत्कालीन व्यवस्था को बदलने के लिए कटिबद्ध था।

धार्मिक अवस्था

(11) धार्मिक स्वतंत्रता का अभाव

फ्रांस की जनता को धार्मिक स्वतंत्रता नहीं थी। उन्हें चर्च के अधीन रहना पड़ता था और उसे कर देना पड़ता था। जनता से धार्मिक न्यायालय में काफी पैसा वसूला जाता था। अतः जनता चर्च से असंतुष्ट थी। चर्च की स्थिति भी दिन-दिन दयनीय होती जा रही थी। उसमें 6000 उच्च पुरोहित थे पर किसी का ध्यान धर्म-कर्म की ओर नहीं था। पादरियों के इस घोर अनैतिक जीवन से जनता को घृणा हो गई थी। और वह इस ढोंग को हटाना चाह रही थी।

बौद्धिक क्रांति

(12) बौद्धिक जागृति

ऊपर हमने फ्रांस की क्रांति के पूर्व फ्रांस की राजनीतिक, सामाजिक, आर्थिक और धार्मिक दशा को देखा कि किस प्रकार सभी क्षेत्रों में अराजकता व्याप्त हो रही थी लेकिन इतना सब होते हुए भी क्रांति वहाँ नहीं होती अगर मध्यम वर्ग ने अपना सहयोग न दिया होता। फ्रांस के मध्यम वर्ग में कुछ ऐसे दार्शनिक और विचारक पैदा हुए जिन्होंने प्राचीन व्यवस्था की कड़ी आलोचना की। उन्होंने राजा की निरंकुशता, पादरियों के व्यभिचार, अमीरों के विशेषाधिकार आदि की ओर जनता का ध्यान आकृष्ट किया। जनता को नवीनता से परिचित कराके उसे अपने अधिकारों की प्राप्ति के लिए जागृत किया। ऐसे विचारकों में निम्नलिखित विचारक बड़े प्रसिद्ध हुए—

मांटेस्क्यू

मांटेस्क्यू ने कुलीन वर्ग का होते हुए भी राजा के दैवी सिद्धांत के विरुद्ध आवाज उठाई। उसने इंग्लैंड की शासन संस्थाओं को सर्वोत्तम बताया क्योंकि उनमें नागरिकों की स्वतंत्रता सुरक्षित थी। सबसे पहले उसने ही बताया कि सरकार के अंगों के बीच शक्तियों का पृथक्करण होना (Separation of power) चाहिए। उसका विश्वास था कि यदि एक ही व्यक्ति न्यायपालिका,

कार्यपालिका और विधायिका का कार्य करेगा तो वह निरंकुश हो जाएगा। उसके इन विचारों से जनता बहुत अधिक प्रभावित हुई। उसने फ्रांस के सामाजिक संगठन की भी बड़ी आलोचना की।

वाल्टेयर

वाल्टेयर मध्यम वर्ग से आया था, अतः उस वर्ग की अनुभूति उसके पास थी। अपनी रचना में उसने व्यंग्य की पद्धति अपनाई और तत्कालीन व्यवस्था पर व्यंग्य किया। वह कहा करता था कि सौ चूहों के बदले एक सिंह का शासन कहीं अच्छा है। वह चर्च का घोर विरोधी था और उसकी बुराइयों पर उसने कई प्रहार किए। एक इतिहासकार के शब्दों में, "He assailed the church with the fury of an wounded lion." वह खुद कहा करता था—"उस बदनाम वस्तु को कुचल डालो।" इस प्रकार वाल्टेयर अपने समय का सबसे प्रसिद्ध प्रचारक हुआ।

रूसो

बौद्धिक क्रांति में सबसे महत्त्वपूर्ण देन रूसो की है। वह मानव समाज का एक नया संगठन बनाना चाहता था। वह कहा करता था कि सृष्टि के प्रारंभ में सब बराबर थे, कोई किसी के अधीन न था। अपनी प्रसिद्ध पुस्तक 'सोशल कांट्रैक्ट थ्योरी' में उसने लिखा—"मनुष्य स्वतंत्र उत्पन्न होते हैं, पर वे सर्वत्र जंजीरों से जकड़े पाए जाते हैं।" उसने यह भी कहा कि राजसत्ता जनता की है, न कि राजा की। रूसो के इन विचारों का जनता पर बड़ा गहरा असर हुआ और फ्रांस में चारों ओर उस समय की व्यवस्था के खिलाफ जोरदार आंदोलन चल पड़ा। रूसो के इसी महत्त्व के कारण उसे फ्रांस की क्रांति का पिता कहा जाता है। इन विचारकों के अलावा कई अर्थशास्त्री भी हुए जिन लोगों ने भी अपने लेख लिखकर क्रांति की भावना को उभारा। 'विश्वकोष' के लेखक ने बताया कि मनुष्य जन्म से न्यायप्रिय है। सामाजिक उन्नति सद्भावना एवं सहयोग के आधार पर ही हो सकती है। स्वतंत्र व्यापार, उद्योग-धंधे आदि का समर्थन किया गया। इस प्रकार बौद्धिक क्रांति ने सही मायने में क्रांति को उभारा।

(13) छपी हुई पुस्तकें

इन विचारकों ने बहुत बड़ी संख्या में पुस्तकों का प्रकाशन किया। इन पुस्तकों के माध्यम से जनता इनके विचारों से परिचित हुई और इससे भी क्रांति को बल मिला।

तात्कालिक कारण

(14) अमरीकी आजादी की लड़ाई का प्रभाव

फ्रांस की क्रांति के उपर्युक्त सभी कारणों से स्पष्ट है कि समूचे देश में भीतर ही भीतर क्रांति की आग सुलग रही थी, केवल हवा के एक झोंके की जरूरत थी। इसी समय कुछ ऐसी घटनाएँ घटीं, जिनसे क्रांति प्रारंभ हो गई। सन् 1774-83 तक ब्रिटेन और अमेरिकी उपनिवेशों के बीच युद्ध हुआ। इस युद्ध का असर फ्रांस पर बहुत अधिक पड़ा। फ्रांस ने 'सप्तवर्षीय युद्ध' के कारण ब्रिटेन के खिलाफ अमेरिका की मदद की। युद्ध में फ्रांस ने अमेरीका की आर्थिक सहायता भी की और अपने सैनिक भी भेजे। संयोग से इस युद्ध में अमेरिकावालों की जीत हुई। अब जब फ्रांस के सैनिक अपने देश लौटे तो अपने साथ एक नया विचार लेते आए। उन्हें विश्वास हो गया कि शासन का उद्देश्य स्वाधीनता होना चाहिए। जिस व्यवस्था के खिलाफ वे लड़ने गए थे, वही व्यवस्था उनके देश में भी जड़ जमाए बैठी थी, अत: वे उस व्यवस्था को समाप्त करने के लिए तैयार हो गए।

(15) राजा की कमजोरी

जबकि फ्रांस इस भयानक स्थिति से गुजर रहा था तभी 16वाँ लुई गद्दी पर बैठा। यद्यपि उसमें कई तरह के गुण थे फिर भी वह बड़ा विलासी था। उसके व्यक्तिगत कार्य के लिए उसके पास दो हजार घोड़े और दो सौ गाड़ियाँ थीं। उसकी रानी के लिए पाँच सौ नौकर थे और उसका एक बच्चा जो मुश्किल से एक साल का था उसके लिए 80 नौकर बहाल हुए थे। इस प्रकार एक तो राज्य में आर्थिक संकट छाया था दसूरे राजा की इस फिजूलखर्ची ने तो आर्थिक व्यवस्था की कमर ही तोड़ दी। लुई 16वाँ अपनी रानी और दरबारियों

के हाथ की कठपुतली बन गया था। फिर भी राजा ने सुधार लाने की कोशिश की। टारगट जैसे योग्य अर्थशास्त्री को मंत्री के पद पर बहाल किया गया। लेकिन राजा अपने विचारों का पक्का न था। अतः सामंतों और खुद अपनी रानी के बहकावे में आकर उसने कई सुधारवादी मंत्रियों को हटा दिया। टारगट ने राजा से कहा था—''मालिक यह न भूलिए कि दुर्बलता के कारण ही चार्ल्स प्रथम का सिर धड़ से अलग कर दिया गया था।'' अंत में हताश होकर राजा ने स्टेट्स जेनरल की बैठक बुलाई और 1789 में इसी बैठक के साथ-साथ क्रांति का श्रीगणेश हो गया।

(घ) क्रांति पहले फ्रांस में ही क्यों हुई?

फ्रांस की क्रांति के संबंध में अकसर एक प्रश्न उठाया जाता है कि जबकि यूरोप के प्रायः सभी देशों की एक जैसी हालत थी तब पहले फ्रांस में ही क्यों क्रांति हुई? यह एक विचारणीय प्रश्न है। इसके निम्नलिखित कारण थे—

(1) फ्रांस के किसान स्वतंत्र थे

यद्यपि फ्रांस की दशा गई बीती थी फिर भी कई अर्थों में उसकी दशा अन्य देशों की तुलना में अच्छी थी। आर्थर यंग के अनुसार, ''फ्रांस की सरकार इंग्लैंड को छोड़कर यूरोप के सभी बड़े देशों की सरकार से कम निरंकुश थी।'' फ्रांस के किसान भी स्वतंत्र थे। वे जमीन को खरीद और बेच सकते थे तथा जहाँ चाहे जा सकते थे। लेकिन अन्य देशों के किसान भूमिदास थे। यही कारण था कि फ्रांस के किसान अपने अधिकारों के लिए लड़ सके। प्रो. लॉज के अनुसार, "The revolution was directed not against the feudel system but against the effete servival of the part of theat system."

(2) जनता के मानसिक विकास का उन्नत होना

फ्रांस की जनता में चेतना अधिक थी। अन्य देशों में राजा ने जनता को इस तरह कुचल दिया था कि वे कभी सर नहीं उठा

सकते थे। लेकिन फ्रांस की जनता के साथ ऐसी बात न थी। उसका मानसिक स्तर ऊँचा था और वे सामंतवाद के बचे-खुचे प्रभाव को नष्ट कर देना चाह रहे थे।

(3) फ्रांस में मध्यम वर्ग का उदय

फ्रांस में एक नए वर्ग मध्यम वर्ग का उदय हुआ। इस वर्ग में पढ़े-लिखे लोग थे जो अपना प्रभाव बढ़ाना चाह रहे थे। लेकिन सामंतों के रहते ऐसा होना नहीं था। अतः इन लोगों ने घूम-घूमकर जनता को तत्कालीन व्यवस्था के खिलाफ भड़काना शुरू किया। यूरोप के अन्य देशों में इस तरह का कोई वर्ग पैदा न हुआ अतः नेतृत्व के अभाव में उन देशों की जनता कुछ नहीं कर सकी।

1. फ्रांस के किसान स्वतंत्र थे।
2. जनता का मानसिक विकास उन्नत था।
3. मध्यम वर्ग का उदय
4. दार्शनिकों का प्रभाव
5. अमेरिका का स्वातंत्र्य युद्ध
6. फ्रांस के राजाओं का विलासी होना।

(4) दार्शनिकों का प्रभाव

बौद्धिक क्रांति भी पहले फ्रांस में ही हुई। कई प्रसिद्ध दार्शनिक और विचारक पैदा हुए जिन्होंने अपने विचारों से जनजीवन को प्रभावित किया। इन लोगों ने नए-नए ग्रंथों का निर्माण किया और जनता को नवीन भावनाओं से परिचित कराया। सस्ते दामों में पुस्तकें मिलने लगीं, अतः अधिक-से-अधिक लोग पुस्तकों का लाभ उठाने लगे।

(5) अमेरिका का स्वातंत्र्य युद्ध

अमेरीका के स्वातंत्र्य युद्ध में फ्रांस ने अपने यहाँ से बहुत से

स्वयंसवेक और सैनिक भेजे थे। ये स्वयंसेवक जब अपने देश लौटे तो अपने साथ एक नवीन विचार भी लेते आए।

(6) फ्रांस के राजाओं का अधिक विलासी होना

अन्य देशों की तुलना में फ्रांस के राजा अधिक विलासी थे। एक ओर तो फ्रांस आर्थिक संकट की घड़ी से गुजर रहा था, दूसरी ओर फ्रांस के राजाओं की विलासिता हद से गुजर रही थी। अत: जनता बिल्कुल तंग आ गई थी। एक इतिहासकार ने लिखा है— "फ्रांस में शिकायत और स्वतंत्रता, जाहिलियत और जागरूकता, संकट और प्रेरणा साथ-साथ थी। इसीलिए फ्रांस में ही क्रांति हुई।'' और देशों में अभी यह स्थिति उत्पन्न नहीं हुई थी, इसलिए उन देशों में क्रांति नहीं हुई।

क्रांति का आरंभ और प्रगति

स्टेट्स जेनरल की बैठक

मई 1789 ई. में वर्साय के एक विशाल राजभवन में स्टेट्स जेनरल की बैठक हुई। इस बैठक ने राजा की हार स्वीकार कर ली। यह स्पष्ट हो गया कि अकेले राजा अब कुछ नहीं कर सकता। स्टेट्स जेनरल में समाज के तीनों वर्ग के प्रतिनिधि थे। कुलीन वर्ग के प्रतिनिधियों की संख्या 300, पादरियों की संख्या 300 और साधारण वर्ग की संख्या 600 थी। अब तक तीनों वर्ग के प्रतिनिधि अलग-अलग अधिवेशन करते थे और जो बात दो वर्गों को मान्य होती थी, उसे सभी मान लेते थे।

संविधान सभा

इस बार तीसरे वर्गवालों ने यह माँग रखी कि तीनों वर्गों की बैठक एक साथ एक ही स्थान पर हो क्योंकि अब तक ऊपरवाले दो वर्ग जो चाहते थे, बहुमत से पास हो जाता था। तीसरे वर्गवालों की यह माँग सामंतों तथा

पादरियों को पसंद न आई। उन्होंने राजा पर दबाव डालकर इस माँग को नामंजूर करवा दिया। लेकिन तीसरे वर्गवाले अपनी माँग पर डटे रहे। राजा ने सभा भवन में ताले डलवा दिए। इस पर जनता के क्रोध का ठिकाना न रहा। सभी निकट के टेनिस के मैदान में इकट्ठे हुए और शपथ खाई कि जब तक वे लोग फ्रांस का विधान तैयार न कर लेंगे घर न लौटेंगे। अंत में राजा को झुकना पड़ा और सभी वर्ग के प्रतिनिधि एक साथ बैठे। अब स्टेट्स जेनरल संविधान सभा (कांस्टीट्यूट एसेंबली) या राष्ट्रीय सभा (नेशनल एसेंबली) के नाम से पुकारा जाने लगा। इस प्रकार यह घटना फ्रांस की राज्यक्रांति की पहली घटना थी।

वास्तिल का पतन

दूसरी घटना पेरिस में घटी। पेरिस की भूखी जनता ने एसेंबली का साथ दिया। पेरिस में वास्तिल नाम का एक कैदखाना था जिसमें राजनीतिक बंदी रखे जाते थे। यह कैदखाना राजा की निरकुंशता का प्रतीक था। अत: पेरिस की उत्तेजित जनता ने 14 जुलाई को इस पर आक्रमण कर दिया। वहाँ के सभी कैदियों को मुक्त कर वहाँ के गवर्नर का सिर काट लिया गया। इस घटना से सारे फ्रांस में खलबली बच गई। जब देहातों में यह खबर पहुँची तो वहाँ की जनता ने भी सामंतों पर आक्रमण कर दिया। उनके ऑफिस जला डाले। सामंत, सरदार सभी गाँव छोड़कर भाग गए। इस प्रकार सदियों से आते सामंतवाद का नाश हो गया। कानून बनाकर संविधान सभा ने सामंतों के सभी विशेषाधिकार छीन लिये।

राजा को कैद

अभी यह घटना लोग भूले भी न थे कि अक्तूबर 1789 ई. में एक दूसरी महत्त्वपूर्ण घटना घटी। राजा पेरिस से कुछ दूर वर्साय नामक स्थान में रहता था। इधर पेरिस में खाने की समस्या बड़ी विकट हो रही थी। भूख से व्याकुल होकर एक विशाल जुलूस वर्साय चला। इसमें स्त्रियाँ अधिक थीं। इस जुलूस ने राजा पर दबाव डालकर उसे पेरिस चलने को बाध्य किया। लाचार होकर

राजा को अपने परिवार सहित इसी भीड़ के साथ पेरिस चलना पड़ा। रास्ते में लोग नारा लगा रहे थे—"रोटीवाले, रोटीवाले की स्त्री और बच्चे हमारे बीच हैं, अब हमको खाना मिलेगा।" इस प्रकार राजा अब पेरिस में ही रहने लगा और एक प्रकार से पेरिस की भीड़ का कैदी बन गया।

संविधान सभा के कार्य

अक्तूबर 1789 ई. से लेकर सितंबर 1791 ई. तक शासन संविधान सभा के हाथ में रहा। इस सभा ने कई महत्त्वपूर्ण सुधार किए। नागरिकों के आधारभूत अधिकारों की घोषणा की गई। सरकारी नौकरियों में योग्यता को आधार माना गया। कानून के सामने सभी समान समझे गए। यह निश्चित हुआ कि सरकार को लोकमत के आधार पर संगठित होना चाहिए और जनमत के आधार पर कानून बनाना चाहिए। सामंतों के सारे विशेषाधिकार समाप्त हो गए। चर्च की सारी संपत्ति जब्त कर ली गई। संपूर्ण देश के लिए एक विधान बना और वैधानिक राजतंत्र की स्थापना हुई। यद्यपि राजा सेना और शासन का प्रधान रहा पर वह मनमानी नहीं कर सकता था। कानून बनाने का अधिकार एक धारा सभा को मिला। स्थानीय शासन संगठित हुआ। कई नए न्यायालयों की स्थापना हुई। अंत में राजा ने भी संविधान सभा के कार्यों को मान लिया।

धारा सभा और अराजकता का आरंभ

नए संविधान के अनुसार धारा सभा का निर्वाचन हुआ। इसमें मुख्यतः दो दल थे—जिरौटिस्ट और जैकोबिन। जैकोबिन दल में मुख्यतः उग्र विचार के लोग थे और जिरौटिस्ट दल में नरम विचार के लोग थे। गरम दलवालों ने पेरिस में अराजकता की स्थिति उत्पन्न कर दी। इधर परिस्थिति भी ऐसी आ गई, जिससे यह स्थिति और उग्र होती चली गई। संविधान सभा ने कई गलतियाँ कीं सिक्कों का मूल्य घट जाने से देश को भारी आर्थिक क्षति का सामना करना पड़ा। चर्च के अधिकारों पर चोट करने से पोप नई व्यवस्था के घोर दुश्मन बन गए। गरीबों की हालत में किसी प्रकार का सुधार न हुआ। खुद संविधान में कई दोष थे। इस सबका फल यह हुआ कि फ्रांस में अराजकता

की स्थिति व्याप्त हो गई। इसी समय राजा ने परिवार सहित फ्रांस से बाहर भाग जाने की कोशिश की लेकिन वह पकड़ा गया और बड़े अपमान के साथ वापस लाया गया। फ्रांस की परिस्थिति से ऊबकर कई यूरोपीय देशों ने फ्रांस के विरुद्ध युद्ध की घोषणा कर दी। अब क्रांतिकारियों ने राजतंत्र के अवशेष को भी समाप्त कर देना चाहा। सितंबर 1792 ई. में फ्रांस में एक बहुत बड़ा हत्याकांड हुआ। उस समय ऐसे बहुत से व्यक्ति जेलों में बंद थे जिन पर क्रांतिकारियों को विश्वास न था। इधर जब फ्रांस की हार हो गई तो जनता खीझ गई और एक उत्तेजित भीड़ ने जेल में घुसकर सभी कैदियों की हत्या कर दी। इस हत्याकांड में लगभग 1600 व्यक्तियों की जानें गईं। 22 सितंबर को धारा सभा का अंत कर दिया गया और नेशनल कन्वेंशन की बैठक आरंभ हुई। फ्रांस को प्रजातंत्र घोषित किया गया।

कन्वेंशन

कन्वेंशन के शासन में फ्रांस करीब 3 वर्षों तक रहा। यद्यपि इस समय भी फ्रांस की स्थिति अच्छी न थी फिर भी कन्वेंशन की ओर से सुधार के प्रयत्न हुए। लुई को देशद्रोह के अपराध में फाँसी दे दी गई। देश की आंतरिक अशांति को दूर करने के उद्‌देश्य से एक विशेष समिति की स्थापना की गई, जिसका नाम 'पब्लिक सेफ्टी' पड़ा। इस समिति ने शांति स्थापना के लिए कई महत्त्वपूर्ण कार्य किए। देश के भीतर विद्रोह की जो आग फैल रही थी वह बुझा दी गई। विदेशी युद्ध में भी फ्रांस की जीत होने लगी। किसी भी व्यक्ति के प्रति देशद्रोही होने का शक भी होता था तो फाँसी पर चढ़ा दिया जाता था। सही मायने में इस समय आतंक का राज्य था। इसी समय इस समिति का नेतृत्व रोब्सपीयर के हाथ में आया। वह जैकोबिन दल का था और आतंक के राज्य को कायम रखने देना चाहता था। उसने अमीरों के हाथ से शक्ति लेकर गरीबों के हाथ में देना चाहा था। परंतु उनका कार्य मध्यम वर्ग के लोगों को पसंद न आया। सेना मध्यम वर्ग के पास ही थी अतः रोब्सपीयर को फाँसी दे दी गई। उसके साथ ही आतंक का राज्य भी समाप्त हो गया। अब शासन कार्य मध्यम वर्गवालों के हाथ में आ गया। एक नए संविधान का भी निर्माण हुआ। पाँच

व्यक्तियों की एक कमिटी बनी जिसे डायरेक्टरी कहते हैं। अब शासन कार्य इसी डायरेक्टरी के द्वारा चलने लगा।

डायरेक्टरी

सन् 1795 से 1799 ई. तक फ्रांस में डायरेक्टरी का ही शासन रहा। यह समय 'डायरेक्टरी का बदनाम शासनकाल' कहलाता है। सर्वत्र अराजकता और भ्रष्टाचार व्याप्त था। विदेशों के साथ युद्ध में फ्रांस की हार पर हार होने लगी। डायरेक्टरी के सदस्य भी भ्रष्ट थे। इसका फल यह हुआ कि जनता वर्तमान शासन से असंतुष्ट होने लगी और पीछे चलकर नेपोलियन को अपनी विजय में सफलता मिली।

नेपोलियन बोनापार्ट

परिचय

नेपोलियन का जन्म सन् 1769 ई. में कार्सिका द्वीप में हुआ था। उसके पिता एक साधारण वकील थे फिर भी नेपोलियन की शिक्षा की उन्होंने उचित व्यवस्था की। नेपोलियन सैनिक स्कूल में भरती हुआ। उसमें एक कुशल सैनिक के सारे गुण विद्यमान थे। उसकी शारीरिक बनावट भी एक सैनिक के ही लायक थी। फलतः वह एक योग्य सैनिक बना। अपनी सैनिक शिक्षा समाप्त कर वह फ्रांस की सेना में एक मामूली सैनिक के पद पर कार्य करने लगा। लेकिन शुरू से ही उसमें होनहार के सारे लक्षण मौजूद थे। शीघ्र ही एक मामूली सैनिक से वह राजा बन बैठा।

सन् 1795 से 1799 तक फ्रांस में डायरेक्टरी का शासन था। यह शासनकाल बदनाम था। चारों ओर अराजकता व्याप्त थी। फ्रांस पर बाहरी देशों का आक्रमण हो रहा था। इसी समय इन युद्धों से मुकाबला करने के लिए उसे फ्रांसीसी सेना का सेनाध्यक्ष बनाया गया। युद्ध में नेपोलियन ने अपनी वीरता और कुशलता का परिचय दिया। उसने आस्ट्रिया और सार्डिनिया को हराया। उसने इंग्लैंड पर भी आक्रमण करने की योजना बनाई। इसी उद्देश्य से

उसने मिस्र पर चढ़ाई भी की लेकिन 1798 ई. में नील नदी के प्रसिद्ध युद्ध में उसकी हार हो गई। तब वह फिर फ्रांस लौट आया। डायरेक्टरी के भ्रष्ट शासन को नष्ट कर अपना अधिकार कायम किया। उसने फिर से एक नया विधान बनाया और कांसेल्यूट की स्थापना की। नेपोलियन इसका पहला कांसल बना। कांसल बनने के बाद भी उसने कई बाहरी दुश्मनों को पराजित किया।

नेपोलियन के सुधार

नेपोलियन केवल अपनी विजयों के लिए ही इतिहास में प्रसिद्ध न हुआ वरन् उसने फ्रांस में कई आंतरिक सुधार भी किए। सबसे पहला कदम उसने डायरेक्टरी के खिलाफ उठाया और उसके भ्रष्ट शासन को नष्ट कर दिया। शासन में विकेंद्रीकरण की नीति अपनाई गई। अब तक चर्च का राज्य में स्वतंत्र अस्तित्व था लेकिन नेपोलियन ने चर्च को राज्य के अधीन कर दिया। अब तक करों के वसूलने का कोई सरल तरीका न था। वसूली में धाँधली और क्रूरता बरती जाती थी। लेकिन अब कर वसूलने का समुचित प्रबंध किया गया। घूसखोरी और भ्रष्टाचार को जड़ मूल से समाप्त कर दिया गया। कृषि की उन्नति के लिए सिंचाई का उत्तम प्रबंध किया गया। नेपोलियन ने कई नहरें बनवाईं। व्यापार, व्यवसाय, उद्योग-धंधों आदि के विकास के लिए आवागमन की उचित व्यवस्था की गई। कई सड़कें, पुल आदि का निर्माण हुआ।

शिक्षा के क्षेत्र में नेपोलियन ने कई सुधार किए। कई स्कूल और कॉलेजों की स्थापना हुई। विधान के क्षेत्र में नेपोलियन की सबसे बड़ी देन है—''कोड ऑफ नेपोलियन।'' नेपोलियन ने पहली बार कानूनों का संग्रह किया। फौजदारी और दीवानी अदालतों के बिखरे कानून का संग्रह किया गया। नेपोलियन ने फ्रांस के साम्राज्य को भी आगे बढ़ाया। उसने आस्ट्रिया, प्रशा, रूस, स्पेन, स्विट्जरलैंड, पुर्तगाल, इटली, जर्मनी आदि देशों को हराकर फ्रांस के प्रभुत्व को कायम किया। वह ब्रिटेन को भी अधिकार में लाना चाहता था और इसके लिए उसने यूरोपीय देशों के साथ इंग्लैंड के व्यापार को बंद कर दिया। इंग्लैंड ने भी अपने मित्र राष्ट्रों से फ्रांस के व्यापार को बंद करवा दिया। इसी नियम

को 'कंटीनेंटल सिस्टम' कहते हैं। लेकिन नेपोलियन को इस कार्य में सफलता नहीं मिली। धीरे-धीरे उसकी शक्ति का ह्रास होने लगा। 1814 ई. में इंग्लैंड, आस्ट्रिया, प्रशा रूस आदि देशों ने मिलकर लिपजिग के मैदान में नेपोलियन को हरा दिया और उसे कैद कर एल्वा नामक द्वीप में रखा गया। लेकिन वह वहाँ से निकल भागा और पुनः फ्रांस पहुँच गया। अंत में सन् 1815 ई. में वाटरलू के युद्ध में उसकी कमर हमेशा के लिए टूट गई। वह हार गया और कैद कर सेंट हेलेना द्वीप में भेज दिया गया जहाँ उसकी मृत्यु हो गई। फ्रांस की गद्दी पर फिर से पुराने राजवंश को बिठाया गया।

क्रांति का महत्त्व और परिणाम

फ्रांस की राज्यक्रांति विश्व की प्रमुख घटनाओं में एक है। इस क्रांति के एक साथ ही कई परिणाम निकले। इस क्रांति के तीन आदर्श रखे गए थे— स्वतंत्रता, समानता और भ्रातृत्व। इसी पवित्र सिद्धांत पर संपूर्ण क्रांति निर्भर थी। संक्षेप में इस क्रांति के निम्नलिखित परिणाम निकले—

1. **सामाजिक समानता की स्थापना**

   क्रांति के बाद फ्रांस के समाज को समानता के सिद्धांत पर बनाया गया। सामंतों का प्रभाव समाप्त हो गया। जमींदारों के अत्याचार से किसान मजदूरों को मुक्ति मिली। मध्यम वर्ग की शक्ति बढ़ने लगी। राजा के कृपापात्रों के सारे विशेषाधिकार समाप्त कर दिए गए। कानून की नजर में सब समान घोषित हुए। किसानों पर अब तक जो कर का बोझ लदा था उससे उन्हें छुटकारा मिला। बँधुआ खेतिहरों की व्यवस्था भी समाप्त कर दी गई। नौकरियों में योग्यता को महत्त्व दिया जाने लगा। इस प्रकार पहली बार फ्रांस का समाज समानता के सिद्धांत पर आधारित हुआ।

2. **आर्थिक समानता की स्थापना**

   सामाजिक क्षेत्र के साथ ही आर्थिक क्षेत्र में भी समानता की स्थापना

की गई। देश में क्रांति के पहले वाणिज्य-व्यवसाय की दशा अच्छी न थी। अब व्यापार पर से सारे प्रतिबंध हटा लिए गए। अतः फ्रांस का व्यापार चल निकला। श्रमिकों को अपने श्रम को खुले बाजार में बेचने की छूट मिली। इस सबका फल यह हुआ कि समूचे देश में उद्योग, व्यवसाय को काफी बल मिला। कर आदि का बोझ हलका होने से भी किसानों की दशा सुधरी। इस तरह क्रांति ने फ्रांस की आर्थिक दशा में भी परिवर्तन किए।

3. धार्मिक स्वतंत्रता की स्थापना

समाज और अर्थ तो इस क्रांति से प्रभावित हुआ ही, धर्म भी प्रभावित हुए बिना न रहा। अब क्रांति के बाद लोगों को धार्मिक स्वतंत्रता प्रदान की गई। अब तक धर्म के ऊपर चर्च का जो आधिपत्य था, उसे खत्म कर दिया गया और चर्च को राज्य का ही भाग बना दिया गया। कोई व्यक्ति अब किसी भी धर्म को अपना सकता था। धार्मिक करों से भी लोगों को मुक्ति मिली। अंधविश्वास, रूढ़ि का पालन आदि का बहिष्कार किया गया। नेपोलियन ने खुद कहा था कि अपना उसका कोई धर्म न था।

4. राजनीतिक चेतना का विकास

कुछ विद्वानों की ऐसी धारणा है कि फ्रांस की क्रांति से साधारण जनता को कोई विशेष लाभ न पहुँचा फिर भी इतना निश्चित है कि दुनिया के इतिहास में यह पहला मौका था जब साधारण जनता में राजनीतिक व्यवस्था में परिवर्तन लाने का प्रयास किया था। राजनीतिक पुरुषों ने भी अपना विचार जनता के बीच फैलाया। इस सबके फलस्वरूप साधारण जनता ने राजनीतिक चेतना का विकास हुआ। जनता अपने अधिकारों के प्रति जागरूक हो गई। इस क्रांति के कारण राष्ट्रीयता की भावना को भी बल मिला। फ्रांस की पुरानी व्यवस्था ध्वस्त हो गई और एक नए युग का आरंभ हुआ। लोगों के

बीच एक नई एकता कायम हुई। अत: फ्रांस की क्रांति ने राष्ट्रीयता, देशभक्ति और समाजवादी भावना को विकसित किया।

5. लोकतंत्रवाद का विकास

फ्रांस की क्रांति का सबसे बड़ा महत्त्व इस कारण है कि यूरोप के देशों में लोकतंत्र का प्रचार हुआ। स्पेन, जर्मनी, स्विट्जरलैंड, इंग्लैंड आदि जगहों में लोकतंत्रवाद का प्रचार हुआ और सदियों से आते राजाओं के दैवी अधिकार को समाप्त कर दिया गया। शासन से विषमता को दूर किया गया और प्रत्येक क्षेत्र में एकरूपता अपनाई गई।

6. शिक्षा में सुधार

क्रांति के फलस्वरूप शिक्षा के क्षेत्र में भी प्रगति हुई। शिक्षा का भार अब तक चर्च के हाथ में था। जो शिक्षा का घोर विरोधी था लेकिन अब शिक्षा चर्च के हाथों से निकलकर राज्य के हाथों में चली आई। यूरोप के बहुत से देशों में कई विश्वविद्यालयों की स्थापना हुई। पेरिस यूनिवर्सिटी का पुनर्संगठन हुआ। शिक्षा के क्षेत्र में प्रगति आने से जनता में स्वतंत्रता की भावना आई और कई नवीन विचारों और नूतन प्रेरणाओं का जन्म हुआ।

7. नागरिक स्वतंत्रता की स्थापना

लोकतंत्रवाद की स्थापना के फलस्वरूप फ्रांस की जनता में नागरिक स्वतंत्रता का उदय हुआ। हर क्षेत्र से असमानता को दूर किया गया। सबों को वोट का अधिकार मिला। संपूर्ण देश में एक ही प्रकार के कानून का प्रचलन करने के उद्देश्य से एक नया संविधान बनाया गया। संक्षेप में इस अवधि में फ्रांस में जितने भी कानून बने सब में नागरिक स्वतंत्रता को महत्त्व दिया गया। इस दिशा में 'नेपोलियन कोड' प्रसिद्ध है। कर भी अब कानून के आधार पर वसूल होने लगा। नापतौल की ऐसी व्यवस्था कायम की गई जो मैट्रिक सिस्टम के नाम से प्रसिद्ध है। इसका प्रचलन सारे संसार में हुआ।

8. यूरोप के आधुनिक युग का सूत्रपात

जैसा कि पहले भी कहा गया है कि फ्रांस की क्रांति ने संसार के सामने एक नया अध्याय खोला। अब यूरोप के अन्य देशों में एक नवीन युग की सृष्टि हुई। यूरोप के तीसरे वर्गवालों की देखरेख में शासन का कार्य आरंभ हुआ। गणतंत्र का विकास हुआ और जनमत को महत्त्व दिया गया। जर्मनी में स्वतंत्रता और राष्ट्रीयता की भावना आई।

9. इंग्लैंड पर प्रभाव

प्रारंभ में इंग्लैंडवासियों ने फ्रांस की क्रांति का स्वागत किया। उसका विश्वास था कि जिस प्रकार वहाँ 1688 में क्रांति के फलस्वरूप नियमानुमोदित शासन की स्थापना हुई थी उसी तरह फ्रांस में भी होगी लेकिन सन् 1793 ई. में राजा रानी की हत्या के बाद इंग्लैंड को होश हुआ। इंग्लैंड में भी क्रांति के लक्षण दिखाई पड़ने लगे थे, अतः छोटे पिट ने अपनी सारी शक्ति क्रांति को कुचलने में लगा दी। कुछ सुधार भी हुए फिर भी आयरलैंड में विद्रोह हो ही गया, अंत में इंग्लैंड की पार्लियामेंट को 1732 में प्रथम सुधार ऐक्ट पास करना पड़ा। इस एक्ट के अनुसार यहाँ भी राजसत्ता मध्यम वर्ग के हाथ में चली आई। इंग्लैंड-फ्रांस युद्ध में जब इंग्लैंड की जीत हुई तक उसे लंका, मॉरीशस, केपकोलोनी, माल्टा आदि उपनिवेश मिले।

10. अंधविश्वासों से मुक्ति

फ्रांस की क्रांति के फलस्वरूप लोगों को अंधविश्वास से मुक्ति मिली। क्रांति के पूर्व प्रत्येक क्षेत्र में रूढ़ि आच्छादित थी। खासकर धर्म के क्षेत्र में लोगों में पूरा अंधविश्वास घुसा था। पादरी वर्ग हमेशा जनता को भुलावे में रखता था और अपना उल्लू सीधा करता था। परंतु अब इस अंधविश्वास से लोगों को मुक्ति मिली और लोग नए ढंग से सोचने-विचारने लगे।

इस प्रकार फ्रांस की राज्यक्रांति ने स्वतंत्रता, समानता और भ्रातृत्व के सिद्धांतों का प्रतिपादन किया। विश्व को एक नई दिशा दी। राष्ट्रीयता का नया पाठ पढ़ाया तथा पीड़ित और दलित लोगों को प्रेरणा प्रदान दी।

परिणाम

1. सामाजिक समानता की स्थापना
2. आर्थिक समानता की स्थापना
3. धार्मिक स्वतंत्रता की स्थापना
4. राजनीतिक चेतना का विकास
5. लोकतंत्रवाद का विकास
6. शिक्षा में सुधार
7. नागरिक स्वतंत्रता की स्थापना
8. यूरोप के आधुनिक युग का सूत्रपात
9. इंग्लैंड पर प्रभाव
10. अंधविश्वास से मुक्ति

प्रश्न

1. नेपोलियन का उदय कैसे हुआ? फ्रांस को उसकी क्या देन है? (से.वो. 1954 वा.)
2. फ्रांस की राज्यक्रांति के क्या कारण थे? इस क्रांति के स्थायी परिणाम क्या हुए? (से.वो. 1936 पू. 1958 वा. 1959 पू., 1960 पू. 1961 वा., 1962 पू., 1963 वा.)
3. फ्रांस की राज्यक्रांति फ्रांस में ही क्यों हुई?
4. फ्रांसीसी क्रांति की मुख्य घटना का वर्णन करें।

□

13

आधुनिक रूस का निर्माण

1. क्रांति के पहले रूस

17वीं-18वीं सदी से विश्व में सुधार की जो लहर चली वह 20वीं सदी तक चलती रही है। 20वीं सदी तो मुख्य रूप से सुधार का ही काल कहा जाएगा। इस शताब्दी में संसार के चारों ओर कई महत्त्वपूर्ण परिवर्तन हुए। ऐसे परिवर्तनों में रूस की राज्यक्रांति सबसे महत्त्वपूर्ण है। फ्रांस की राज्यक्रांति ने अगर लोकतंत्रवाद, राष्ट्रीयता और राजनीतिक समानता की स्थापना की तो रूस की क्रांति ने एक नई सामाजिक व्यवस्था का आदर्श उपस्थित किया। इसके फलस्वरूप पहली बार संसार में जनता की सत्ता स्वीकृत हुई। एक नई विचारधारा, जिसे साम्यवाद कहते हैं, का प्रादुर्भाव हुआ। यह साम्यवाद ''एक नए समाज, नई सभ्यता और संस्कृति का संदेश लेकर जनता के समक्ष उपस्थित हुआ।''

17वीं शताब्दी तक रूस एक पिछड़ा हुआ देश था। यहाँ के राजाओं ने इसे उन्नत करने का प्रयास किया और 18वीं सदी में पीटर महान् और कैथोराइन जैसे शासकों ने अपने अथक प्रयास से सुधार लाकर इसे एक शक्तिशाली राष्ट्र बनाया। 19वीं सदी में इस देश में आधुनिक विश्व में प्रवेश किया। ''यह इस समय चिथड़ों में ढका एक दानव था।'' रूस की सामाजिक, आर्थिक, राजनीतिक आदि अवस्था क्रांति के पूर्व फ्रांस की अवस्था से बहुत कुछ मिलती-जुलती थी। यहाँ का शासक जार कहलाता था। बड़े-बड़े पदों पर सामंतों का अधिकार था। इन सामंतों का जीवन

सुख-मौज का जीवन था, अतः ये हमेशा भोग-विलास में डूबे रहते थे। किसानों की दशा कष्टप्रद थी। यद्यपि जार निकोलस जैसे कुछ राजाओं ने सुधार का प्रयास किया था पर रूस की दशा दिन-दिन बिगड़ती ही गई। रूस जापान के युद्ध में रूस की हार हो गई थी। इन सभी कारणों से जनता के भीतर असंतोष का भाव बढ़ता जा रहा था जो अंत में 1917 में भीषण क्रांति के रूप में प्रकट हुआ। आगे रूस की दशा का वर्णन हम लोग क्रांति के कारणों में पढ़ेंगे।

रूस की क्रांति का कारण (1917)

1917 के रूस की राज्यक्रांति के निम्नलिखित कई कारण थे। इन कारणों को अध्ययन की सुविधा के लिए हम अलग-अलग विभागों में बाँटेंगे—आर्थिक कारण, सामाजिक कारण, राजनीतिक कारण और तात्कालिक कारण।

आर्थिक कारण

1. कृषि की दयनीय हालत

क्रांति के पहले रूस एक कृषि-प्रधान देश था। यहाँ प्रायः पंद्रह करोड़ किसान और एक लाख तीस हजार जमींदार थे। लेकिन कृषि-प्रधान देश होते हुए भी कृषि की दशा उन्नत नहीं थी। जमीन का बँटवारा गलत ढंग से किया गया था। किसानों से अधिक संख्या जमींदारों की थी जो जार की आड़ में इनका शोषण करते थे। ये किसान बँधुआ खेत मजदूर थे। जमीन के साथ इनकी भी खरीद-बिक्री होती थी। कर के बोझ से किसान दबे रहते थे। कर वसूलने का ढंग भी बड़ा अत्याचारपूर्ण था। इस सबका फल यह हुआ कि किसानों ने अपनी जमीन बेच दी और कल-कारखानों में मजदूरी करने शहरों की ओर निकल गए। इधर पैदावार कम होती जा रही थी और उधर जनसंख्या बढ़ती जा रही थी अतः संपूर्ण देश में भुखमरी के लक्षण दिखाई पड़ने लगे थे। इस प्रकार कृषि की अवस्था पिछड़ी हुई थी।

2. औद्योगिकीकरण का आरंभ

इंग्लैंड की औद्योगिक क्रांति का प्रभाव रूस पर भी पड़ा। यहाँ 1861 ई. से ही औद्योगिक क्रांति के लक्षण दिखाई पड़ने लगे थे। फलतः वहाँ की औद्योगिक क्रांति प्रारंभ हुई। बड़े-बड़े पूँजीपतियों ने कल-कारखाने खोले। यातायात के साधनों में उन्नति हुई। 1861 ई. के बाद 50 वर्षों के अंदर ही 50 हजार मील की रेलवे लाइन बनी, सड़कों का जाल बिछ गया। इस सबके चलते रूस का व्यापार बहुत अधिक लाभान्वित हुआ।

3. विदेशी पूँजी

देश के औद्योगिकीकरण होने पर भी रूस की जनता को बहुत अधिक लाभ न था क्योंकि रूस के मुख्य उद्योग विदेशियों के हाथ में थे। रूस के पास औद्योगिक विकास के पर्याप्त साधन नहीं थे अतः उसे बाहरी देशों पर निर्भर रहना पड़ा। इस कारण अब यहाँ विदेशी पूँजी का आविर्भाव हुआ। देश में लगी पूँजी का आधा भाग फ्रांस और बेल्जियम के पूँजीपतियों का था। इस पूँजी पर सरकार के खर्च का 20 प्रतिशत सूद के रूप में जाता था। चूँकि अब रूस पश्चिमी राष्ट्रों पर निर्भर रहने लगा, इस कारण भी रूस से सामंतों का प्रभाव समाप्त हो गया।

सामाजिक कारण

4. वर्ग विभेद

रूस की सामाजिक बनावट भी क्रांति का कारण बनी। समाज मुख्यतः दो वर्गों में बँटा था। एक ओर बड़े-बड़े जमींदार थे और दूसरी ओर साधारण किसान। समाज और राजनीति सभी क्षेत्रों में जमींदारों की ही प्रधानता थी। किसानों को न तो कोई अधिकार था न समाज में कोई पूछ थी। हमेशा अमीरों के अत्याचार की चक्की में पिसते रहना पड़ता था। अतः रूस का यह वर्ग भीतर ही भीतर वर्तमान व्यवस्था से क्षुब्ध था। न तो इसकी शिक्षा-दीक्षा का कोई इंतजाम था और न स्वास्थ्य आदि का। ये अपने मालिक के पूरे अधीन

रहते थे। मालिक इन्हें बेच भी सकता था। संक्षेप में गरीबों की हालत जानवरों से भी बदतर थी।

5. मजदूरों का संगठन

समाज में मजदूरों की दशा भी अत्यंत शोचनीय थी। उन्हें कम मजदूरी देकर अधिक-से-अधिक काम लिया जाता था। उनके जान-माल की सुरक्षा का कोई इंतजाम नहीं था। धीरे-धीरे रूस के मजदूर संगठित होने लगे और कुछ ही समय में अपने अधिकारों की रक्षा के लिए इन्होंने अपना मजबूत संगठन बना लिया। इससे इनकी भावना को बल मिला और वे क्रांति के लिए तैयार होने लगे। इसी समय औद्योगिक क्रांति हुई और इससे मजदूरों को और भी बल मिला। जब पूँजीपतियों ने इनके संगठन को कुचलना चाहा तब इन्होंने छिटपुट विद्रोह भी कर दिए।

6. अल्संख्यक जाति

रूस में विदेशी बहुत सी ऐसी जातियाँ थीं, जिन्हें किसी प्रकार की स्वतंत्रता नहीं थी। सरकार इन जातियों के साथ कठोरता से पेश आती थी। सरकार का उद्देश्य था कि इन जातियों की सभ्यता, संस्कृति नष्ट करके उन्हें मिला लिया जाए। अतः इन जातियों में भी विद्रोह की भावना घर कर रही थी।

7. बुर्जुआ वर्ग का उदय

औद्योगिक क्रांति के बाद रूस में एक नए वर्ग का उदय हुआ जिसे बुर्जुआ वर्ग कहते हैं। इस वर्ग में पढ़े-लिखे व्यक्ति थे। यह वर्ग फ्रांस के मध्यम वर्ग से बहुत कुछ मिलता-जुलता था। इन लोगों ने नए साहित्य का निर्माण किया। अपनी पुस्तकों में इन्होंने गरीबों की दशा का बड़ा करुण चित्रण खींचा। तुर्गनेव, टॉलस्टॉय आदि कई ऐसे बड़े साहित्यिक हुए जिनके साहित्य ने जनता के दिल में क्रांति की भावना भर दी।

राजनीतिक कारण

8. निरंकुश शासन

रूस का शासन निरंकुश था। शासन का सर्वेसर्वा जार था। उसकी नजरों में जनता की इच्छा का कोई महत्त्व नहीं था। उसके लिए पार्लियामेंट नाम की कोई चीज नहीं थी। स्वायत्त शासन की संस्थाओं पर अमीरों का दबदबा था। इन संस्थाओं के अधिकार भी बड़े सीमित थे। संक्षेप में संपूर्ण शासन में भ्रष्टाचार का बोलबाला था। यद्यपि रूस की गद्दी पर कुछ सुधारवादी जार भी बैठे पर अधिकांश निरंकुश थे। निकोलस प्रथम ने तो सभी शिक्षण संस्थाओं को बंद कर दिया क्योंकि उसमें नवीन विचार पनपते थे। अलेक्जेंडर तृतीय उससे भी बढ़कर क्रूर निकला। उसने गरीबों के बच्चों का स्कूल जाना बंद करवा दिया। राजाओं के अतिरिक्त पूँजीपति भी शासन में हस्तक्षेप चाहते थे, लेकिन जनता इन्हें नहीं चाहती थी।

9. राजनीतिक दलों का उदय

19वीं सदी के अंत तक रूस में कई राजनीतिक दलों का उदय हुआ। मार्क्सवादी विचारधारा के फलस्वरूप 1898 में समाजवादी जनवादी दल (सोशल डेमोक्रेटिक पार्टी) का संगठन हुआ। पीछे चलकर इसके दो भाग हो गए—एक बोल्शेविक और दूसरा मेंसेविक। इन राजनीतिक पार्टियों ने क्रांति की भावना को उभारा।

10. रूस-जापान युद्ध

जापान इन दिनों एक शक्तिशाली राष्ट्र गिना जाता था। 1904 ई. में रूस और जापान में युद्ध छिड़ गया। लेकिन इस युद्ध में रूस की हार हो गई। यह एक भयानक घटना घटी। अब रूस का खोखलापन सबके सामने प्रकट हो गया। रूस जैसे विशाल देश का जापान जैसे छोटे देश से हार जाना इस बात का प्रमाण था कि जनता की सहानुभूति रूस के साथ नहीं थी।

11. 1705 की क्रांति

सन् 1905 ई. में सेंट पीटर्सबर्ग के मजदूरों ने राजा को अपनी दुःख-गाथा से परिचित करना चाहा। उसने राजा के पास आवेदन-पत्र दिया कि जनता उनके सामने उपस्थित होकर फरियाद करना चाहती है। 22 जनवरी को शांतिपूर्ण ढंग से जनता राजा के पास चली। लेकिन राजमहल के पास पहुँचते ही राजा के सैनिकों ने उन पर गोलियों की वर्षा कर दी। कितने ही निहत्थे और निर्दोष मजदूर मौत के घाट उतर गए। इस घटना से सारे संसार में तहलका मच गया। इतिहास में यह घटना 'लाल रविवार' के नाम से प्रसिद्ध है, क्योंकि वह दिन रविवार था। इस घटना ने क्रांति की आग में घी का काम किया।

12. ड्यूमा की असफलता

1905 की घटना का प्रभाव जार पर भी पड़ा और उसमें सुधार की योजना बनाई। लोगों को व्यक्तिगत स्वाधीनता मिली। एक विधानमंडल का निर्माण हुआ, जिसमें काफी लोगों को जाने का मौका मिला। इसी का नाम ड्यूमा था। ड्यूमा की स्थापना से लोगों के निराश मन में आशा की किरण फूटी पर तुरंत ही वह किरण बुझ भी गई। ड्यूमा की पहली बैठक होते ही राजा से झगड़ा प्रारंभ हो गया। अंत में ड्यूमा को भंग कर लिया गया। दूसरे ड्यूमा की भी यही गति हुई। अंत में फिर राजा ने बहुत से लोगों के हाथ से वोट का अधिकार छीन दिया। इस घटना से जनता ने अब पूरा संकल्प कर लिया कि वर्तमान व्यवस्था को समाप्त कर दिया जाए।

तात्कालिक कारण

13. जार निकोलस की नीति

जार निकोलस दूसरा रूसी क्रांति का सबसे बड़ा कारण था। उसने तलवार की धार पर शासन व्यवस्था कायम की। प्रेस, पुस्तक आदि पर उसने नियंत्रण लगा दिया। बहुत सी पुस्तकें जब्त हो गईं। उसने चारों ओर गुप्तचर बहाल किए थे जो प्रत्येक पल की खबर राजा को देते रहते थे। निकोलस ने

सभी विश्वविद्यालयों को बंद करवा दिया। सारे देश में फौजी कानून जारी करा दिया गया। औरत-मर्द पर अत्याचार की बाढ़ आ गई, किसान, मजदूर पर शोषण का पहाड़ टूट पड़ा। जब जनता फरियाद लेकर उसके पास पहुँची तो उसे मौत के घाट उतार दिया गया। ड्यूमा के सारे अधिकार छीन लिए गए। संक्षेप में निकोलस ने निरंकुशता और स्वेच्छाचारिता में फ्रांस के लुई को भी मात कर दिया। लाखों आदमी फाँसी पर झुला दिए गए, हजारों क्रांतिकारियों को साइबेरिया भेज दिया गया। निकोलस की स्त्री जारीना और उसका मंत्री रासपुटिन हमेशा उसे बहकाते रहते थे। जारीना जर्मन औरत थी अत: रूसियों से घृणा करती थी। इस प्रकार निकोलस की नीति ने जनता के भीतर भीषण क्रोध पैदा कर दिया।

14. प्रथम विश्वयुद्ध में रूस की हार

सन् 1914 ई. में प्रथम विश्वयुद्ध प्रारंभ हुआ। जार ने रूसी जनता को बाहरी मामलों में उलझाए रखने के लिए युद्ध में प्रवेश किया। लेकिन न तो जनता की सहानुभूति रूस के साथ थी, न सैनिक संगठन था, अत: सर्वत्र उसकी हार होने लगी। जब उसकी हार की खबर रूस पहुँची तो जनता भड़क उठी। इधर युद्ध के कारण अन्न-वस्त्र का घोर अभाव छा गया। चारों ओर हाहाकार व्याप्त था। अत: सर्वत्र विद्रोह प्रारंभ हो गया। सेना ने भी विद्रोहियों का साथ दिया। अंत में 15 मार्च, 1917 को जार ने गद्दी छोड़ दी। वह परिवार सहित कैद कर लिया गया।

(ख) क्रांति के बाद की घटना

क्रांति के बाद कैरेंसकी नाम के व्यक्ति के नेतृत्व में अस्थायी सरकार बनी। लेकिन यह सरकार कमजोर थी और परिस्थिति को समझने की योग्यता उसमें नहीं थी। कैरेंसकी युद्ध को जारी रखना चाहता था, लेकिन जनता युद्ध से ऊब गई थी। वह 'शांति, रोटी और जमीन चाहती थी।' अत: फिर सभी जगह अराजकता फैलने लगी। किसान मजदूर अपना कार्य ठीक से नहीं कर पा रहे थे। सैनिकों में भी असंतोष छाया हुआ था। इसी समय रूस के रंगमंच

पर लेनिन आया। बोल्शेविकों ने लेनिन के नेतृत्व में राजधानी पर आक्रमण किया और शासन अपने हाथों में कर लिया। 1918 में जार की हत्या कर दी गई। एक नया शासन विधान बना और 'यूनियन ऑफ सोवियत सोशलिस्ट रिपब्लिक' की स्थापना की गई।

2. लेनिन और उसका कार्य

जीवन वृत्त

लेनिन का जन्म सन् 1780 ई. में हुआ था। उसका पूरा नाम 'व्लादिमीर इलिय उलियानोव' था। वह एक बड़े घराने में पैदा हुआ था लेकिन शुरू से ही उसने मजदूर वर्ग का साथ दिया। रूसी क्रांति की सफलता का सबसे अधिक श्रेय लेनिन को ही है। वह सिंबर्क के सार्वजनिक स्कूल में दाखिल हुआ और सम्मानपूर्वक उसने अपनी अंतिम शिक्षा समाप्त की। विद्यार्थी जीवन से ही वह कुशाग्र बुद्धि का था। 1888 ई. में वह काजन विश्वविद्यालय में भरती हुआ, लेकिन वहाँ क्रांतिकारियों के दल में सम्मिलित होने के कारण इसे निकाल दिया गया। 1881 ई. में सेंट पीटर्सबर्ग विश्वविद्यालय में उसने वकालत पढ़ना शुरू किया और वहीं से वकालत की परीक्षा पास की, लेकिन वकालत में उसका मन न लगा। अब वह मजदूरों के बीच कार्ल मार्क्स के सिद्धांतों का प्रचार करने लगा। इसी सिलसिले में यह कैद कर साइबेरिया भेज दिया गया। पुनः 1900 ई. में वह स्विट्जरलैंड आया वहाँ अपना अधिकांश समय अध्ययन में बिताया। उसका विश्वास था कि सभी प्रकार की बुराइयों की जड़ में पूँजीवाद है, अतः इसे किसी भी मूल्य पर नष्ट करना चाहिए।

जिस समय लेनिन का उदय हो रहा था, उस समय जार निकोलस द्वितीय का शासन था। उसके शासन में किस प्रकार भ्रष्टाचार फैला हुआ था, इसका वर्णन ऊपर हो चुका है। अंत में जार को गद्दी से हटना पड़ा और कैरेंसकी के नेतृत्व में एक अस्थायी सरकार बनी। इस समय लेनिन जर्मनी में था। जर्मनी की सहायता से ही वह रूस पहुँच सका। रूस पहुँचते ही उसने मजदूरों और

किसानों का साथ दिया और केरेंसकी की सरकार का अंत करके बोल्शेविकों की सरकार बनाई। लेनिन इस नई सरकार का प्रधान बना।

उद्‌देश्य

लेनिन का उद्‌देश्य स्पष्ट था। अपने उद्‌देश्य के संबंध में उसे किसी प्रकार का शक नहीं था। जनता क्या चाहती है, यह वह भली प्रकार समझ रहा था। उसके आने के पहले लोगों की यही धारणा थी कि शासन सामंतों के हाथ से मध्यम वर्ग के हाथ में चला जाएगा। खुद मार्क्स ने भी इसी तरह की बात कही थी। लेकिन लेनिन ने मजदूर वर्ग के हाथ में सत्ता देकर अपनी अद्‌भुत क्षमता का परिचय दिया।

अपने उद्‌देश्य की पूर्ति के लिए वह अस्थायी सरकार को नष्ट करना आवश्यक समझता था। अत: उसने मजदूरों के स्वर में स्वर मिलाकर शांति, रोटी, जमीन का नारा लगाना शुरू किया। वह जमींदारों से जमीन लेकर किसान को बाँट देने के पक्ष में था, मजदूरों के काम के घंटे तय करवाना चाहता था। फल यह हुआ कि सभी किसान मजदूर उसकी पार्टी के निकट आने लगे। अब वह स्थायी सरकार के हाथ से सत्ता छीन लेने का मौका खोजने लगा। इसी समय करेंसकी द्वारा उसकी गिरफ्तारी के वारंट भी निकाले जाने पर वह गिरफ्तार नहीं किया जा सका। छिपकर ही वह बोल्शेविकों को उत्साहित करता रहा। अंत में केरेंसकी ने गद्‌दी छोड़ दी और सत्ता बोल्शेविकों के हाथ आ गई।

लेनिन के कार्य

जिस समय लेनिन नई सरकार का प्रधान बना उस सयम उसके सामने कठिनाइयों का पहाड़ खड़ा था। चारों ओर अस्त-व्यस्तता छाई हुई थी। रूसी सेना छिन्न-भिन्न हो रही थी और उधर जर्मनी के साथ रूस का युद्ध चल रहा था। अन्न-वस्त्र के अभाव में अकाल की स्थिति व्याप्त थी। बहुत से ऐसे भी व्यक्ति थे जो फिर से पूँजीवाद की स्थापना चाहते थे। शासन यंत्र भी पुराना पड़ गया था। इस तरह घर और बाहर चारों ओर लेनिन कठिनाइयों से घिरा

था। लेकिन वह घबरानेवाला व्यक्ति न था। कठिनाइयों के स्कूल में ही उसने शिक्षा पाई थी। एक वीर पुरुष की तरह उसने सभी विषम परिस्थितियों का सामना किया।

जर्मनी से युद्ध का अंत

लेनिन ने सबसे पहले जर्मन के साथ युद्ध बंद कर दिया। लेनिन जानता था कि दो कदम आगे बढ़ने के लिए एक कदम पीछे हटना आवश्यक है। जनता युद्ध से ऊब गई थी, अब वह शांति खोज रही थी। सैनिकों को भी आराम चाहिए था। लेनिन जानता था कि युद्ध में जर्मनी की हार निश्चित है। अतः उसने हानि उठाकर भी जर्मनी से 1918 में ब्रेस्टलिटीवस्क की संधि कर ली। यद्यपि संधि की शर्तों के मुताबिक लेनिन को रूस के पश्चिमी भागों के बहुत से हिस्से जर्मनी को देने पड़े लेकिन वह तो सोच रहा था कि जर्मनी की हार के बाद यह संधि रद्द कर दी जाएगी।

गृहयुद्ध का दमन

रूस में अभी भी बहुत से व्यक्ति पुरानी व्यवस्था के समर्थक थे। ऐसे लोगों को ब्रिटेन, फ्रांस आदि देशों से प्रोत्साहन भी मिल रहा था। फलतः रूस में गृहयुद्ध आरंभ हो गया। लेनिन ने इस युद्ध का डटकर मुकाबला किया। विरोधियों को क्रूरतापूर्वक दबा दिया गया। 1918 से 1922 के बीच कई हजार व्यक्ति फाँसी पर झुला दिए गए। जार निकोलस और उसके परिवार की हत्या कर दी गई। लेनिन कहा करता था—"सर्वहारा के अधिनायकवाद का अर्थ हृदयहीन लोहे के हाथ की ताकत है।" विदेशी शत्रुओं का सामना करने के लिए ट्राटस्की और स्टालिन भेजे गए। इस प्रकार बाहरी और भीतरी दोनों शत्रुओं से निश्चिंत होकर लेनिन ने देश के सुधार की ओर कदम बढ़ाया।

आर्थिक कार्य

रूस के औद्योगिक विकास के लिए उत्पादन के सारे साधनों का राष्ट्रीयकरण किया गया। रेलवे, बैंक, खान, उद्योग-धंधे अब सरकारी संपत्ति

बन गए। आर्थिक संकट दूर करने के उद्देश्य से उसने एक नई नीति अपनाई, जिसे 'नेप' कहते हैं। (NEP. – New economic Policy) इस नीति के अनुसार छोटे-छोटे कारखानों में 15-20 मजदूरों द्वारा व्यक्तिगत रूप से काम करवाकर लाभ उठाया जा सकता था। किसानों को अनाज बेचने की सुविधा मिली। इस नीति के चलते पैदावार बढ़ गई और आर्थिक संकट टल गया।

औद्योगिक विकास के लिए बिजलीकरण का आयोजन हुआ। यह योजना उसकी मृत्यु के बाद सफल हुई। आंतरिक सुव्यवस्था बनाए रखने के लिए उसने 'चेका पुलिस' का संगठन किया।

सामाजिक कार्य

लेनिन के सामाजिक और सांस्कृतिक सुधार भी प्रशसंनीय हैं। उसने औरतों को भी मर्दों की तरह अधिकार दिए। उन्हें भी देश के आर्थिक जीवन में हिस्सा बँटाने का अवसर मिला। चर्चों ने भी क्रांति विरोधियों का साथ दिया था। अत: लेनिन ने चर्च की सारी संपत्ति जब्त कर ली। लोगों को अंधविश्वास से मुक्ति मिली और धार्मिक मामलों में लोगों को आजादी मिली।

संवैधानिक कार्य

पुराना संविधान भंग कर दिया गया और सोवियतों की राष्ट्रीय कांग्रेस बुलाकर नए संविधान का निर्माण हुआ। इस संविधान के द्वारा लेनिन ने पहली बार जनता के मौलिक अधिकार की घोषणा की। संपत्ति पर व्यक्ति का स्वामित्व नहीं स्वीकारा गया। जमीन किसानों को दे दी गई। कल-कारखानों पर मजदूरों का अधिकार माना गया। रूस में रहनेवाली सभी जातियों को स्वतंत्रता दी गई। प्रत्येक व्यक्ति को आत्मनिर्णय का अधिकार मिला। पूँजीपति, पादरी को वोट के अधिकार से वंचित कर दिया गया। देश में बोल्शेविक पार्टी को छोड़कर अन्य कोई पार्टी न रही।

गाँव तथा शहरों के लोग अपने प्रतिनिधि स्थानीय सोवियत में भेजते थे। इसी तरह 'प्रेसिडियम' का निर्माण होता था। यह प्रेसिडियम विधानमंडल का कार्य करता था। शासन के कामों के लिए मंत्रिपरिषद् बनी। यह 'कौंसिल

ऑफ पिपुल्स कामिसार्स' कहते थे। 1922 में संघीय शासन की व्यवस्था की गई। अब रूस का नाम समाजवादी सोवियत गणराज्यों का संघ (यूनियन ऑफ सोशलिस्ट सोवियत रिपब्लिक्स—यू.एस.एस.आर.) पड़ा।

वैदेशिक नीति

विदेशी सरकारों ने रूस की मान्यता स्वीकार कर ली। 1921 में लेनिन ने इंग्लैंड के साथ एक संधि की। चीन, टर्की, ईरान, अफगानिस्तान आदि देशों के साथ उदार नीति अपनाई। उसने दूसरे देशों में साम्यवाद के प्रचार के लिए 1919 में तृतीय इंटरनेशनल की स्थापना की। इसका उद्देश्य था विदेशों में मार्क्सवाद सिद्धांतों के आधार पर क्रांतिकारी भावों का प्रचार और सभी देशों की कम्युनिस्ट पार्टी को एक सूत्र में बाँधना।

इस प्रकार लेनिन के सफल नेतृत्व में रूस ने सभी क्षेत्रों में प्रगति की।

लेनिन का इतिहास में स्थान

संसार के महान् पुरुषों में लेनिन का भी नाम आता है। रूसी क्रांति की रक्षा और स्थायित्व का प्रधान श्रेय इसी को है। कार्ल मार्क्स ने जिस सिद्धांत का प्रतिपादन किया, लेनिन ने उसे कार्य रूप में परिणत किया। वह केवल एक क्रांतिकारी नेता ही नहीं था, बहुत बड़ा विद्वान् भी था। जमाने की नब्ज वह पहचानता था। विदेशों में रहकर भी उसने अपने अपूर्व संगठन का परिचय दिया। उसका सिद्धांत था "दो कदम आगे बढ़ने के लिए एक कदम पीछे हटना।" उसका यह दृढ़ विश्वास था कि जार, जमींदार आदि ही रूस के अत्याचार और दरिद्रता के कारण हैं। आज उसकी भविष्यवाणी सत्य हो रही है और संसार में उसी के सिद्धांतों का प्रचार हो रहा है।

जिस समय सत्ता उसके हाथ में आई थी, उसके सामने कठिनाइयों का पहाड़ खड़ा हुआ था। देश के बाहर-भीतर चारों ओर अराजकता और अस्त-व्यस्तता व्याप्त थी। लेकिन लेनिन ने तो कठिनाइयों के स्कूल में ही शिक्षा पाई थी, अतः उसने सभी कठिनाइयों पर विजय पाई। वह पहला व्यक्ति था, जिसने मजदूरों का राज्य कायम किया और सत्ता मजदूरों के हाथ में दी। अपने

गुणों के कारण ही वह साम्यवादी विचारधारा को जन्म देने में सफल हो सका। आज लेनिन नहीं है लेकिन जो रास्ता हमें वह दिखा गया उस पर आज हम सभी देशवासी चलते हैं।

लेनिन का व्यक्तिगत जीवन बड़ा सरल था। वह परिश्रम बहुत करता था। उसके भाषणों में या वार्त्तालाप में कहीं आडंबर या बाहरी दिखावा नहीं था। उसे बच्चों से प्रेम था और घंटों उनके बीच खेला करता था। उसका मिजाज खुश रहता था। संगीत का वह प्रेमी था।

3. स्टालिन और उसके कार्य

प्रारंभिक जीवन

आधुनिक रूस के निर्माण में लेनिन के बाद स्टालिन का ही नाम आता है। उसका जन्म सन् 1879 ई. में एक मोची के परिवार में हुआ था। उसके पिता जूता बनाने का कार्य किया करते थे। उसे दर्शन, राजनीति, इतिहास और विज्ञान में अच्छी जानकारी प्राप्त थी। जब वह केवल 15 वर्ष का था तभी से क्रांतिकारी आंदोलन में सम्मिलित हो गया था। लेनिन की तरह उसके दिमाग पर भी मार्क्स के लेखों का अच्छा असर पड़ा। लेनिन की रचनाएँ भी उसे आकृष्ट करती थीं और 1900 ई. में वह लेनिन का पक्का अनुयायी बन गया। लेकिन उसे पुलिस के कोप का शिकार बनना पड़ा। तब से लेकर वह कई बार गिरफ्तार हुआ। 1902 और 1913 के बीच उसे 7 बार गिरफ्तार किया गया और 6 बार देश से बाहर निकाल दिया गया। लेकिन हर बार वह बड़ी चालाकी से बच निकलता गया। अंतिम बार उसे रिहा कर दिया गया और तब से बराबर वह लेनिन के साथ रहा।

जब 1917 में लेनिन की सरकार बनी तो स्टालिन भी उसका एक सदस्य था। पुनः 1922 ई. में लेनिन के प्रस्ताव से वह कम्युनिस्ट पार्टी की केंद्रीय समिति का महामंत्री बना और मृत्युपर्यंत उस पद पर कायम रहा।

ट्राटस्की से संघर्ष

लेनिन की मृत्यु के बाद क्रांतिकारियों के नेतृत्व का प्रश्न सामने आया। ट्राटस्की ने भी क्रांति में बड़ा महत्त्वपूर्ण पार्ट अदा किया था। वह प्रभावशाली वक्ता था। लाल सेना का संगठन भी उसी ने किया था। फलतः उसने लेनिन के बाद नेतृत्व प्राप्त करने का प्रयास किया। लेकिन बोल्शेविक पार्टी में वह अभी हाल में ही आया था अतः पार्टी के अधिकांश लोग उसे नेता मानने को तैयार नहीं थे। स्टालिन पुराना कार्यकर्ता था और कार्य समिति का प्रधान मंत्री था। उसका व्यक्तित्व भी बड़ा प्रभावशाली था। अब ट्राटस्की और स्टालिन में नेतृत्व को लेकर युद्ध होना अनिवार्य हो गया। दोनों के बीच केवल व्यक्तिगत स्वार्थ ही नहीं टकरा रहा था वरन् दोनों की नीति भी एक-दूसरे के विरुद्ध थी। ट्राटस्की विश्व क्रांति के पक्ष में था। वह साम्यवादी व्यवस्था की स्थापना के लिए समूचे संसार में क्रांति करना चाहता था लेकिन इसके विपरीत स्टालिन का मत था कि पूँजीवादी देशों से खुलकर लोहा लेने से रूस को हानि उठानी पड़ेगी, अतः पहले रूस में ही समाजवाद की स्थापना होनी चाहिए। अंत में बहुमत स्टालिन के पक्ष में ही आया और ट्राटस्की को देश छोड़कर भाग जाना पड़ा। इस प्रकार स्टालिन रूस का नेता बना। उसके सफल नेतृत्व में रूस की दिन दूनी रात चौगुनी उन्नति होने लगी।

स्टालिन के कार्य

आर्थिक कार्य

लेनिन ने जिस समाजवाद की नींव डाली थी, स्टालिन उसे मजबूत करने के प्रयास में लग गया। समाजवादी व्यवस्था की स्थापना के लिए देश की आर्थिक नीति का सुदृढ़ होना आवश्यक था। अतः स्टालिन ने लेनिन की नवीन आर्थिक नीति में परिवर्तन कर दिया। उसने सभी कल-कारखानों का राष्ट्रीयकरण कर दिया। रूस कृषि-प्रधान देश था लेकिन अब तक कृषि और उद्योग-धंधों की विशेष उन्नति नहीं हो सकी थी। खेत छोटे-छोटे टुकड़ों में

बँटे थे। कारखानों में विदेशी पूँजी लगी हुई थी। अतः आर्थिक दशा सुधारने के लिए स्टालिन ने पंचवर्षीय योजना लागू की। इस योजना का प्रधान लक्ष्य था—देश की उन्नति प्रत्येक क्षेत्र में हो और योजना का उद्‌देश्य मार्क्सवाद था। जनता की जरूरतों की रूपरेखा तैयार करके उसी के अनुपात में उद्योग, कृषि आदि को बढ़ाने की कोशिश की गई। यह योजना समय-समय पर बनती रही—पहली योजना 1922 में, दूसरी 1934 में, तीसरी 1939 में और चौथी 1946 ई. में लागू हुई।

इन योजनाओं के अनुसार एक पाइप लाइन बिछाई गई। प्रोस्ट्रोइन नदी के प्रवाह को रोककर एक बहुत बड़ा 'डैम' बनाया गया जिससे अधिक परिमाण में बिजली तैयार होने लगी। अब सभी व्यवसायों के लिए सस्ती दर पर बिजली उपलब्ध हो गई। लोहे का बहुत बड़ा कारखाना खोला गया। यातायात के साधनों में उन्नति हुई। प्रारंभ में इन कार्यों में रूसवालों को बड़ी दिक्कतों का सामना करना पड़ा, लेकिन आनेवाले सुख का खयाल करके उन्होंने सारा दुःख झेल लिया। फल यह हुआ कि पंचवर्षीय योजना चार ही वर्ष में पूरी हो गई और तुरंत दूसरी लागू भी हो गई।

दूसरी योजना में खेती की ओर ध्यान दिया गया और खेतों का भी राष्ट्रीयकरण कर दिया गया। जितने भी कुलक थे सबों का अधिकार भूमि पर से छीन लिया गया और सारे देश में सामूहिक खेती शुरू की गई। खेती के औजारों में परिवर्तन आया। उसमें अब मशीन का प्रयोग होने लगा। 1940 तक रूस की खेती में 5 लाख 23 हजार ट्रैक्टर काम में लाए गए। इस प्रकार पंचवर्षीय योजना के अनुसार रूस में कितनी सड़कें, नहरें, कारखाने, बिजलीघर आदि का निर्माण हुआ। पैदावार पहले की अपेक्षा कई गुना अधिक बढ़ गई। अब सभी प्रकार की मशीन भी रूस में बनने लगी, जिससे बाहर के देशों पर निर्भर रहने की जरूरत न रही। इस सबका फल यह हुआ कि राष्ट्रीय आमदनी में वृद्धि हुई और तब लोगों का जीवन स्तर ऊँचा उठ गया। बेकारी की समस्या बहुत हद तक दूर हो गई। सबों को काम मिला।

सामाजिक कार्य

सामाजिक क्षेत्र में भी स्टालिन ने अपना महत्त्वपूर्ण योगदान दिया। जार के समय में समाज में नारी का स्थान बहुत ही नीचा था। उन्हें किसी प्रकार की स्वतंत्रता नहीं थी। स्टालिन ने नारी जागरण लाने का प्रयास किया। उन्हें प्रत्येक क्षेत्र में पुरुषों के बराबर ही अधिकार मिले। मत देने, उम्मीदवार होने आदि सभी प्रकार के राजनीतिक और सामाजिक अधिकार नारियों को मिले। अतः अब औरतें भी सर्वोच्च विधानसभा और कार्यकारिणी की सदस्या बनने लगीं। विवाह और तलाक के संबंध में भी उन्हें स्वतंत्रता मिली। वे अब इच्छानुसार विवाह या तलाक कर सकती थीं। वेश्या प्रथा बंद कर दी गई। इस प्रकार स्टालिन के सामाजिक कार्य भी सराहनीय हैं।

सांस्कृतिक कार्य

सामाजिक उन्नति के साथ-साथ सांस्कृतिक उन्नति पर भी बहुत जोर दिया गया। अब सभी वर्गों के लोगों को शिक्षा पाने का अधिकार मिला। प्राथमिक शिक्षा अनिवार्य और निःशुल्क कर दी गई। अतः शिक्षितों की संख्या बढ़ने लगी। स्कूल और कॉलेज का निर्माण हुआ। जगह-जगह पुस्तकालय खोले गए। अब काफी परिमाण में पुस्तकें छपने लगीं, जिससे सबों को पुस्तकें उपलब्ध हो जाती थीं। शिक्षा में मार्क्स और लेनिन के विचारों को प्राथमिकता दी गई। स्टालिन ने प्रत्येक जाति की भाषा और संस्कृति को विकसित होने का मौका दिया।

शिक्षा का माध्यम जातीय भाषा रखा गया। पिछड़ी हुई जातियों की भाषा की उन्नति के लिए नई लिपि व्यवहार में आई। भाषा के आधार पर संपूर्ण देश को कई भागों में बाँट दिया गया। जनता के बौद्धिक विकास के लिए कितने थिएटरों, संग्रहालयों की स्थापना हुई। मानसिक विकास के साथ-साथ शारीरिक विकास की ओर भी ध्यान दिया गया। संक्षेप में रूस में एक ऐसी संस्कृति पनपी जिसमें सभी को समान फलने-फूलने का अधिकार मिला।

स्टालिन के कार्य

आर्थिक कार्य

1. पंचवर्षीय योजना
2. बिजली तैयारी
3. लोहे का कारखाना
4. यातायात के साधन
5. खेतों का राष्ट्रीयकरण
6. मशीन का प्रयोग
7. राष्ट्रीय आमदनी में वृद्धि
8. जीवन स्तर उन्नत
9. बेकारी की समस्या दूर हुई

सामाजिक कार्य

1. स्त्रियों को स्वंतत्रता
2. राजनीतिक अधिकार प्राप्त
3. विवाह-तलाक की स्वतंत्रता।

सांस्कृतिक कार्य

1. शिक्षा की स्वतंत्रता
2. स्कूल, कॉलेज की स्थापना
3. पुस्तक प्रकाशन
4. नई लिपि
5. जातीय भाषा
6. शारीरिक विकास

संवैधानिक कार्य

1. नागरिकों के अधिकार-कर्तव्य

2. वोट
3. कार्यों का बँटवारा

वैदेशिक नीति

1. जर्मनी के साथ संधि
2. फ्रांस से युद्ध
3. राष्ट्र संघ का सदस्य

संवैधानिक कार्य

स्टालिन ने 1936 में एक नया संविधान बनवाया जिसके अनुसार समाजवादी संपत्ति की व्याख्या की गई, साथ-साथ नागरिकों के अधिकार और कर्तव्यों की भी व्याख्या की गई। इस संविधान के अनुसार 18 वर्ष के प्रत्येक स्त्री-पुरुष को वोट का अधिकार मिला। अगर कोई प्रतिनिधि अपना कार्य ठीक से नहीं करता था तो वोटर उन्हें वापस बुला सकते थे। चुनाव प्रत्यक्ष रूप से होने लगा। कानून बनाने के लिए सर्वोच्च विधानसभा स्थापित हुई जो मंत्रियों को चुन सकती थी। सर्वोच्च सोवियत में दो सदन बने, एक संघ का सोवियत और दूसरा जातियों का सोवियत। संघ के सोवियत में जनता के प्रतिनिधि और जातियों के सोवियत में विभिन्न जातियों के प्रतिनिधि बैठते थे। दोनों के अधिकार समान थे। वैदेशिक नीति, सुरक्षा, मुद्रा, आर्थिक योजना आदि विषय केंद्रीय सरकार को दिया गया और शेष संघ के प्रजातंत्रों के हाथ में ही छोड़ दिया गया। इस संविधान के अनुसार बिना अदालत के फैसले के किसी को गिरफ्तार नहीं किया जा सकता था। इस प्रकार स्टालिन ने इस संविधान के द्वारा जनता को एक सुंदर शासन दिया। यही कारण है कि वह आजीवन रूस का डिक्टेटर बना रहा।

वैदेशिक नीति

स्टालिन ने बाहरी देशों के साथ मित्रता की नीति अपनाई और इस प्रकार रूस को खतरे से मुक्त किया। सभी विदेशियों ने रूस की सरकार को मान्यता

प्रदान की। आगे चलकर यह लीग ऑफ नेशंस का सदस्य भी बन गया। फिर भी सेना के संगठन में इसने लापरवाही नहीं दिखाई। जर्मनी की बढ़ती हुई शक्ति से रूस पर खतरा उत्पन्न हो रहा था अतः स्टालिन ने 1939 में हिटलर के साथ अनाक्रामक संधि कर ली। इसके फलस्वरूप रूस को तैयारी करने का अवसर मिल गया। इसी समय पोलैंड और फिनलैंड पर आक्रमण करके स्टालिन ने अपनी स्थिति मजबूत कर ली। फ्रांस के साथ भी उसने अनाक्रामक संधि की। लेकिन 1940 में हिटलर ने रूस पर चढ़ाई कर ही दी। पर स्टालिन घबराया नहीं डटा रहा। यह उसके जीवन-मरण का समय था, अंत में उसकी विजय हुई। हिटलर की हार से स्पष्ट हो गया कि रूस की व्यवस्था दृढ़ है। इस प्रकार—''प्रथम विश्वयुद्ध के फलस्वरूप जिस नई व्यवस्था का रूस में आविर्भाव हुआ वह द्वितीय विश्वयुद्ध की आग में तपकर खड़ी हो गई।'' स्टालिन के इन्हीं गुणों के कारण उसे आधुनिक रूस का निर्माता कहा जाता है।

द्वितीय विश्वयुद्ध और स्टालिन

सन् 1939 में द्वितीय विश्वयुद्ध प्रारंभ हुआ। आरंभ में रूस इस युद्ध से अलग रहा लेकिन 1941 में जर्मनी ने रूस पर आक्रमण कर दिया। जर्मन सेना मास्को तक पहुँच गई अतः लाचार होकर रूस को युद्ध में कूदना पड़ा। यह समय रूस के लिए परीक्षा का समय था। स्टालिन ने अपनी सारी शक्ति युद्ध जीतने में लगा दी। उसने रूसी जनता के दिल में अपने देश के लिए ऐसी भक्ति और हिम्मत भर दी कि हिटलर को उलटे पाँव लौट जाना पड़ा। इस युद्ध में स्टालिन ने मित्र राष्ट्रों से भी संधि कर ली थी। अंत में हिटलर ने मित्र राष्ट्रों के सामने हथियार डाल दिए। यह स्टालिन की बहुत बड़ी विजय थी। दूसरे वर्ष उसने जापान के खिलाफ भी युद्ध छेड़ दिया और तब जापान को भी मित्र राष्ट्रों के सामने घुटने टेकड़े पड़े। ''युद्ध की अवधि में औद्योगिक विकास बड़ी तेजी से हुआ। युद्ध के पिछले तीन सालों में रूस में प्रत्येक वर्ष तीस हजार टैंक तथा उस तरह की अन्य गाड़ियाँ और चालीस हजार वायुयान बनते थे।'' यह सब कुछ स्टालिन के योग्य नेतृत्व की बदौलत ही हुआ।

विश्वयुद्ध के बाद रूस

द्वितीय विश्वयुद्ध में रूस को अपार क्षति का सामना करना पड़ा। लेकिन स्टालिन के सफल नेतृत्व में तुरंत ही उसकी क्षति पूर्ति हो गई। युद्ध के बाद पुनः कई योजनाएँ बनीं जिनके अंतर्गत पुनः रूस की सर्वांगीण उन्नति हुई और कुछ ही दिनों में रूस संसार के बड़े राष्ट्र के रूप में प्रकट हुआ। रूस की सफलता देखकर विश्व के और भी कई देशों में साम्यवाद का प्रचार बढ़ रहा है। एक ओर इधर रूस का प्रभाव बढ़ रहा है दूसरी ओर अमेरिका जैसा पूँजीवादी राष्ट्र उससे सशंकित है। दोनों का मनमुटाव दिन-दिन बढ़ता रहा है। आज संसार में दो गुट हैं। एक का नेतृत्व रूस करता है और दूसरे का अमेरिका।

सन् 1953 में स्टालिन की मृत्यु हो गई। उसके बाद मेलनकोव के हाथ में शासन की बागडोर आई, परंतु जल्द ही उसका पतन हो गया और तब बुल्गानिन वहाँ का नेता बना। बुल्गानिन ने भारत से मित्रता स्थापित की और विश्व शांति का समर्थन किया। 1955 में भारत के प्रधानमंत्री श्री जवाहरलाल नेहरू और बुल्गानिन ने एक-दूसरे देश का भ्रमण किया जिससे दोनों देशों के बीच और भी निकटता आ गई। 1956 में रूस ने स्वेज नगर के राष्ट्रीयकरण का समर्थन किया और उस पर आंग्ल फ्रांसीसी हमले का विरोध किया। रूस ने हमेशा भारत का पक्ष लिया है। कश्मीर के प्रश्न पर भी रूस भारत का समर्थन करता है। 1962 में जब चीन ने भारत पर आक्रमण किया तो रूस ने भारत का पक्ष लिया और इसकी सहायता भी की। बुल्गारिन के बाद निकिता ख्रुश्चेव के हाथ में रूस का शासन आया। इन्होंने भी विश्व शांति का समर्थन किया। इधर रूस ने वैज्ञानिक उन्नति में सभी देशों को पीछे छोड़ दिया है। उसने ही पहली बार चंद्र लोक में अपना राकेट भेजा है। आजकल कोसीजिन के हाथ में रूस का शासन है। हाल में वियतनाम के प्रश्न को लेकर रूस और अमेरिका के संबंध अच्छे नहीं हैं।

इस प्रकार 35 वर्षों की अल्पावधि में ही रूस ने जो चतुर्दिक् प्रगति की है, वह लेनिन, स्टालिन जैसे योग्य नेताओं का ही फल है।

इतिहास में स्टालिन का स्थान

स्टालिन भी विश्व के महान् पुरुषों में आता है। एक मामूली मोची परिवार में जन्म लेकर भी यह एक बहुत बड़े राष्ट्र का नेता बना, यह उसकी प्रतिभा का परिचायक है। उसने लेनिन के अधूरे कार्य को पूरा किया और जिस सामाजिक व्यवस्था की बुनियाद उसने कायम की, वह आज भी विश्व में फैल रही है। जब युद्ध के बीच रूस की सेना लड़ रही थी तो उसके मुँह से बराबर यही शब्द निकले थे—'रूस के लिए, स्टालिन के लिए।' युद्ध के अवसर पर उसने अपूर्व साहस, धैर्य और कुशलता का परिचय दिया। उसकी इच्छाशक्ति बड़ी दृढ़ थी। इसी कारण उसे 'इस्पात का मनुष्य' कहा गया है। आज भी रूस के युवक उससे प्रेरणा ग्रहण करते हैं।

प्रश्न

1. लेनिन और स्टालिन के नेतृत्व में रूस के परिवर्तन पर प्रकाश डालिए। (से.वा. 1956 पू. 1960 वा. 1961 वा., 1962 वा., 1962 पू., 1963 पू.)
2. लेनिन के जीवन कार्य का उल्लेख कर यह दिखलाइए कि उसका क्या असर विश्व इतिहास पर हो रहा है। (से.वा. - 1958 वा.)
3. वर्तमान रूस का असली नेता स्टालिन है—इसे सिद्ध कीजिए। (से. वो. 1958 पू.)

□

14

आधुनिक तुर्की का निर्माण

ऐतिहासिक पृष्ठभूमि

बीसवीं शताब्दी राष्ट्रीय जागरण का काल है। इस सदी में संसार के प्राय: सभी देशों की व्यवस्था में बड़े-बड़े परिवर्तन हुए हैं। एशिया के देशों में भी इसी प्रकार के परिवर्तन हुए हैं। अति प्राचीन काल से ही एशिया का बोलबाला यूरोप के देशों में था। लेकिन 18वीं सदी के बाद से ही यूरोप का आधिपत्य एशिया के देशों पर कायम होने लगा और 19वीं सदी तक आते-आते संपूर्ण एशिया पर यूरोप का आधिपत्य हो गया। इसका एक बड़ा लाभ एशिया के देशों को हुआ। इन देशों की शासन पद्धति प्राचीन व्यवस्था के कायम रहने से पिछड़ी हुई थी। यूरोप का प्रत्येक देश इन देशों की तुलना में अधिक सभ्य और उन्नत था। अब यूरोप के संपर्क में आने से एशिया के देशों में भी राष्ट्रीयता की भावना आई और बीसवीं सदी तक आते-आते वे विदेशियों के आधिपत्य को उखाड़ फेंकने के लिए तैयार हो गए। फलत: कई राष्ट्रीय आंदोलन प्रारंभ हुए और एशिया के बहुत से देश साम्राज्यवादियों के चंगुल से छुटकारा पा गए। ऐसे देशों में तुर्की भी है।

19वीं सदी में तुर्की साम्राज्य की स्थिति—

मध्यकाल में पूर्वी यूरोप का बड़ा भाग तुर्की साम्राज्य के अंतर्गत था। ओटोमन तुर्कों ने एक विशाल साम्राज्य की स्थापना की जो 17वीं सदी

तक कायम रहा। इसकी सीमा में यूरोप, एशिया और अफ्रीका के बहुत से भाग आ गए। अब तुर्की साम्राज्य बड़ा विशाल हो गया। यूरोप के बड़े-बड़े राजा भी इसकी शक्ति के सामने भय खाने लगे। यूरोप के बाहर एशिया माइनर, पैलेस्टाइन, मेसोपोटामिया, आर्मीनिया और अरब भी तुर्की साम्राज्य के अंतर्गत थे। इसी प्रकार अफ्रीका में इजिप्ट से लेकर अल्जीरिया तक तुर्की का आधिपत्य स्वीकार किया जाता था लेकिन 18वीं सदी से तुर्की के बुरे दिन शुरू हुए। धीरे-धीरे उसका प्रभाव कम होने लगा। 1774 ई. में रूस की जारीना कैथेराइन ने काला सागर पर कब्जा कर लिया। 19वीं सदी तक आते-आते तुर्की साम्राज्य इस कदर दुर्बल हो गया कि उसे यूरोप का मरीज (Sickman of Europe) कहा जाने लगा।

तुर्की साम्राज्य के पतन के कारण

तुर्की की अवस्था दिन-दिन बिगड़ती चली गई। चारों ओर शासन में भ्रष्टाचार और अराजकता के लक्षण दिखाई पड़ने लगे। सैनिक पदाधिकारी अब शासन में टाँग अड़ाने लगे और सुधारों का विरोध करने लगे। पुरानी सेना, जिसे 'जॉनिसारी' कहते थे, भी भ्रष्ट हो गई थी। प्रांतों के सूबेदार स्वतंत्र हो गए। साम्राज्य के भीतर यूरोपियन जाति के लोग थे जिनमें राष्ट्रीयता की भावना आ गई और वे अपने को स्वतंत्र करने का स्वप्न देखने लगे। यूरोपियन देश तुर्की के आंतरिक मामलों में हस्तक्षेप करने लगे। रूस की ललचाई दृष्टि भी यूरोप के इस मरीज पर पड़ रही थी।

शासन भी निरंकुश था और शासक अयोग्य थे। 19वीं सदी में जितने सुल्तान हुए वे न तो शक्तिशाली थे, न उदार। अतः शासन में भी चारों ओर भ्रष्टाचार फैला हुआ था। जार के साथ युद्ध होने से सुल्तान के हाथ से बहुत से इलाके निकल गए थे। सरकार कर्ज के बोझ से अलग दबी जा रही थी। यहाँ तक कि सन् 1875 ई. में तुर्की दिवालिया घोषित हो गया।

सुधार और प्रतिक्रिया

साम्राज्य की गिरती हुई दशा देखकर कुछ लोगों ने उसमें सुधार लाने

की कोशिश की। इधर देश के तरुणों ने 'तरुण तुर्की' नामक एक नया दल भी संगठित किया। यह दल प्रजातंत्र के अधिकारों की स्थापना चाह रहा था। उनका विश्वास था कि तुर्की के पतन को आंतरिक दशा में सुधार लाकर ही रोका जा सकता है। इसी उद्देश्य से वहाँ दो बार विद्रोह भी हुए। अब्दुल अजीज और मुराद पंचम को गद्दी से उतार दिया गया और अब्दुल हमीद द्वितीय को गद्दी पर बैठाया गया। इस समय में तुर्की में सुधार की लहर बह रही थी। तुर्क और यूरोपियन के बीच के भेदभाव हो हटाने की चेष्टा की गई। तुर्की साहित्य और संस्कृति में नए-नए परिवर्तन हुए। बहुत से लेखक, कवि, नाटककार पैदा हुए जिन्होंने अपनी रचना के माध्यम से नए विचारों का प्रचार किया। यह सब हो रहा था तभी अब्दुल हमीद ने सुधार करना बंद कर दिया। उसने तरुण तुर्क दल के नेताओं को बहिष्कृत कर दिया। वह पान इसलाम आंदोलन का समर्थक था और सभी मुसलिम राज्यों को संगठित करना चाहता था। लेकिन अब्दुल हमीद का शासन लोगों को पसंद न आया। फलतः अब्दुल हमीद गद्दी से उतार दिया गया और अब उसके भाई मुहम्मद पंचम को गद्दी पर बैठाया गया। शासन की बागडोर नए तुर्कों के हाथ में आ गई। सुल्तान अब केवल नाम का प्रधान था। नए तुर्कों ने फिर से तुर्की को यूरोपियन ढंग पर संगठित करना शुरू किया। परंतु साम्राज्य जब एक बार गिरना प्रारंभ हुआ तब गिरता ही गया। फिर भी इस अवधि में तुर्कों के बीच राष्ट्रीयता का प्रचार जोर-शोर से हुआ। पुस्तकों आदि के द्वारा भी लोगों में राष्ट्रीय भावना भरी गई। तुर्की का यूरोपीय देशों के साथ जो युद्ध हुआ उस युद्ध में भी तुर्कों को बड़ी हानि का सामना करना पड़ा। इस सबका फल यह हुआ कि तुर्कीवालों ने अपने पैरों पर खड़ा होना सीख लिया। वे पुरानी व्यवस्था की जगह नई व्यवस्था कायम करने के लिए कृत संकल्प हो गए। इस तरह उनमें धीरे-धीरे राष्ट्रीयता की भावना आती जा रही थी।

प्रथम विश्वयुद्ध और तुर्की

सन् 1914 में जब प्रथम विश्वयुद्ध शुरू हुआ तो तुर्की ने जर्मनी का पक्ष लिया लेकिन जर्मनी की हार हो गई। इस हार से तुर्की की दशा भी अत्यंत

शोचनीय हो गई। युद्ध के बाद इंग्लैंड और फ्रांस ने तुर्की साम्राज्य को आपस में बाँट लिया। अब तुर्की कई टुकड़ों में बँट गया। देश के नए तुर्क देश छोड़कर भाग गए और फिर से शासन सुल्तान के हाथ में आ गया। सुल्तान मित्र राष्ट्रों के प्रभाव में था। इसी समय स्मीखा में यूनानी सैनिक पहुँचे जो तुर्की के इलाकों में तरह-तरह के अत्याचार करते थे। मित्र राष्ट्रों ने तुर्की के निवास स्थान को भी छीन लिया, उसकी सेना घटाकर 50 हजार कर दी गई। उसकी जल सेना को बिल्कुल नष्ट कर दिया गया। इस प्रकार तुर्की का साम्राज्य बिल्कुल छोटा और निर्बल हो गया। सेव्र की संधि के अनुसार तुर्की के यूरोपीय प्रदेश खत्म हो गए। इस सबसे तुर्कों की राष्ट्रीय भावना और भी उमड़ी। उनमें एक नई स्फूर्ति आई। इसी समय उन्हें एक योग्य नेता भी मिल गया। इसी नेता का नाम मुस्तफा कमाल पाशा था।

मुस्तफा कमाल पाशा और प्रजातंत्र की स्थापना

कमाल पाशा का प्रारंभिक जीवन

गाजी मुस्तफा कमाल पाशा का जन्म सन् 1881 ई. में एक साधारण परिवार में हुआ था। उनके पिता एक दफ्तर में किरानी थे लेकिन उनकी माँ एक प्रतिभाशाली नारी थीं जिनका प्रभाव कमाल के जीवन पर बहुत अधिक पड़ा। बाल्यकाल में कमाल बड़ा ही उद्दंड और नटखट था। 11 वर्ष की उम्र में उसे स्कूल में भरती किया गया लेकिन अपने उग्र स्वभाव के चलते वह स्कूल में अधिक दिन तक नहीं टिक सका। इसके बाद सलोनिका के सैनिक स्कूल में भरती हुआ और वहाँ की परीक्षा पास कर वह मानेनस्टीर के सैनिक विद्यालय में भरती हुआ। उसके मस्तिष्क में अब एक बड़ा सेनापति बनने का विचार चक्कर काटने लगा। इसी समय वह सब-लेफ्टिनेंट बनाकर कुस्तुनतुनिया के जेनरल स्टाफ कॉलेज में भेजा गया। वहाँ क्रांतिकारियों ने सुल्तान के विरुद्ध 'वतन' नाम का एक क्रांतिकारी दल संगठित किया था। कमाल उसका प्रधान बन गया। लेकिन सुल्तान को इस दल का पता चल गया और उसके सभी सदस्य गिरफ्तार कर लिए गए

और 'वतन' संस्था को समाप्त कर दिया गया। पीछे उसके सभी सदस्य छोड़ दिए गए और मुस्तफा कमाल पाशा की सैनिक योग्यता से खुश होकर सुल्तान ने उसे बाल्कान युद्ध के समय सैनिक अफसर बनाकर भेज दिया। कमाल पाशा ने वहाँ अपनी अद्‍भुत सैनिक क्षमता का परिचय दिया। वहाँ से लौटकर पुनः वह 'वतन' को संगठित करने के प्रयास में जुट गया। पुनः सुल्तान ने उसे 1978 ई. में सेना का अफसर बनाकर सलोनिका भेज दिया। वहाँ भी क्रांतिकारियों ने अपना दल संगठित कर लिया था, जिसका नेता अनवर था। कमाल पाशा भी उस दल का सदस्य बन गया, लेकिन अनवर से उसका मतभेद हो गया। अनवर ने कुस्तुननिया पर आक्रमण कर दिया और अब्दुल हमीद को शासन में सुधार लाने पर विवश किया। सुल्तान ने जब आनाकानी की, उसे गद्‌दी से उतार दिया गया और उसके एक संबंधी को गद्‌दी पर बैठाकर शासन-सूत्र अनवर ने अपने हाथ में ले लिया। उसने एक सुसंगठित सेना का निर्माण किया। तुर्की के पुनर्निर्माण के लिए उसने जर्मनों की सहायता भी ली लेकिन कमाल ने उसकी इस नीति का घोर विरोध किया।

सन् 1914 के प्रथम विश्वयुद्ध में तुर्की ने जर्मनी का पक्ष लिया था। अनवर ने एक विशाल सेना रूस के विरुद्ध भेजी लेकिन सारी सेना हिमायल के बर्फ में जमकर मर गई। इसी समय कमाल पाशा भी युद्ध में आगे आया और अपनी अद्‍भुत सैनिक कुशलता से अंग्रेजों के आक्रमण को विफल करके कुस्तुनतुनिया और दर्रे दनियाल की रक्षा कर ली। कमाल पाशा की इस सफलता से उसकी बड़ी प्रसिद्धि हुई। अंत में जब जर्मनी की हार हो गई, तब तुर्की के साथ भी मित्र राष्ट्रों ने सेब्र की संधि की। लेकिन कमाल पाशा ने इस संधि को मानने से इनकार कर दिया। तुर्क के सभी लोगों ने कमाल पाशा का ही पक्ष लिया और उसके नेतृत्व में अपनी आजादी की लड़ाई जारी रखी। क्रांतिकारियों ने अपनी एक अलग सरकार बनाई जिसका नाम ग्रेंड नेशनल एसेंबली की सरकार था और इसकी राजधानी अंकोरा थी।

अंकोरा का राष्ट्रीय पैक्ट

क्रांतिकारियों ने कमाल पाशा के नेतृत्व में सेब्र की संधि को ठुकराकर ग्रीस, ब्रिटेन तथा इटली के विरुद्ध युद्ध की घोषणा कर दी। इस सरकार ने विदेशियों के अधिकार में राष्ट्रीय प्रभुत्व घटानेवाली कोई भी चीज देने से इनकार किया। इसी को अंकोरा का राष्ट्रीय पैक्ट कहते हैं।

कमाल को युद्ध में सफलता मिली। सकरिया नदी के किनारे यूनान की करारी हार हो गई। अब सभी यूनानी तुर्की के बाहर खदेड़ दिए गए। फ्रांस ने भी 1921 में तुर्की से संधि कर ली और वहाँ की राष्ट्रीय सरकार को मान्यता दी। रूस से भी राष्ट्रीय सरकार को अस्त्र-शस्त्र की मदद मिली। लाचार होकर ब्रिटेन ने भी 1922 में तुर्की के साथ युद्ध बंद कर दिया।

प्रजातंत्र की स्थापना

1923 में ब्रिटेन ने कमाल पाशा की सरकार से संधि कर ली। इसे लौजान की संधि कहते हैं। इस संधि के अनुसार सेब्र की संधि की सारी शर्तें रद्द कर दी गईं और तुर्की की सभी माँगें स्वीकार कर ली गईं। तुर्की में जितने भी ईसाई और विदेशी थे सबों के विशेषाधिकार को रद्द कर दिया गया। अब सुल्तान की सत्ता का अंत कर दिया गया और स्वतंत्र तुर्की प्रजातंत्र की स्थापना की गई। देश के शासन के लिए संसद की व्यवस्था हुई। इसमें जनता द्वारा चुने हुए प्रतिनिधि भाग लेते थे। तुर्की का एक विशाल नया संविधान निर्मित हुआ और कमाल पाशा तुर्की प्रजातंत्र का प्रथम राष्ट्रपति बना। तुर्की की राजधानी अंकोरा बनी।

कमाल पाशा के सुधार

धार्मिक सुधार

प्रजातंत्र की स्थापना के बाद कमाल पाशा का ध्यान तुर्की के विकास की ओर गया और कम समय में ही इसने अपनी लगन और परिश्रम से तुर्की की काया पलट कर दी। इसके सफल नेतृत्व में तुर्की में सुधारों की बाढ़ आ गई।

सबसे पहले उसने धर्म को राजनीति से अलग किया। वह तुर्की में एक धर्मनिरपेक्ष राज्य की स्थापना करना चाहता था। अतः खिलाफत की संस्था का अंत कर दिया गया और काजियों के विशेषाधिकार छीन लिए गए। इस प्रकार लोगों को धार्मिक स्वतंत्रता मिली। इसलाम धर्म के विरुद्ध उसने ललित कलाओं के विकास के साधन भी जुटाए। संविधान से भी उस अंश को निकाल दिया गया, जिसमें कहा गया था कि तुर्की राज्य का धर्म इसलाम होगा। सभी तरह के धार्मिक स्कूल भी बंद कर दिए गए। इसलाम धर्म को कार्यान्वित करने के लिए जो सरकारी कचहरियाँ थीं, उन्हें भी बंद कर दिया गया। इस प्रकार तुर्की की सरकार का कोई खास धर्म से सरोकार न रहा।

सामाजिक सुधार

कमाल पाशा ने तुर्की की सामाजिक दशा में चार चाँद लगा दिए। उसने स्त्रियों की दशा में सुधार की। कानून बनाकर स्त्रियों और पुरुषों के अधिकार समान कर दिए गए। विवाह और संपत्ति पर दोनों का समान हक निश्चित हुआ। स्त्रियों में परदा प्रथा प्रचलित थी। वे बुर्का पहनती थीं, लेकिन अब पर्दा प्रथा समाप्त हो गई और स्त्रियाँ भी यूरोपीय ढंग से पहनावा पहनने लगीं। स्त्रियाँ पुरुषों की तरह ही सार्वजनिक जीवन में भाग लेने लगीं। बड़े-बड़े पदों पर अब स्त्रियाँ भी नियुक्त की जाने लगीं। उन्हें वोट देने का अधिकार मिला और वे विधानमंडल की सदस्या होने लगीं। अब तक शादी-ब्याह एक धार्मिक संस्कार था। लेकिन अब वह नागरिक कानून के अनुसार संपादित होने लगा। पुरुष कई विवाह करते थे, लेकिन कानून बनाकर बहु-पत्नी की प्रथा उठा दी गई।

लोगों के पहनावे में भी परिवर्तन आया। कानून बनाकर तुर्की टोपी पहनने पर रोक लगा दी गई। केवल चर्च और मसजिद में ही मुल्ला और मौलवी अपना पहनावा धारण कर सकते थे। तुर्की टोपी की जगह पर हैट पहनने का प्रचलन शुरू हुआ। कमाल पाशा का उद्‌देश्य था कि तुर्की को बिल्कुल पश्चिमी रंग में रँग दिया जाए। यहाँ तक कि उसने यूरोपियन ढंग के नाचों का

भी अपने यहाँ प्रचार किया। शुक्रवार के बदले रविवार छुट्टी का दिन तय हुआ। इस प्रकार तुर्की का सामाजिक जीवन यूरोपियन ढंग पर प्रारंभ हुआ।

आर्थिक सुधार

कृषि और उद्योग-धंधों की प्रगति हुई। यद्यपि तुर्की में प्राकृतिक साधनों और खनिज पदार्थों की कमी न थी फिर भी तुर्की एक पिछड़ा हुआ देश था। परंतु कृषि और उद्योग में प्रगति होते ही तुर्की संपन्न देश बनता गया। देश में कई नए उद्योग-धंधों की स्थापना हुई। उद्योग को प्रोत्साहन देने के लिए कई बैंक खुले जिसमें सेंट्रल बैंक अधिक महत्त्वपूर्ण था। सारे देश में अधिक-से-अधिक पूँजी जमा करने की अपील हुई। जनता सरकार से राष्ट्रीय बॉण्ड खरीदती थी। उद्योग के क्षेत्र में दरी और तंबाकू तैयार करने के लिए कारखाने खुले। कई कपड़े के मिलों की स्थापना हुई। देश में जितनी चीनी की खपत थी वह अब देश में ही तैयार होने लगी। कुछ उद्योग अलग-अलग व्यक्तियों के हाथ में थे और कुछ पर सरकार का सीधा नियंत्रण रहता था। जनता से अनुरोध किया गया कि वह अपने देश की बनी हुई चीज ही खरीदे। व्यापार के विकास के लिए यातायात के साधनों में तरक्की आई। संपूर्ण देश में बिजली का व्यवहार होने लगा। मजदूरों की दशा में सुधार लाने के लिए कई कानून बनाए गए। मजदूरों के हड़ताल करने तथा मिल मालिकों को मिल बंद करने पर कानूनी रोक लगा दी गई। मजदूरों के काम के घंटे नियत कर दिए गए। आवागमन के क्षेत्र में रेलों, जहाजों का विकास हुआ। नापतौल के क्षेत्र में भी यूरोपियन पद्धति काम में लाई गई।

उद्योग के साथ-साथ कृषि में भी कई सुधार हुए। किसानों की दशा सुधारने का प्रयास किया गया। उन्हें 'बैंक ऑफ एग्रीकल्चर' से कर्ज मिलने लगा। कई सहयोग समितियाँ बनीं, जो किसानों की दशा सुधारने की ओर ध्यान देती थीं। कृषि की शिक्षा देने के लिए कई कृषि कॉलेजों की स्थापना हुई। खेती में ट्रैक्टर का व्यवहार होने लगा। सिंचाई और खाद की उत्तम व्यवस्था की गई।

गाँव में सार्वजनिक हित के कई कार्य किए गए। जगह-जगह पर कुएँ खुदवाए गए। ग्रामीण जनता के बीच सफाई का प्रचार किया गया। गाँव के शासन संबंधी बहुत से कार्य अब गाँववालों के द्वारा होने लगे। इससे ग्रामीण जनता को भी राजनीतिक शिक्षा मिलने लगी।

शिक्षा संबंधी सुधार

देश में शिक्षा-प्रचार के लिए अधिक परिश्रम किया गया। कमाल पाशा ने तुर्की भाषा से अरबी लिपि को हटा दिया और बदले में रोमन लिपि का आरंभ किया। इसके प्रचार के लिए कमाल पाशा स्वयं गाँवों में घूमा करता था। उसने 16 से 40 वर्ष तक के लोगों को स्कूल में जाकर रोमन लिपि सीखना अनिवार्य कर दिया। यहाँ तक कि नमाज और अजाँ भी तुर्की भाषा में ही पढ़े जाने लगे। तुर्की भाषा के प्रचार के लिए बहुत से स्कूल खोले गए। शहरों में आठ हजार और देहातों में ऐसे 12 हजार स्कूल थे। ये स्कूल राष्ट्रीय स्कूल कहलाते थे।

तुर्की में आधुनिक ढंग के स्कूल बहुत कम थे। पुराने मदरसों की हालत भी अच्छी न थी। अतः कमाल ने जगह-जगह नए प्रकार के स्कूल खोले। पाठ्यक्रम में सुधार लाया गया। इतिहास, भूगोल, नागरिक शास्त्र, तुर्की भाषा और साहित्य का अध्ययन अनिवार्य कर दिया गया। इतिहास की नई पुस्तकें तैयार की गईं, जिन्हें पढ़कर तुर्की के नवयुवक अपने देश और जाति के इतिहास से पूरा परिचय प्राप्त कर सकते थे। कई पुस्तकालयों और वाचनालयों की स्थापना हुई। 1934 तक तुर्की में 778 वाचनालय और 102 पुस्तकालय खुल चुके थे। कई प्रकार के पत्र-पत्रिकाओं का भी प्रकाशन हुआ। पत्रिका में दैनिक, साप्ताहिक सभी प्रकार थे।

बीमारियों को रोकने और चिकित्सा का सुंदर प्रबंध किया गया। कई हेल्थ अफसर बहाल किए गए और उनकी ट्रेनिंग के लिए बहुत से स्कूल खोले गए। नर्सों की ट्रेनिंग के लिए भी कई स्कूल खुले। शासन विधानों के सिद्धांत को बदल दिया गया। राज्य शक्ति का स्रोत जनता थी।

वैदेशिक नीति

सुल्तान के समय में तुर्की यूरोपीय देशों का पिछलगुआ था लेकिन कमाल ने स्वतंत्र वैदेशिक नीति अपनाई। सुल्तान सभी मुसलिम देशों का नेतृत्व करना चाहता था। इस कारण भी बहुत से मुसलमान उससे चिढ़े हुए थे। कमाल पाशा ने इस पुरानी नीति का बिल्कुल परित्याग कर दिया। अब सभी देशों से मित्रता की नीति अपनाई गई। ब्रिटेन और फ्रांस के साथ भी जिन्होंने तुर्की को बड़ी हानि पहुँचाई थी, उनके साथ भी मित्रता का ही नाता रखा गया। 1925 ई. में उसने रूस के साथ एक संधि की। पुनः 1929 में इटली और फ्रांस के साथ उसकी संधि हुई। 1932 में तुर्की राष्ट्र संघ का सदस्य भी बन गया। जब हिटलर की विजयों से यूरोप की स्थिति बिगड़ने लगी, तब इसने यूनान, युगोस्लोवाकिया और रूमानिया से मिलकर एक अनाक्रमक गुट कायम किया। दर्रे दानियाल के आस-पास अपनी सेना रखने के लिए इसने अन्य देशों पर दबाव डालना शुरू किया और आखिर 1936 में उस पर इसका आधिपत्य कायम हुआ। 1937 में कमाल पाशा ने ईरान, अफगानिस्तान, इराक आदि मुसलिम देशों से संधि करके अपनी स्थिति मजबूत कर ली। इस प्रकार कमाल पाशा अपनी जिंदगी भर इटली के सुधार में प्रयत्नशील रहा। उसके इन्हीं गुणों के कारण उसे अतातुर्क कहते हैं (तुर्की का पिता)। एक बार उसने कहा था, ''यदि आज मेरी मृत्यु हो जाए तो हजार ऐसे तुर्क हैं जो मेरा स्थान ले लेंगे।'' इस प्रकार 'यूरोप का रोगी' उन्नतशील राष्ट्र बन गया।

कमाल पाशा के सुधार

धार्मिक सुधार

1. धर्मनिरपेक्ष राज्य की स्थापना
2. धार्मिक स्कूल और कचहरी बंद कर दिए गए
3. खिलाफत की संस्था का अंत

सामाजिक सुधार

1. स्त्रियों को पुरुषों के समान अधिकार

2. परदा प्रथा का अंत
3. शादी–ब्याह कानून आधार
4. बहुपत्नी प्रथा का अंत
5. पहनावे में परिवर्तन

आर्थिक सुधार

1. उद्योग की स्थापना
2. बैंकों की स्थापना
3. कारखानों की स्थापना
4. यातायात के साधन में तरक्की
5. बिजली का व्यवहार
6. मजदूरों की दशा में सुधार
7. कृषि में आधुनिक तरीका
8. कृषि कॉलेज की स्थापना
9. गाँव में सार्वजनिक कार्य

शिक्षा सुधार

1. तुर्की भाषा और रोमन लिपि का प्रचार
2. स्कूल, कॉलेज की स्थापना
3. पाठ्यक्रम में सुधार
4. पुस्तकालय की स्थापना
5. पत्र–पत्रिका का प्रकाशन
6. चिकित्सा का प्रबंध

वैदेशिक नीति

1. मित्रता की नीति
2. राष्ट्र संघ की सदस्यता

6. इतिहास में कमाल पाशा का स्थान:-

मुस्तफा कमाल पाशा संसार के उन महापुरुषों में हैं, जिन्होंने अपने कार्यों से संसार में एक नया युग ला दिया है। आधुनिक तुर्की में हम आज जो कुछ भी पाते हैं वह सब कमाल पाशा की ही देन है। इनकी प्रतिभा भी बड़ी प्रखर थी। गणित में प्रवीण होने के कारण इन्हें 'कमाल' की उपाधि मिली थी। विद्यार्थी जीवन से ही क्रांति की भावना इनके भीतर पल रही थी और तब से ही इन्होंने तुर्की के लिए अपना तन-मन-धन सब कुछ समर्पित कर दिया। एक मामूली अफसर से तुर्की के राष्ट्रपति बनकर इन्होंने अपनी कार्यकुशलता का परिचय दिया। प्रथम विश्वयुद्ध में कमाल पाशा ने अपने सैनिक गुणों का परिचय देकर सुल्तान पर भी अपनी धाक जमाई। सेव्र की संधि का खुलकर विरोध किया और तुर्की को टुकड़े-टुकड़े होने से बचा लिया। अंकोरा पैक्ट द्वारा उसने तुर्की की अखंडता की घोषणा की।

कमाल पाशा एक कुशल सेनानायक ही नहीं, सफल राजनीतिज्ञ भी था। समाज सुधार की भावना उसके भीतर भरी पड़ी थी और वह जीवन भर तुर्की के सुधारों में लगा रहा। उसमें अद्‌भुत धैर्य और साहस था। कठिनाइयों के बीच रहकर उससे लड़ना जान गया था। अत: भीषण से भीषण असमय में भी उसने साहस न छोड़ा। वह तुर्की को बिल्कुल यूरोपीय रंग में रँग देना चाहता था। उसी के परिश्रम का फल है कि आज तुर्की संसार के सम्मानित देशों में एक है। आजकल उस पर अमेरिका का प्रभाव है।

प्रश्न

1. आधुनिक तुर्की के निर्माण में मुस्तफा कमाल अतातुर्क ने क्या किया?
2. मुस्तफा कमाल पाशा के जीवन चरित्र और सफल कार्यों का विवरण दीजिए।
3. मुस्तफा कमाल पाशा ने किस प्रकार तुर्की की कायापलट की?

□

15
आधुनिक चीन का निर्माण

ऐतिहासिक पृष्ठभूमि

आधुनिक चीन का इतिहास अन्य देशों की तुलना में अधिक महत्त्वपूर्ण है। अठारहवीं शताब्दी में सुधार की जो लहर चली, चीन उससे अछूता न रहा। यहाँ 17वीं सदी से ही मंचू राजवंश के सम्राट् शासन करते आ रहे थे। इस अवधि में चीन में सामाजिक और आर्थिक व्यवस्था सामंती प्रथा के आधार पर थी। यद्यपि 18वीं सदी में यह एक पिछड़ा हुआ देश था फिर भी यह शक्तिशाली राष्ट्र था। लेकिन 19वीं सदी में यूरोपीय साम्राज्यवादी देशों का प्रभाव यहाँ बढ़ने लगा फलतः चीन की शक्ति क्षीण होने लगी। यूरोपीय देश चीन के साथ व्यापारिक संबंध कायम करना चाहते थे, अतः सभी यूरोपीय राष्ट्रों ने चीन पर आक्रमण करना प्रारंभ कर दिया। फलतः चीन की सरकार को इन विदेशियों के सामने कई बार परास्त होना पड़ा। उसकी भूमि पर विदेशियों ने खुलकर अत्याचार करना प्रारंभ कर दिया। चीन का आर्थिक शोषण प्रारंभ हुआ। उस पर जबरन अफीम लाद दी गई। राजनीतिक क्षेत्र में भी चीन की सरकार के अधिकार सीमित हो गए। अंग्रेजों के साथ अफीम को लेकर चीन का जो युद्ध हुआ उसमें चीन की बड़ी हानि हुई। चीनियों को युद्ध का हर्जाना देना पड़ा और चीन ने अपने पाँच बंदरगाह विदेशियों को दे दिए। इस प्रकार धीरे-धीरे चीन की शक्ति क्षीण होती गई। लेकिन यह स्थिति बहुत दिनों तक कायम न रही। चीन के नवयुवकों में असंतोष का जन्म हुआ और उन्होंने चीन के पुनर्निर्माण के लिए प्रयत्न करना शुरू किया। विदेशी प्रभाव से

मुक्त होने के लिए कई आंदोलन हुए और 'बक्सर युद्ध' भी हुआ किंतु अंत में चीन हार गया।

19वीं सदी में चीन की स्थिति—चीन में विदेशियों के आगमन के फलस्वरूप चीन की आर्थिक, सामाजिक, राजनीतिक सभी क्षेत्र में प्रगति ठप पड़ गई थी। कृषि की हालत दयनीय थी, उद्योग के क्षेत्रों में किसी प्रकार का सुधार नहीं हो रहा था। शासन में भ्रष्टाचार, घूसखोरी बढ़ गई थी। चारों ओर गरीबी, बेकारी से लोग त्राहि-त्राहि कर रहे थे। अत: इन सभी कारणों के फलस्वरूप जनता मंचू राज्यवंश को बदल देना चाहती थी। क्योंकि वह कमजोर था और इन परिस्थितियों का सामना करने में सर्वथा अयोग्य था। अंत में चीन के नवयुवक आगे आए। इन्होंने यूरोप और अमेरिका में ऊँची शिक्षा पाई थी। राष्ट्रीयता और लोकतंत्र की भावना से वे परिचित थे। पश्चिमी देशों की प्रगति वे देख चुके थे और उसके कारण भी समझते थे। अत: ऐसे नवयुवकों ने चीन से विदेशी प्रभाव मुक्त करके चीन की उन्नति करने का बीड़ा उठाया। ऐसे ही नवयुवकों में डॉ. सनयात सेन का नाम उल्लेखनीय है। सनयात सेन ने नवयुवकों की एक पार्टी बनाई जिसका नाम 'तुगमेंग लुई' पड़ा। इस क्रांतिकारी पार्टी का मुख्य उद्देश्य था मंचू राजवंश का अंत कर चीन में सुधार लाना। इसी समय बाहरी देशों में कुछ ऐसी घटना घटी जिससे चीन के नवयुवकों का हौसला और बढ़ा।

सन् 1905 में रूस-जापान युद्ध में रूस की हार हो गई। रूस जैसे विशाल देश का जापान जैसे छोटे देश से हार जाना एक बहुत बड़ी घटना थी। इससे चीन के लोगों में राष्ट्रीय भावना का विकास हुआ। अब तक राजमाता की देखरेख में चीन में सुधार लाने का प्रयत्न हो रहा था लेकिन उसकी मृत्यु के बाद असंतोष की आग भड़क उठी।

मंचू राजवंश का अंत

अंत में सन् 1911 ई. में मंचू राजवंश के खिलाफ जनता का विद्रोह भड़क उठा। इसका सबसे प्रधान कारण था कि एकरेल मार्ग की योजना जिसे धनी

चीनियों ने सरकार के सामने प्रस्तुत किया। सरकार ने उसे ठुकरा दिया और विदेशियों द्वारा प्रस्तुत योजना को स्वीकार कर लिया। इस घटना ने क्रांति की आग में घी का काम किया और डॉकों में सेना ने विद्रोह कर दिया। शंघाई और कैटन में भी विद्रोह की आग फैली। चीन के सभी वर्गों के लोगों ने इस क्रांति में खुलकर भाग लिया। विद्यार्थियों, व्यापारियों तथा क्रांतिकारियों ने इस क्रांति में पूरा सहयोग दिया। क्रांतिकारियों की हर जगह विजय होती गई। राजा द्वारा बहाल गवर्नर हटा दिए गए और शासन-सूत्र क्रांतिकारियों के हाथ में आ गया। अंत में राजा ने यु आन सी काई के नेतृत्व में एक सेना क्रांतिकारियों के विरुद्ध भेजी। इस युद्ध में क्रांतिकारी हार गए पर यु आन शी काई स्वयं एक महत्त्वाकांक्षी व्यक्ति था, अतः क्रांतिकारियों ने उसे राष्ट्रपति बनाने का लोभ देकर अपनी ओर मिला लिया। अब मंचू सम्राट् सब ओर से असहाय हो गया। जब उसने देखा कि अब उसकी सहायता करनेवाला कोई न रहा तब उसने 1911 ई. में गद्दी छोड़ दी। इस प्रकार चीन में राजतंत्र समाप्त हो गया और प्रजातंत्र की स्थापना हुई। क्रांतिकारियों ने सनयात सेन को विदेश से बुलाकर चीन का राष्ट्रपति घोषित किया। लेकिन सनयात सेन एक अनुभवी व्यक्ति था। उसने अनुभव किया कि क्रांति की सफलता के लिए एक संगठित सेना की जरूरत है, अतः उसने यु आन शी काई को राष्ट्रपति बना दिया, क्योंकि उसके पास एक संगठित सेना थी। लेकिन राष्ट्रपति बनते ही उसकी महत्त्वाकांक्षा और बलवती हो गई। उसने क्रांतिकारियों का दमन करना प्रारंभ कर दिया। सनयात सेन ने इसके पहले ही अपने अनुयायियों को 'कुमिनटांग' नामक दल में संगठित कर लिया था और नए उद्योग का अध्ययन करने के लिए वह जापान चला गया था। उसकी अनुपस्थिति में यु आन शी काई ने कुमिनटांग को भंग कर दिया। दूसरे साल उसने संसद को भी भंग कर दिया। अब वह सम्राट् बनने का स्वप्न देखने लगा, लेकिन इसी समय 1916 ई. में उसकी मृत्यु हो गई।

सनयात सेन के कार्य

प्रारंभिक जीवन

आधुनिक चीन के निर्माताओं में सनयात सेन का नाम पहले आता है। उनका जन्म 1866 ई. में हुआ था। विद्यार्थी जीवन से ही उनके भीतर विद्रोह की भावना काम कर रही थी और यह भावना दिनोदिन बलवती ही होती गई। स्कूल में भी उनका स्वभाव विद्रोही था। अकसर वे शिक्षक की बात मानने से इनकार कर देते थे और तब उन्हें मार भी खानी पड़ती थी। चीन के धार्मिक अंधविश्वास से भी उसे घृणा हो गई और वह ईसाई बन गया। उसका पक्का विश्वास था कि चीन का उद्धार क्रांति के जरिए ही होगा, अतः वह क्रांति की तैयारी में लग गया। 1872 ई. में अपनी डॉक्टरी की शिक्षा समाप्त करके वह पूरी मुस्तैदी से क्रांति की तैयारी में जुट गया। इसी उद्देश्य से उसने होनोलुलु में 'जाग्रत् चीन' नामक एक संस्था का निर्माण किया और उसका कार्यालय हांगकांग में खोला। क्रांतिकारियों ने अपना झंडा भी तैयार किया। 1975 ई. में तुंगमेंग हुई नामक एक अन्य संस्था का निर्माण हुआ। लेकिन सनयात का अधिक समय चीन के बाहर ही बीता क्योंकि सरकार द्वारा उसके पकड़ लिए जाने का डर था पर बाहर रहकर भी वह चीन में अपने सिद्धांत का प्रचार करता रहा। विदेशों में चीन के जो विद्यार्थी पढ़ने आते थे उन्हें लेकर भी उसने एक संगठन कायम किया।

सन् 1911 ई. में जब यु आन शी काई के कारण क्रांति असफल हो गई तब वह कैंटन भाग गया और वहाँ उसने कुमिनटांग नामक अलग पार्टी बनाई। इस पार्टी के तीन प्रधान उद्देश्य थे—1. चीन में प्रजातंत्र स्थापित करना, 2. चीन की सरकार का प्रजा के द्वारा संचालन, 3. जनता की भलाई के लिए सरकार की स्थापना। सनयात सेन ने चीन के दक्षिणी भाग में एक क्रांतिकारी सरकार की स्थापना की। इस कार्य में उसे रूस से भी मदद मिली। चीन में कम्युनिस्ट पार्टी की स्थापना हुई और सनयात सेन ने उसे कुमिनटांग में जगह दे दी। इस प्रकार कुमिनटांग और कम्युनिस्ट पार्टी ने मिलकर चीन को साम्राज्यवादियों के चंगुल से मुक्त करने का कार्य प्रारंभ किया।

1. कैंटन सरकार की स्थापना

1911 की क्रांति असफल हो गई थी। इसी समय 1914 का प्रथम विश्वयुद्ध आरंभ हुआ। चीन में इस समय औद्योगिक क्रांति शुरू हुई। कल-कारखानों की स्थापना हुई और इसके परिणामस्वरूप पूँजीपति और मजदूर वर्ग का उदय हुआ। इससे भी लोगों में राष्ट्रीय चेतना का विकास हुआ। जब युद्ध समाप्त हुआ तब फिर सनयात सेन ने राष्ट्रीय आंदोलन प्रारंभ किया। उसने जापान से वापस आकर कोमिनटांग का नए ढंग से संगठन किया और चीन के दक्षिणी भाग कैंटन में एक क्रांतिकारी सरकार की स्थापना की और स्वयं उसका प्रधान बना। इस समय सनयात सेन से रूस के संबंध अच्छे थे अतः रूस ने भी इस सरकार की मदद की। उसने अपने कई सलाहकार भेजे जिससे सनयात सेन को मदद मिली। इसी के फलस्वरूप चीन में कम्युनिस्ट पार्टी की स्थापना हुई जो पीछे चलकर कुमिनटांग में सम्मिलित कर ली गई।

2. जनता के तीन सिद्धांत

सनयात सेन ने अपना सिद्धांत निकाला जो 'जनता के तीन सिद्धांत' कहलाया। ये सिद्धांत थे राष्ट्रीयता, लोकतंत्र और जनता की रोजी। राष्ट्रीयता का अर्थ था चीनवालों के दिल में राष्ट्रीयता की भावना भरना। लोकतंत्र का अर्थ था विधानमंडल में जनता के प्रतिनिधि को भेजना और तीसरे सिद्धांत का अर्थ था अन्याय से किसान मजदूरों की रक्षा करना तथा उन्हें राजनीतिक शिक्षा देना। इन आधारों पर चलकर क्रांति सफलता प्राप्त करने लगी। समूचे देश में लगान घटा दिया गया। मजदूरों के काम के घंटे कम कर दिए गए। मजदूरों और किसानों का संगठन कायम हुआ। 1924 ई. में क्रांतिकारियों का दूसरा संगठन कायम हुआ।

3. क्रांति की तीन सदियाँ

सनयात सेन ने यह पहले ही निश्चित कर दिया कि क्रांति किन-किन रास्तों होकर प्रगति पथ से गुजरेगी। इसके लिए तीन रास्ते बताए गए। सबसे

पहले एक सैनिक युग होने का संकेत किया गया। इस युग में क्रांतिकारी हिंसा द्वारा शासन पर अधिकार पाएंगे। इसके बाद राजनीतिक शिक्षा का युग आएगा जिसमें जनता के अधिकारों, कर्तव्यों तथा शासन संबंधी बातों की शिक्षा दी जाएगी। अंत में तीसरी सीढ़ी थी लोकतंत्र का युग जिसमें क्रांतिकारी अपने विशेषाधिकारों का त्याग कर देंगे और साधारण जनता इच्छानुसार शासन करेगी।

4. सैनिक सुधार

सनयात सेन ने पार्टी और सेना में भी कई महत्त्वपूर्ण सुधार किए। 1924 में उसने पार्टी को फिर से संगठित किया जिससे पार्टी का रूप और अधिक लोकतंत्रात्मक हो गया। सनयात सेन आजीवन राष्ट्रपति घोषित हुआ और उसे कई प्रकार के विशेषाधिकार मिले। उसने सेना का भी संगठन किया। सेना की शिक्षा के लिए उसने ब्रह्मपोआ में एक सैनिक विद्यालय खोला। इसमें सेना के अफसरों को ट्रेनिंग दी जाती थी। इस प्रकार सनयात सेन एशिया के पिछड़े देशों के लिए अग्रदूत बनकर उपस्थित हुआ।

सनयात सेन का इतिहास में स्थान

सनयात सेन विश्वविद्यालय में एक प्रमुख व्यक्ति के रूप में आता है। वह हमेशा चीन को गिरी हुई अवस्था से ऊपर उठाने की कोशिश में रहा। वह जितना प्रसिद्ध अपने जीवनकाल में न हुआ उससे अधिक मरने पर हुआ। जिस कार्य को उसने शुरू किया था वह उसके मरने पर भी रुका नहीं वरन् प्रगति ही करता गया। वह राष्ट्रीयता, प्रजातंत्र तथा जीविकावाद का पक्का समर्थक था। उसके राजनीतिक सिद्धांत सारे राष्ट्र के सिद्धांत बन गए। चीनी जनता आज भी उससे प्रेरणा ग्रहण करती है। 12 मार्च, 1925 को उसकी मृत्यु हो गई।

सनयात सेन के कार्य

(क) कैंटन सरकार की स्थापना

(1) कम्युनिस्ट को मिलाना

(ख) जनता के तीन सिद्धांत

(1) राष्ट्रीयता, लोकतंत्र, और जनता की रोजी

(2) लगान घटाना काम के घंटे घटाना

(3) मजदूरों और किसानों का संगठन

(ग) क्रांति की तीन सदियाँ

(1) सैनिक युग, राजनीतिक युग और लोकतंत्र का युग

(घ) सैनिक सुधार

(1) पार्टी का संगठन

(2) सेना का संगठन

(3) सैनिक विद्यालय

(ग) च्यांग काई शेक

प्रारंभिक जीवन

आधुनिक चीन के निर्माण में सनयात के बाद च्यांग काई शेक का ही नाम आता है। उसका जन्म चीन में सन् 1887 में हुआ था। जब वह केवल 9 वर्ष का था, तभी उसके पिता की मृत्यु हो गई और उसके लालन-पालन का भार उसकी माता पर पड़ा। शुरू से ही सैनिक जीवन की ओर उसका अधिक झुकाव था। 18 वर्ष की अवस्था में वह एक सैनिक विद्यालय में दाखिल हुआ। वहाँ की शिक्षा समाप्त कर उच्च शिक्षा के लिए वह जापान चला गया और वहाँ 1907 से 1910 तक तीन वर्षों तक रहा। 1911 की क्रांति ने उसने अपना महत्त्वपूर्ण योगदान दिया था। 1921 ई. में सनयात सेन ने उसे अपना संरक्षक

और सेक्रेटरी बनाया। वह रूस भी सैनिक संगठन का अध्ययन करने गया था और अंत में जब ब्रह्मपोआ में सनयात सेन ने सैनिक विद्यालय खोला तो च्यांग काई शेक ही उसका प्रिंसिपल था।

नानकिंग सरकार की स्थापना

सन् 1916 के लगभग चीन में विभिन्न सरदार अलग-अलग राज्य करने लगे थे। सनयात सेन ने यह प्रयास किया था कि ये सरदार क्रांतिकारियों के पक्ष में आ जाएँ लेकिन उसे सफलता नहीं मिली। च्यांग काई शेक ने सनयात सेन के इस अधूरे कार्य को पूरा किया। उसने इन सरदारों और सेनापतियों की ताकत खत्म कर देनी चाही। फलतः कुमिनटांग की सेना इनको दबाने चल पड़ी। च्यांग काई को इसमें सफलता मिली और मंचूरिया को छोड़कर बाकी सभी इलाकों पर उसने कब्जा कर लिया। अंत में 1928 ई. में नानकिंग में राष्ट्रीय सरकार कायम हुई और च्यांग काई शेक उसका प्रधान बना।

राष्ट्रीय एकता की ओर

राष्ट्रीय सरकार की स्थापना तो हुई पर वास्तविक एकता कायम नहीं हुई थी। अभी तक कई प्रांतों में पुराने सेनापतियों का ही शासन चल रहा था। च्यांग काई ने इस दिशा की ओर कदम तो बढ़ाया लेकिन तभी कम्युनिस्ट और कुमिनटांग पार्टी के बीच मतभेद पैदा हो गया और एकता का काम पीछे रह गया। सनयात सेन ने अपने जीवन भर प्रयास किया कि ये दोनों मिलकर रहें लेकिन रूस के दृष्टिकोण में बहुत अंतर आ गया था। अतः मिलकर रहना अब संभव न था। च्यांग काई शेक ने भी इसे मिलाए रखने की कोशिश की और चीन-जापान युद्ध के समय उसे इसमें सफलता भी मिली।

च्यांग काई शेक के सुधार

(1) आंतरिक सुधार

च्यांग काई शेक ने चीन के आर्थिक विकास की ओर ध्यान दिया। आर्थिक विषयों से संबंध रखनेवाले विभागों का निर्माण हुआ। सरकार का

कर्ज बहुत बढ़ गया था। अतः व्यय उचित ढंग से हो, इसके लिए बजट की व्यवस्था हुई। देश में बहुत से नए उद्योग-धंधों की स्थापना हुई। व्यापार के विकास के लिए आवागमन के साधन उन्नत किए गए। नई रेलवे लाइन निकाली गई। बहुत सी नई सड़कें बनीं। 1931 ई. से 1938 ई. के बीच सड़कों की लंबाई 600 मील से 6000 मील पहुँच गई। अलग-अलग प्रांतों के सिक्के समाप्त कर दिए गए और उसकी जगह पर समूचे देश के लिए एक ही तरह के सिक्के का प्रचलन हुआ। इससे औद्योगीकरण में सफलता मिली। मजदूरों और मालिकों के बीच के मतभेद को दूर करने के लिए कई कानून बने। मजदूरों के काम के घंटे कम कर दिए गए।

शिक्षा, स्वास्थ्य आदि के क्षेत्र में भी च्यांग काई ने सुधार किए। शिक्षा, स्वास्थ्य आदि के संबंध में जो समस्याएँ थीं उनका हल निकालने के लिए योजनाएँ बनीं। उसने कानून के नए-नए कोड बनवाए और कई न्यायालयों की स्थापना की। आधुनिक ढंग से जेल तैयार की गईं।

(2) विदेशियों के विशेषाधिकार का अंत

चीन में बहुत सी विदेशी जातियाँ रहती थीं जिन्हें तरह-तरह के विशेषाधिकार मिले हुए थे। इनके चलते सरकार को तरह-तरह की दिक्कतों का सामना करना पड़ता था। बहुत से यूरोपीय निवासी चीन में रहते हुए भी चीन के न्यायालय के अधिकार में नहीं थे। विदेशियों के मालों पर चुंगी भी नहीं लगती थी। च्यांग काई ने इस प्रकार के सारे नियम तोड़ दिए। विदेशियों का विशेषाधिकार रद्द कर दिया गया। अब विदेशियों के माल पर चीनी सरकार चुंगी लगाने लगी।

(3) जापानी आक्रमण का मुकाबला

च्यांग काई शेक ने अपनी सैनिक शक्ति का भी परिचय दिया। 1931 ई. में जापान ने मंचूरिया पर अधिकार कर लिया। अभी चीन के पास उतनी ताकत नहीं थी कि वह जापान से लोहा लेता अतः उसने लीग ऑफ नेशंस के पास अपील भेजी—लेकिन कुछ भी फल न निकला। अतः च्यांग काई शेक ने सेना

संगठित करना प्रारंभ कर दिया। सैनिक शिक्षा उसने अनिवार्य कर दी। अमेरिका और यूरोपीय सलाहकारों से भी उसने इस कार्य में मदद ली। युद्ध सामग्रियों के उत्पादन के लिए उसने कई कारखाने खोले। हवाई सेना का भी संगठन हुआ। विदेशों से वायुयान खरीदे गए और उसके चालकों को शिक्षा दी गई। पहले तो च्यांग काई शेक ने युद्ध टालना चाहा लेकिन जब 1937 में जापान ने चीन पर आक्रमण कर दिया तब चीन को भी युद्ध में उतरना पड़ा। यह युद्ध बहुत दिनों तक चलता रहा। च्यांग काई के सफल नेतृत्व में चीनियों ने जापान के छक्के छुड़ा दिए। यह युद्ध द्वितीय विश्वयुद्ध के अंत तक चलता रहा।

च्यांग काई शेक की असफलता के कारण

च्यांग काई शेक लंबे अरसे तक चीन का डिक्टेटर रहा। वह नानकिंग सरकार का प्रधान था। चीन-जापान युद्ध में उसने जिस योग्यता से चीन का नेतृत्व किया था उससे उसकी ख्याति बहुत बढ़ गई थी।

कुमिनतांग और कम्युनिस्टों के झगड़े में वह कम्युनिस्टों से अंत तक लड़ता रहा। लेकिन कम्युनिस्टों की जीत होने लगी और 1949 में चीन में कम्युनिस्ट पार्टी की सरकार बन गई। नतीजा यह हुआ कि च्यांग को भागकर फारमोशा में शरण लेनी पड़ी। च्यांग काई शेक के इस आकस्मिक पतन के निम्नलिखित कारण थे—

(1) कुमिनतांग पार्टी का डिक्टेटरशिप

च्यांग काई शेक के पतन का सबसे बड़ा कारण है कि उसने लोकतंत्र के विकास को रोक दिया और अधिनायकवाद को प्रश्रय दिया। सरकार की आलोचना का अधिकार नहीं दिया गया। अतः शासन यंत्र कमजोर पड़ गया। अफसर बेईमान और भ्रष्ट हो गए। च्यांग के परिवारवालों ने देश की संपत्ति पर अधिकार कर लिया। देश के उद्योग और व्यापार पर इन्होंने अपना आधिपत्य कायम कर लिया। अतः च्यांग काई शेक के इस अधिनायकशाही के खिलाफ जनता में असंतोष बढ़ता गया।

(2) सामाजिक-आर्थिक कारण

जिस समय च्यांग चीन का नेता बना उस समय चीन की आंतरिक दशा बड़ी दयनीय थी और बाहरी प्रश्न गंभीर रूप से मुँह बाए खड़े थे। चीन में सही रूप से औद्योगिक विकास नहीं हो सका। जितने भी उद्योग थे सबों में विदेशी पूँजी लगी हुई थी। विदेशियों ने इसका नाजायज फायदा उठाकर चीन का आर्थिक शोषण करना प्रारंभ कर दिया। फलतः जनता की गरीबी बढ़ने लगी और 1928 में एक भयानक अकाल भी पड़ गया।

कृषि व्यवस्था में भी कोई परिवर्तन नहीं किया गया। अतः कृषि की हालत भी दिन-दिन बिगड़ती गई। जनता के सामने रोजी-रोटी का विकट प्रश्न उपस्थित हो गया। 1928 के अकाल ने परिस्थिति की गंभीरता को और अधिक बढ़ा दिया।

(3) राष्ट्रीय एकता का अभाव

1927 में कम्युनिस्ट पार्टी और कुमिनतांग पार्टी में संघर्ष प्रारंभ हुआ। च्यांग हमेशा से कम्युनिस्टों को अपना शत्रु समझता था, अतः इस गृहयुद्ध से भी उसे बहुत हानि हुई। इसी गृहयुद्ध के चलते जापान को मौका मिला और उसने चीन के बहुत से हिस्सों पर अपना अधिकार कर लिया। द्वितीय विश्वयुद्ध के समय में चीन पर अमरीकी साम्राज्यवाद का प्रभाव जम गया। इससे चीन के उद्योग को गहरा धक्का लगा और चीनी पूँजीपतियों में असंतोष का भाव बढ़ने लगा।

(4) कम्युनिस्ट पार्टी का संगठन

चीन-जापान युद्ध के समय इस पार्टी ने अपना संगठन मजबूत किया। इसके पास अपनी सेना भी थी। अतः दूसरा विश्वयुद्ध जब प्रारंभ हुआ तब इसने अपनी सैनिक शक्ति बढ़ा ली। जब विश्वयुद्ध का अंत हुआ, तब च्यांग काई ने अमेरिका से मदद लेकर कम्युनिस्ट पार्टी को नष्ट करना चाहा। लेकिन उसकी खुद हार हो गई और वह फारमोशा भाग गया। अक्तूबर 1949 में कम्युनिस्टों ने चीन में जनवादी सरकार की स्थापना की।

3. माओत्से-तुंग

प्रारंभिक जीवन वृत्त

च्यांग काई शेक के बाद चीन की बागडोर माओत्से-तुंग के हाथ में आई। उसका जन्म सन् 1893 ई. में चीन के हुनान प्रांत की राजधानी चंगशा के निकट शाओ-शान नामक एक छोटे से ग्राम में शनरांग नाम के एक गरीब किसान परिवार में हुआ था। जीवन के आरंभ से ही किसानों पर होते अत्याचार को देखने का उसे मौका मिला था। किसानों के कई विद्रोह भी उसकी आँखों के सामने से गुजरे थे और उसने देखा था कि किस निर्दयता से उनका विद्रोह कुचल दिया गया था। इस सब घटना का माओ के दिल और दिमाग पर बड़ा गहरा असर पड़ा था। अतः शुरू से ही उसके भीतर क्रांति की भावना घर कर गई थी। पढ़ने-लिखने की ओर उसका विशेष झुकाव था। उसके जीवन का उद्देश्य भी था कि वह एक योग्य शिक्षक बने। इसी उद्देश्य से वह पेकिंग विश्वविद्यालय में दाखिल हुआ और कई कठिनाइयों के बावजूद अपनी पढ़ाई उसने जारी रखी। विद्यार्थी जीवन में ही उसे मार्क्स, एंजेल्स, लेनिन आदि की पुस्तकें पढ़ने का मौका मिला था। अतः उसके दिल में साम्यवाद की भावना घर कर गई थी। रूस की क्रांति की खबर पाकर उसने भी मजदूरों का संगठन करना प्रारंभ कर दिया। इस प्रकार उसके राजनीतिक विचार दिन-प्रतिदिन उग्र होते चले गए।

कम्युनिस्ट पार्टी का नेता

सन् 1921 ई. में कम्युनिस्टों ने चीन में अपनी पार्टी की स्थापना की। इसकी जो पहली बैठक हुई थी, उसमें माओ भी एक सदस्य था। कुछ ही समय के बाद अपनी योग्यता के बल उसने केंद्रीय समिति की सदस्यता भी प्राप्त कर ली। इसी समय सनयात सेन की मृत्यु के बाद च्यांग काई शेक ने कम्युनिस्टों पर हमला बोल दिया। माओत्से-तुंग च्यांग काई शेक का मुकाबला करना चाहता था। लेकिन बहुत से ऐसे नेता थे जो माओ के पक्ष में

नहीं थे। वे माओ को अच्छी निगाह से नहीं देखते थे। यहाँ तक कि उससे वोट का अधिकार भी छीन लिया गया। लेकिन माओ अपने विचार पर दृढ़ था। अंत में पार्टी के नेताओं को उसके विचारों के सामने झुकना पड़ा और 1928 ई. में माओ की नीति स्वीकार कर ली गई।

च्यांग काई शेक से संघर्ष

सनयात के जीवन काल तक तो कुमिनतांग और कम्युनिस्टों ने मिलकर कार्य किया लेकिन उसके मरते ही दोनों के संबंध अच्छे न रहे। च्यांग की नीति के फलस्वरूप कम्युनिस्टों ने कुमिनतांग से अपने को अलग कर लिया और अपनी अलग सरकार बनाई। किआंग सी के इलाके में इनका प्रमुख अड्डा था। धीरे-धीरे उन्होंने अपनी सैनिक शक्ति भी बढ़ा ली और 1931 के दिसंबर में माओ उस सरकार का प्रधान बना। च्यांग काई शेक कम्युनिस्टों को नष्ट करने का बराबर प्रयत्न कर रहा था। उसने कई बार आक्रमण भी किए, लेकिन माओ के योग्य नेतृत्व के चलते उसे सफलता नहीं मिली। अंत में उसने एक विशाल सेना लेकर कम्युनिस्टों के अड्डे को चारों ओर से घेर लिया और उनकी रसद बंद कर दी गई। लाचार होकर माओ अपने थोड़े से अनुयायियों के साथ उत्तर-पश्चिम सीमा की ओर चला गया। अपने साथ वह किसान मजदूरों को भी लेता गया। कारखाने की मशीन तक उखाड़कर ले आई गई।

इसी समय 1934 में चीन के ऊपर जापानी आक्रमण का खतरा मँडराने लगा। चीन के गृहयुद्ध से फायदा उठाकर जापान चीन को निगल जाना चाहता था। ऐसी परिस्थिति में माओ ने च्यांग के साथ मिलकर काम करना पसंद किया। फलतः दोनों पार्टियों ने मिलकर जापान के विरुद्ध मोर्चा तैयार किया। लेकिन यह स्थिति हमेशा नहीं कायम हो सकी। जापानी युद्ध द्वितीय विश्वयुद्ध के अंत तक चलता रहा और उसके खत्म होते ही पुनः गृहयुद्ध प्रारंभ हो गया। लेकिन तब तक च्यांग काई शेक की लोकप्रियता समाप्त हो चुकी थी। उसके शासन से जनता ऊब चुकी थी। अतः गृहयुद्ध में माओ की जीत होने लगी। उसने जमींदारों के हाथ से जमीन छीनकर किसानों को देना प्रारंभ किया।

फलतः देश के किसान मजदूरों ने उसका साथ दिया। अंत में च्यांग काई शेक की हार हो गई और वह फारमोशा भाग गया। इस प्रकार 1 अक्तूबर, 1949 को जनवादी चीन प्रजातंत्र की स्थापना हुई।

माओत्से-तुंग के कार्य (द्वितीय विश्वयुद्ध के बाद चीन की प्रगति)

(1) राष्ट्रीय एकता की स्थापना

माओ के योग्य नेतृत्व में चीन की बराबर प्रगति हो रही है। वह पहली बार समूचे चीन को एक मजबूत केंद्रीय सरकार के अधीन लाया। यद्यपि च्यांग ने भी राष्ट्रीय एकता लाने का प्रयास किया था, लेकिन उसे सफलता नहीं मिली थी। माओ ने राष्ट्रीय एकता स्थापित करने में सफलता प्राप्त की। चीन के मुख्य भाग में माओ के खिलाफ कोई दूसरी सरकार नहीं बन पाई है। फिर भी फारमोशा पर अभी उसका अधिकार नहीं है। कम्युनिस्ट पार्टी को जनता का पूरा समर्थन प्राप्त है। यद्यपि केंद्रीय सरकार का नेतृत्व कम्युनिस्टों के हाथ में है फिर भी छोटे-छोटे दलों के प्रतिनिधियों को भी शासन में स्थान दिया जाता है। लेकिन नई सरकार के खिलाफ बोलनेवालों को निर्दयतापूर्वक कुचल दिया जाता है। चूँकि जनता को भी शासन में हाथ बँटाने का मौका मिलता है, अतः वहाँ राष्ट्रीय चेतना का विकास हो रहा है। शासन से भ्रष्टाचार दूर करने का जोरदार प्रयास हो रहा है।

(2) भूमि संबंधी कार्य

माओ ने भूमि की समस्या का समाधान करके बहुत बड़ा कार्य किया है। चीन में भूमि की समस्या बहुत बड़ी समस्या थी। अब तक जमीन पर बड़े-बड़े जमींदारों का अधिकार था। राज्य की सारी जमीन इन्हीं की संपत्ति थी और अधिकांश जनता निर्धन थी। माओ ने कानून बनाकर इस समस्या का हल निकाल लिया है। जमींदारों से जबरन जमीन छीनकर किसानों में बाँट दी गई है। इससे किसानों में नव-जीवन का संचार हुआ है और वे खेती में रुचि लेने लगे हैं। अतः पैदावार में वृद्धि हो रही है।

(3) उद्योग-धंधे का विकास

कृषि के साथ-साथ माओ ने उद्योग-धंधे की ओर अपना ध्यान दिया। अभी तक चीन में कल-कारखानों की संख्या बहुत कम थी। चीन से कच्चा माल बाहर भेज दिया जाता था और बाहर की बनी हुई चीजें चीन के बाजार में बिकती थीं। लेकिन अब नए-नए कल-कारखाने बड़ी तेजी से खुलते जा रहे हैं। चीन के व्यापार की रक्षा के लिए कई कानून भी बनाए गए हैं। अब तो वहाँ मोटर-ट्रैक्टर आदि भी बनने लगे हैं। उद्योग में उन्नति लाने के लिए माओ ने मिली-जुली अर्थव्यवस्था की नीति अपनाई है। (Mixed economy) इस नीति के अनुसार बड़े-बड़े कल-कारखानों पर सरकार का अधिकार है और छोटे-छोटे उद्योग साझे की कंपनियों द्वारा चलते हैं। कुछ ऐसे भी उद्योग हैं जिन पर सरकार और साझे की कंपनियों दोनों का अधिकार है। इतना होते हुए भी सभी उद्योग सरकार के नियंत्रण में हैं।

(4) मजदूरों की दशा में सुधार

माओ ने मजदूरों की दशा में सुधार लाने का बड़ा प्रयास किया है। मजदूरी की दर बढ़ा दी गई है और मजदूरी चीजों की कीमत के आधार पर दी जाती है। अत: जब कीमत बढ़ती है तब मजदूरी भी अपने आप बढ़ जाती है। मजदूरों की शिक्षा, उनके स्वास्थ्य आदि का उत्तम प्रबंध किया गया है। मजदूरों के बच्चों के सर्वांगीण विकास के लिए सभी प्रकार की व्यवस्था की गई है। उनके भोजन का भी आधा प्रबंध कारखाने की ओर से ही किया जाता है। उनकी चिकित्सा मुफ्त में की जाती है। मजदूरों के हितों की रक्षा के लिए मिल-मालिकों और मजदूरों की मिली-जुली एक समिति रहती है। इस समिति में कारखाने से संबंध रखनेवाली सभी बातों पर विचार होता है। इन सारी व्यवस्थाओं से मजदूरों की दशा में क्रांतिकारी परिवर्तन आया है। वे कारखाने को अपनी संपत्ति समझने लगे हैं। फलत: उत्पादन में दिन-दिन वृद्धि होती जा रही है।

(5) स्त्रियों की अवस्था में सुधार

सामाजिक सुधार के क्षेत्र में माओ ने स्त्रियों की दशा पर बहुत ध्यान

दिया है। पहले समाज में स्त्रियों की दशा बड़ी शोचनीय थी। उन्हें किसी प्रकार की स्वतंत्रता नहीं मिली थी। अब माओ की सरकार ने स्त्रियों को सभी प्रकार की स्वतंत्रता दी है और उन्हें पुरुषों के समान ही अधिकार दिया है। कानून के सामने सभी समान समझे जाते हैं। विवाह के संबंध में कई प्रकार के नए कानून बनाए गए हैं। स्त्रियों की शिक्षा की उचित व्यवस्था की गई है। उन्हें स्वावलंबी बनाने के लिए नए प्रकार के उद्योगों की शिक्षा दी जा रही है। चीन में अति-प्राचीनकाल से ही पारिवारिक जीवन को बड़ा महत्त्व दिया जाता आया है। आज भी औरतों को पारिवारिक जीवन सुखी बनाने के लिए उत्साहित किया जाता है।

(6) शिक्षा संबंधी कार्य

शिक्षा के प्रचार के लिए कई स्कूल और कॉलेज खोले जा रहे हैं। शिक्षा के क्षेत्र में नवीन पद्धति अपनाई गई है। साधारण किसान मजदूरों को शिक्षित बनाने का प्रयत्न किया जा रहा है। उन्हें अपना समय स्कूल में भी देना पड़ता है जहाँ उन्हें राजनीतिक शिक्षा भी मिलती है। सैनिकों तथा पुराने पदाधिकारियों को भी शिक्षित बनाने का प्रयत्न हो रहा है। शिक्षा निःशुल्क दी जाती है। इस कार्य के लिए कई स्कूल और कॉलेज खुले हैं। इस प्रकार माओ के नेतृत्व में चीन प्रत्येक दिशा में प्रगति कर रहा है।

(7) वैदेशिक नीति

अपनी घरेलू नीति सुनिश्चित करने के पश्चात् माओ ने वैदेशिक नीति की ओर अपना ध्यान दिया है। इस समय संसार में दो गुट काम कर रहे हैं। एक का नेतृत्व रूस करता है और दूसरे का अमेरिका। रूस जहाँ संसार में साम्यवाद का प्रचार करता है वहाँ अमेरिका पूँजीवाद के पक्ष में है। नया चीन पूरी तरह रूस की नीति का समर्थन करता है। अन्य क्षेत्रों में भी चीन रूस का पारस्परिक सहयोग चल रहा है। हर मौके पर रूस ने चीन की मदद की है। अपनी सरकार की स्थापना के बाद माओ रूस भी गया था और तब से ही दोनों देशों के बीच मित्रता कायम है। लेकिन अमेरिका के साथ चीन का संबंध

अच्छा नहीं है। उसी के विरोध के फलस्वरूप चीन राष्ट्र संघ का सदस्य नहीं बन पाया है। वहाँ च्यांग काई शेक का प्रतिनिधि भाग लेता है। भारत के साथ मित्रतापूर्ण संबंध बनाने के खयाल से चीन के प्रधानमंत्री चाउ-एन-लाई भारत आए और भारत से मित्रता की नीति अपनाई। हाल में एशिया और अफ्रीका के 29 राष्ट्रों का हिंदेशिया के बांडुंग में जो ऐतिहासिक सम्मेलन हुआ था, उसके नेता चाउ-एन-लाई और जवाहरलाल ही थे। चाउ-एन-लाई ने भारत के पंचशील सिद्धांत को भी स्वीकारा। चीन की नई सरकार की तरफ से एक सांस्कृतिक मंडल भी भारत आया था। इस प्रकार भारत तथा अन्य देशों के साथ चीन का संबंध अच्छा है। लेकिन 1962 में उसने भारत के नेफा और लद्दाख के हिस्से पर आक्रमण कर दिया था। दोनों के बीच तिब्बत के प्रश्न को लेकर मतभेद हुआ था। आक्रमण के बाद से चीन दुनिया की नजर में नीचे गिर गया है। भारत पर आक्रमण करने से स्पष्ट हो गया है कि चीन ने अपनी नीति बदल दी है। आज विश्व में जो घटना घट रही है, उसमें सभी देश चीन की ओर सशंकित नजरों से देख रहे हैं।

प्रश्न

1. डॉ. सनयात सेन का संक्षिप्त जीवन-परिचय दीजिए और बताइए कि नए चीन के निर्माण के इतिहास में उसका क्या स्थान है?
2. माओत्से-तुंग और चाउ-एन-लाई के बारे में जो जानते हैं, लिखें।
3. डॉ. सनयात के मुख्य कार्यों का उल्लेख कीजिए।
4. द्वितीय विश्वयुद्ध के बाद चीन ने क्या प्रगति की है?
5. 1911 की चीनी-क्रांति के क्या कारण थे? वह सफल क्यों हुई?
6. नानकिंग सरकार के कार्यों का वर्णन कीजिए और उसकी असफलता के कारण बताइए।

□

16

संयुक्त राज्य अमेरिका

(क) प्रारंभिक इतिहास

आज दुनिया के सबसे अधिक उन्नत और शक्तिशाली देश में अमेरिका का नाम आता है। लेकिन 16वीं शताब्दी के पहले अमेरिका का पता तक न था। पहले पहल कोलंबस ने इस देश का पता लगाया। इसके पहले वहाँ असभ्य जातियाँ बसती थीं। लेकिन जब इस देश का पता चला तब अंग्रेजी, फ्रांसीसी और डच आदि विदेशी वहाँ जाकर उपनिवेश कायम कर बस गए। ऐसे कई छोटे-छोटे उपनिवेश बने और इन्हीं उपनिवेशों को मिलाकर संयुक्त राज्य अमेरिका बना। धीरे-धीरे अंग्रेजों का इन सभी उपनिवेशों पर अधिकार हो गया। लेकिन इन उपनिवेशों को अपनी व्यवस्था करने के लिए इंग्लैंड के राजा की ओर से आज्ञा पत्र प्रदान किए जाते थे और उनके शासन संचालन के लिए ब्रिटिश सम्राट् की ओर से न्यायाधीश बहाल होते थे। लेकिन अधिक दिनों तक अमेरिकावाले इंग्लैंड के आधिपत्य में न रह सके और उन्होंने अपनी स्वतंत्रता का युद्ध छेड़ दिया।

अमेरिका की आजादी की लड़ाई के कारण

1. आर्थिक संकट
2. उपनिवेश पर नियंत्रण
3. शासन पर नियंत्रण
4. चुंगी का प्रश्न

(1) आर्थिक संकट

अमरीकी आजादी की लड़ाई का सबसे बड़ा कारण आर्थिक संकट था। इंग्लैंड और फ्रांस के बीच जो सप्तवर्षीय युद्ध चला उसके फलस्वरूप अमेरिका में कुछ लोग विशेष धनाढ्य हो गए थे। इसी समय औद्योगिक कारोबार भी शुरू हुआ। लेकिन इस युद्ध में उपनिवेश की सरकार के ऊपर कर्ज बहुत बढ़ गया था और उसकी पूर्ति के लिए लोगों पर कई प्रकार के टैक्स लगाए गए, अतः जनता धीरे-धीरे असंतुष्ट होने लगी।

(2) उपनिवेशों पर नियंत्रण

सप्तवर्षीय युद्ध में इंग्लैंड का कर्ज बहुत अधिक बढ़ गया था, अतः ब्रिटिश सरकार ने उपनिवेशों का तरह-तरह से शोषण करना प्रारंभ कर दिया। उन्हें सेना का खर्च वहन करने पर मजबूर किया गया। नैविगेशन एक्ट के द्वारा उसके व्यापार पर भी नियंत्रण रखा गया। तंबाकू, शक्कर, कपास आदि कच्चा माल इंग्लैंड को छोड़कर और किसी को नहीं दिया जा सकता था। साथ ही उपनिवेशों पर कपड़ा, कागज, साबुन आदि वस्तुएँ बनाने पर रोक लगा दी गई। ''उपनिवेशवासियों की स्थिति यह थी कि वे अपने यहाँ एक बटन भी नहीं बना सकते थे।''

(3) शासन पर नियंत्रण

उपनिवेश के बड़े-बड़े पदों पर ब्रिटिश ही बहाल होते थे। उपनिवेशवासियों को शासन में सम्मिलित नहीं किया जाता था। डॉ. जॉनसन का कहना था— ''हम लोग बछड़े को हल में नहीं लगाते, हम लोग तब तक प्रतीक्षा करते हैं जब तक वह बैल नहीं हो जाता है।''

दूसरा कारण यह था कि यहाँ राजा, लॉर्ड या चर्च संगठित नहीं था। ज्यादा संख्या शिल्पियों और व्यापारियों की थी। वे लोग इंग्लैंड से आए थे अतः वहाँ की व्यवस्था से परिचित थे। उनके भीतर भी राष्ट्रीयता की भावना काम कर रही थी।

(4) चुंगी का प्रश्न

इसी समय चीनी पर टैक्स लगाने के लिए एक कानून पास हुआ। लेकिन इसके विरुद्ध भीषण प्रतिक्रिया हुई। 1765 ई. में एक-दूसरा एक्ट स्टांप एक्ट पास हुआ, लेकिन इसके विरुद्ध विद्रोह हो गए और दूसरे वर्ष यह एक्ट रद्द कर दिया गया। सन् 1767-73 के बीच चाय के व्यापार संबंधी दो कानून पास हुए, जिसके द्वारा चाय के व्यापार पर अंग्रेजों का अधिकार हो गया। इसकी भीषण प्रतिक्रिया हुई और अमेरिकावालों ने अंग्रेजों के कई जहाज लूट लिए। अंत में दोनों के बीच 4 जुलाई, 1776 को जॉर्ज वाशिंगटन के नेतृत्व में उपनिवेशवासियों ने स्वतंत्रता की घोषणा कर दी। दोनों के बीच युद्ध प्रारंभ हुआ जो छह वर्षों तक चलता रहा।

इस युद्ध में अमेरिकावालों ने अद्भुत साहस और वीरता का परिचय दिया। वाशिंगटन के योग्य नेतृत्व में वे आगे बढ़ते गए। अंत में अक्तूबर 1781 में कार्नवालिस ने, जो प्रधान सेनापति था, आत्मसमर्पण कर दिया। लाचार होकर 1783 ई. में ब्रिटिश सरकार ने उत्तरी-अमेरिका के ब्रिटिश उपनिवेशों की स्वतंत्रता मान ली। अब संयुक्त राज्य अमेरिका एक गणराज्य घोषित किया गया और वहाँ अध्यक्षात्मक शासन की नींव पड़ी। जॉर्ज वाशिंगटन इसका प्रथम राष्ट्रपति हुआ।

स्वतंत्रता प्राप्ति के बाद से बराबर अमेरिका प्रगति पर बढ़ता आया है। वहाँ कई नए-नए कल-कारखानों का निर्माण हुआ है। खानों में खुदाई होने लगी है और उद्योग के साथ-साथ कृषि व्यवस्था में भी सुधार हुए हैं। लेकिन फिर भी स्वतंत्रता प्राप्ति के समय अमेरिकावालों के सामने कई समस्याएँ उपस्थित थीं।

अमेरिका की आर्थिक स्थिति 19वीं सदी तक बड़ी दयनीय थी। अतः वहाँ औद्योगिकीकरण की व्यवस्था हुई। खानों से तेल, कोयला, लोहा, सोना आदि खनिज निकाले जाने लगे। सार्वजनिक जीवन में बिजली और टेलीफोन का व्यवहार होने लगा। अमेरिका के सामने सबसे बड़ी समस्या गुलामों की थी। दक्षिण भाग में अभी भी बहुत से गुलाम थे, लेकिन उत्तरी अमेरिका इस

प्रथा का घोर विरोधी था, अत: उत्तर-दक्षिण में मतभेद होना आवश्यक था। अब्राहम लिंकन के समय में दोनों राज्यों में गृहयुद्ध भी हुआ। अंत में गुलामी प्रथा दूर हुई।

(ख) रूजवेल्ट के समय अमेरिका की स्थिति

1. आर्थिक संकट
2. विदेशी व्यापार ठप्प
3. आयात पर टैक्स
4. गल्ले का ढेर
5. कल-कारखाने दिवालिए
6. बेकारी की समस्या
7. रेलों की बुरी दशा

सन् 1932 ई. में फ्रैंकलिन-डी-रूजवेल्ट संयुक्त राज्य अमेरिका के राष्ट्रपति निर्वाचित हुए। 4 मार्च, 1933 को जब उन्होंने अपना पदभार ग्रहण किया उस समय अमेरिका बड़ी विषम परिस्थिति से गुजर रहा था। उसके ऊपर आर्थिक संकट छाया हुआ था। वैदेशिक व्यापार ठप पड़ गया था। आयात की चीजों पर अधिक टैक्स लगा दिया गया था। बहुत से देशों ने भी अपने यहाँ अमेरिकन वस्तुओं पर अधिक कर लगा दिए। यही सब कारण था कि अमेरिका की स्थिति अव्यवस्थित हो गई। आर्थिक मंदी के कारण गल्ले का ढेर लग गया था। कल-कारखाने दिवालिया हो गए थे। लोगों में बेकारी की समस्या भी बढ़ गई थी। बैंक दिवालिए हो गए थे। लोगों के जमा किए रुपए वापस नहीं मिल रहे थे। रेलों की दशा भी बुरी थी। 1932 में रेलों की आमदनी 1929 ई. की तुलना में आधी हो गई थी। चारों ओर हाहाकार मचा था। इसी समय फ्रेंकलिन-डी-रूजवेल्ट अमेरिका के राष्ट्रपति बने। 4 मार्च, 1933 से 12 अप्रैल, 1945 तक वे संयुक्त राज्य अमेरिका के भाग्यविधाता बने रहे। अमेरिका के इतिहास में वे पहले व्यक्ति हुए जो चार बार राष्ट्रपति पद के लिए चुने गए। इस प्रकार रूजवेल्ट के समय अमेरिका की दशा अच्छी न थी। रूजवेल्ट ने इन

सभी समस्याओं के समाधान के लिए एक नई नीति अपनाई, जिसे 'न्यू डील' (New-Deal) कहते हैं। इस नीति में प्राचीन और नवीन दोनों बातें थीं।

रूजवेल्ट के सुधार

1. कृषि में सुधार
2. उद्योग में सुधार
3. मुद्रा में सुधार
4. बैंक में सुधार
5. नदियों में बाँध
6. बेकारी की समस्या
7. बूढ़े तथा असमर्थों की सहायता

रूजवेल्ट की नई नीति

ऊपर हमने बताया कि रूजवेल्ट के राष्ट्रपति होने के समय अमेरिका किस प्रकार विषम परिस्थिति से गुजर रहा था। इन्हीं परिस्थितियों में एकरूपता लाने के लिए रूजवेल्ट ने नई नीति अपनाई। इस नीति के तीन उद्‌देश्य थे– पुनरुत्थान, सहायता और सुधार। पुनरुत्थान का अर्थ था व्यक्तिगत पूँजी की व्यवस्था को फिर से चालू किया जाए। सहायता का अर्थ दुखियों की सहायता करना था और सुधार का अर्थ सरकार द्वारा व्यक्तिगत पूँजीवादी व्यवस्था से उत्पन्न दोष को रोकना था। इस प्रकार हम कह सकते हैं कि रूजवेल्ट अपनी नई नीति द्वारा अमेरिका का सामाजिक, राजनीतिक और आर्थिक पुनर्निर्माण करना चाहता था। इस नीति को कार्यान्वित करने के पहले केंद्रीय सरकार की शक्ति बढ़ा दी गई। राष्ट्रपति को संकटकालीन अधिकार मिला। ऐसा समूचे देश में एक ही प्रकार की योजना बनने के लिए किया गया था। अतः इस नई नीति के चलते कृषि, शासन, उद्योग आदि प्रत्येक क्षेत्र में सुधार हुए। जनता को कष्टों से छुटकारा मिला और उनकी प्रगति का मार्ग प्रशस्त हुआ। इस नीति से निम्नलिखित सुधार–कार्य हुए—

(1) कृषि में सुधार

रूजवेल्ट ने सर्वप्रथम कृषि की गिरी हुई अवस्था पर ध्यान दिया। इसी उद्‌देश्य से सन् 1833 ई. में 'एग्रीकल्चरल एडजस्टमेंट एक्ट' पास हुआ। इस एक्ट के अनुसार खेती की नई व्यवस्था कायम हुई। इस योजना से पैदावार में काफी वृद्धि होती और बेकारी की समस्या भी हल होती लेकिन तभी सन् 1937 में सुप्रीम कोर्ट ने इस एक्ट को रद्‌द कर दिया। पुनः दूसरे नियम के द्वारा किसानों की सहायता की गई। लेकिन उन्हीं किसानों को सरकारी सहायता मिलती थी जो उत्पादन कार्यों में सरकार की मदद करते थे। बड़े-बड़े गोदाम बनाए गए, जहाँ किसानों की उपज सुरक्षित रखी जाती थी। किसानों को गेहूँ का बीमा कराने का भी अधिकार मिला। पुनः दूसरा एक्ट 1934 में पास हुआ जिसे 'ट्रेड एग्रीमेंट एक्ट' कहते हैं। इसके अनुसार विदेशों से व्यापारिक संधि कायम हुई और अमेरिका के माल विदेशों में बिकने लगे। किसानों को इससे फायदा हुआ और 1939 में उनकी आय 1932 से दुगुनी हो गई।

(2) उद्योग में सुधार

कृषि के साथ-साथ उद्योग के विकास की भी व्यवस्था की गई। उद्योग के विकास के लिए 'नेशनल इंडस्ट्रियल रिकवरी एक्ट' (1933) पास हुआ। इस नियम से उद्योग के मार्ग की सारी बाधाएँ दूर हो गईं। इस एक्ट का उद्‌देश्य था कि सभी बड़े-बड़े कारखाने का राष्ट्रीयकरण कर दिया जाए, मिल मालिकों और मजदूरों के बीच पारस्परिक प्रेम का संबंध कायम किया जाए, मशीनों का अधिक-से-अधिक प्रयोग किया जाए और काम करने का तरीका उत्तम बनाया जाए। लेकिन 1935 में सुप्रीम कोर्ट ने इस नियम को भी रद्‌द कर दिया। पुनः 1935 में 'वैगनर एक्ट' और 1938 में 'फेयर लेबर स्टेंडडर्स एक्ट' पास हुआ। वैगनर एक्ट के अनुसार मजदूरों को अपना संगठन बनाने का अधिकार मिला। अब उनके काम करने के घंटे और मजदूरी दोनों निश्चित कर दी गई। मजदूरों के संगठन पर पूँजीपति कोई रोक नहीं लगा सकते थे। अब इन सुधारों के परिणामस्वरूप सुसंगठित मजदूर संस्था का जन्म हुआ।

अब मजदूर सप्ताह में 40 घंटे काम करने लगे और 40 सेंट प्रति घंटे की दर से उन्हें मजदूरी मिलने लगी।

(3) मुद्रा में सुधार

मुद्रा में सुधार लाने के उद्देश्य से सोने का मूल्य बढ़ा दिया गया। अतः अब संसार भर के व्यापारी अमेरिका में ही सोना बेचने दौड़ पड़े। फलतः 1938 तक अमेरिका में संसार भर के सोने का आधे से अधिक भाग जमा हो गया था। पुनः वस्तु की कीमत ऊँची करने के लिए डॉलर की कीमत घटा दी गई। इसी समय 1939 में 'सिक्युरिटी एक्ट' पास हुआ जिसके अनुसार शेयरों तथा सरकारी कागजों की बिक्री में सत्य का सहारा लेना अतः व्यापारी के धोखा देने का डर नहीं रहा। सट्टेबाजी तथा इस तरह की अन्य चीजें कानून बनाकर रोक दी गईं।

(4) बैंक में सुधार

देश के सारे बैंक नियम बनाकर बंद करा दिए गए और जनता से अपील की गई कि वह अपना धन सरकारी बैंक में ही जमा करे। इस कार्य में रूजवेल्ट को आशातीत सफलता मिली। इसी समय विधानमंडल ने तीन नियम पास किए और बैंक को सरकारी नियंत्रण में ले लिया। इस प्रकार बैंकिंग एक अलग धंधा हो गया और राष्ट्रपति समिति बनाकर इस पर नियंत्रण रखने लगा।

(5) नदियों में बाँध

संयुक्त राज्य अमेरिका में कई बड़ी-बड़ी नदियाँ हैं, जिनमें बाढ़ आने पर उनका रूप भयंकर हो जाता था। असंख्य जान-माल की हानि होती थी। अतः उस पर बाँध बनाने की योजना बनी। इसी उद्देश्य से 'ओम्निबस कंट्रोल बिल' पास हुआ। इसके अनुसार नदियों पर छोटे-छोटे बाँध बनाए गए। वाशिंगटन में कोलंबिया नदी पर 'ग्रेंड कुली' और 'वॉलविन' नामक दो बाँध बाँधे गए। 'टेनेसी घाटी योजना' के लिए तीन मेंबरों की एक

कमिटी बैठी। इसे 'टेनेसी वैली अथॉरिटी' कहते हैं। इसी कमिटी के द्वारा 'एलबामा के मसल सोल्ह' पर एक बाँध बनाया गया। इन बाँधों से बिजली का उत्पादन बढ़ गया।

(6) बेकारी का अंत

बेकारों की संख्या लगभग डेढ़ करोड़ थी। अत: इतने व्यक्तियों को काम दिलाना बड़ा कठिन कार्य था। रूजवेल्ट ने इस समस्या को हल करने के लिए कई नए प्रकार के काम खोले। इसी उद्देश्य से 'पब्लिक वर्क्स एडमिस्ट्रेशन' की स्थापना हुई। इसके अनुसार बहुत से लोगों को सेना में भरती किया गया। केंद्रीय सरकार ने राज्यों में सड़क, मकान, नदी में बाँध, स्कूल आदि बनाने का आदेश दिया। इसमें भी बहुत से लोगों को रोजी मिली। 1939 ई. में कांग्रेस ने एक योजना बनाई जिसमें 35 लाख व्यक्तियों को रोजी मिली। इसी प्रकार 'सिविलियन कंजरवेशन' के द्वारा 300000 व्यक्तियों को काम मिला। इस प्रकार बेकारी की समस्या बहुत हद तक दूर की गई।

(7) बूढ़े और असमर्थ लोगों की सहायता

इनकी अवस्था में सुधार लाने के लिए 1935 में 'सोशल सिक्युरिटी एक्ट' पास हुआ। राज्य की ओर से बूढ़े लोगों को पेंशन दी गई। बेरोजगारी के समय के लिए उनके जीवन का बीमा किया गया। सुरक्षा कानून के अंतर्गत आश्रित बालकों की भलाई तथा जनता के स्वास्थ्य के लिए राज्यों को आर्थिक सहायता मिली। इन सभी सुधारों का प्रभाव सुंदर हुआ। यह व्यवस्था लोकप्रिय हो गई और जनता पूरी मुस्तैदी से राष्ट्र के हित के लिए सोचने लगी।

न्यू डील का परिणाम और महत्त्व

'न्यू डील' की नीति से अमेरिका को बहुत अधिक लाभ हुआ। अमेरिका के सामने आर्थिक संकट मुँह बाए खड़ा था। उससे उसे मुक्ति मिली। लाखों बेकार लोगों को इस नीति ने रोजी दी, काम के साधन दिए। बूढ़े और अपाहिजों के लिए पेंशन की व्यवस्था होने लगी। कृषि, उद्योग आदि क्षेत्रों में

आश्चर्यजनक परिवर्तन हुए। किसान मजदूरों की दशा में सुधार हुआ। इतना सब होते हुए भी इस नियम का आधार पूँजीवाद ही रहा।

(ग) अमेरिका की वैदेशिक नीति

अपनी स्वतंत्रता प्राप्ति के बाद से 19वीं सदी के तीसरे चरण तक अमेरिका वैदेशिक मामले में पृथक्ता की नीति अपनाए रहा। उसकी इस नीति के अपनाने के कई कारण थे। एक तो इसकी भौगोलिक स्थिति ऐसी थी कि पुराने संसार से इसका नाता बहुत कम था। आजकल की तरह वैज्ञानिक साधन न थे कि इतनी लंबी दूरी तय करके पुराने संसार से संबंध कायम रखा जाता। दूसरा कारण यह था कि उस समय अमेरिका अपनी गृहनीति में ही उलझा हुआ था। उसकी आंतरिक समस्याएँ बड़ी जटिल थीं और उसका समाधान करना उसका पहला लक्ष्य था। अत: विदेश की ओर उसका ध्यान नहीं गया। अभी-अभी अमेरिका ने जिस स्वतंत्रता को प्राप्त किया था वह शिशु था। अत: उसे शक्तिशाली बनाने के लिए भी शांति और सुरक्षा की आवश्यकता थी। संयोगवश वाशिंगटन, जो अमेरिका का पहला राष्ट्रपति था, वह शांति का अग्रदूत माना जाता था। अत: उसने पृथक्ता की नीति ही अपनाई। लेकिन रूजवेल्ट के समय में संसार में कुछ ऐसी घटनाएँ घटीं, जिनका प्रभाव अमेरिका पर भी पड़ा और तब वह अपने को अलग नहीं रख सका। वियना कांग्रेस के बाद अमेरिका को भय हुआ कि कहीं यूरोप के निरंकुश शासक अमेरिका की स्वाधीनता में हस्तक्षेप न करें। अत: 1823 ई. में राष्ट्रपति मुनरो ने यह घोषणा की कि अमेरिका के महाद्वीपों पर यूरोपीय राज्यों के द्वारा उपनिवेश नहीं बसाए जा सकते। अमेरिका भी यूरोपीय राज्यों के मामले में हस्तक्षेप नहीं करेगा और न किसी प्रकार का राजनीतिक प्रचार करेगा। इसे ही मुनरो सिद्धांत (मुनरो डॉक्ट्रीन) कहते हैं। 19वीं और 20वीं शताब्दी के आरंभ तक अमेरिका की वैदेशिक नीति का यही आधार रहा।

इस सिद्धांत के फलस्वरूप राष्ट्रीयता और साम्राज्यवाद दोनों की भावना का प्रचार हुआ। अत: 20वीं सदी के प्रथम काल से ही अमेरिका ने पृथक्ता

की नीति का त्याग कर दिया। इस समय तक वह काफी शक्तिशाली देश बन गया था। अब उसने बाहर भी हाथ-पाँव फैलाना शुरू कर दिया। इस नीति के अनुसार अमेरिका ने कैरिबिया के प्रजातंत्रों के कल्याण और सुव्यवस्था का दायित्व अपने ऊपर लिया। सन् 1905 ई. में जापान और रूस के बीच भयंकर युद्ध होना निश्चित था, लेकिन रूजवेल्ट ने इस युद्ध को रोकने का प्रयास किया। अमेरिका ने 1906 में जर्मनी और फ्रांस के होनेवाले सम्मेलन में भाग भी लिया। इसी समय 1899 में हेग में अंतरराष्ट्रीय न्यायालय की स्थापना हुई। अमेरिका ने इस न्यायालय का समर्थन किया और अपने दो मुकदमे भी यहाँ भेजे। रूजवेल्ट के बाद अमेरिका के राष्ट्रपति वुडरो विल्सन हुए। यह एक शांतिप्रिय व्यक्ति था और यूरोप की राजनीति से दूर रहकर अमेरिका के लिए तटस्थता की नीति अपनाना चाहता था। फिर भी वैदेशिक मामले में साम्राज्यवाद का ही समर्थक था। लेकिन वह नैतिक साम्राज्यवाद चाहता था।

प्रथम महायुद्ध और अमेरिका

सन् 1914 ई. में प्रथम महायुद्ध प्रारंभ हुआ। इस समय अमेरिका के राष्ट्रपति वुडरो विल्सन थे। वे उदारवादी और आदर्शवादी थे। वे अमेरिका को यूरोप की राजनीति में घसीटना नहीं चाहते थे और अपनी तटस्थता की नीति पर कायम रहना चाहते थे। लेकिन यह स्थिति बहुत दिनों तक कायम न रही। इस युद्ध में ग्रेट ब्रिटेन महत्त्वपूर्ण भूमिका अदा कर रहा था और ग्रेट-ब्रिटेन तथा अमेरिका में गहरा संबंध था। ऐतिहासिक और सांस्कृतिक दोनों दृष्टियों से अमेरिका उसके निकट था। अत: उसने ग्रेट ब्रिटेन को धन-जन से सहायता देना शुरू किया। तभी जर्मन पनडुब्बियों ने अमेरिका के कई जहाज डुबा दिए। इसमें 115 अमेरिकी मारे गए। इस घटना से अमेरिका ने युद्ध में भाग लेना निश्चित कर लिया। अंत में 6 अप्रैल, 1917 को वह मित्र राष्ट्रों की ओर से युद्ध में प्रवेश कर गया।

जब एक बार अमेरिका युद्ध में प्रवेश कर गया तो फिर इसने अपनी सारी शक्ति युद्ध जीतने में लगा दी। जनता ने भी सरकार का साथ दिया।

अब सरकार ने कृषि और व्यवसाय की सारी व्यवस्था अपने हाथ में ले ली। नागरिक स्वतंत्रता नियंत्रित कर दी गई। देश की पूँजी बढ़ाने की ओर ध्यान दिया गया। बड़े-बड़े जहाज बनाए गए। सेना की संख्या बढ़ाई गई और करीब 50 लाख लोग सेना में भरती किए गए।

विल्सन के चौदह सूत्र

युद्ध के लिए सभी प्रकार की आवश्यक सामग्री विल्सन ने तैयार करवाई। दूसरी ओर वह जनता की सहानुभूति प्राप्त करना चाहता था। इसी उद्‍देश्य से उसने आदर्शवादी सिद्धांतों का प्रचार किया। जनतंत्र की दुहाई देकर उसने नारा बुलंद किया कि जनतंत्र की रक्षा के लिए युद्ध में जर्मनी को हराना आवश्यक है। उसने जनता के बीच यह प्रचार किया कि अमेरिका का युद्ध जर्मन जनता से नहीं वरन् वहाँ के अत्याचारी शासक से है। उसके इन आदर्शों से जनता बहुत प्रभावित हुई। सन् 1918 ई. में विल्सन ने अपने सिद्धांतों को जनता के समक्ष रखा। इसमें 14 सूत्र थे जिनमें निम्नलिखित प्रमुख थे—

(1) खुले ढंग से खुली संधि हो

(2) युद्ध और शांति में सामुद्रिक आवागमन की सुविधा हो

(3) राष्ट्रों के बीच आर्थिक दीवार न हो

(4) अस्त्र-शस्त्र को घटाया जाए

(5) जनता की इच्छा का पूरा ध्यान रखा जाए

(6) आत्मनिर्णय के प्रश्न पर ध्यान देकर यूरोप की सीमाएँ निर्धारित हों

(7) रूसी प्रदेश से बाहरी सेना हटा ली जाए

(8) राष्ट्रों का आम संघ कायम हो आदि।

विल्सन के इन सिद्धांतों से जर्मनी की जनता बहुत प्रभावित हुई और उसने अपने सम्राट् कैसर को पदच्युत कर दिया और वहाँ अस्थायी प्रजातंत्र की स्थापना हुई। अंत में 11 नवंबर, 1912 को प्रथम विश्वयुद्ध का अंत हुआ।

प्रथम विश्वयुद्ध में अमेरिका की प्रतिष्ठा बहुत बढ़ी क्योंकि अमेरिका के सहयोग से ही मित्रराष्ट्र विजयी हुए थे। युद्ध भी अमेरिका की भूमि पर

नहीं हुआ था। अतः इसे विशेष कोई क्षति नहीं पहुँची थी। युद्ध के अंत के बाद अमेरिका पुनः अपने पुराने सिद्धांत पर आ गया। लेकिन विल्सन के सूत्र कार्यान्वित नहीं हो सके। अंत में वर्साय की संधि हुई और इसी समय राष्ट्रसंघ की स्थापना भी हुई।

पृथक्ता की नीति का त्याग

वर्साय की संधि में राष्ट्रसंघ की स्थापना हुई थी। इसके संस्थापक विल्सन थे फिर भी अमेरिका इसका सदस्य नहीं हुआ। इस अवधि में विल्सन की आलोचना भी काफी हुई। फिर भी प्रथम युद्ध के बाद से लेकर द्वितीय विश्वयुद्ध आरंभ होने तक अमेरिका वैदेशिक मामले में तटस्थ ही रहा। लेकिन इसी समय कुछ ऐसी घटनाएँ घटीं, जिससे अमेरिका को अपनी नीति छोड़नी पड़ी। 1922 ई. में वाशिंगटन में कांफ्रेंस हुई, 1928 ई. में साठ राष्ट्रों का पेरिस पैक्ट हुआ, पर अभी तक तटस्थता की नीति कायम थी। यद्यपि इसके बुरे परिणाम निकले। अमेरिका की इसी नीति के कारण हिटलर की जीत संभव हुई। जब दूसरा विश्वयुद्ध छिड़ा, तब अमेरिका ने अपनी तटस्थता की नीति का त्याग कर दिया।

द्वितीय विश्वयुद्ध में अमेरिका का प्रवेश

सन् 1939 में दूसरा विश्वयुद्ध आरंभ हुआ। इस युद्ध में भी प्रारंभ में अमेरिका अपनी तटस्थता की नीति पर ही कायम रहा। लेकिन जब हिटलर की विजय पर विजय होने लगी तब अमेरिका घबरा उठा। 1940 में फ्रांस की हार हो गई। उसी वर्ष ब्रिटेन पर भयंकर रूप से गोलाबारी की गई। तब अमेरिका ने अपनी नीति त्याग दी और उसने ब्रिटेन की सहायता करनी शुरू कर दी। ब्रिटेन को 50 विध्वंसक पोत दिए गए। बदले में ब्रिटेन ने उसे 99 वर्ष के लिए न्यूफाउंड लैंड से गायना तक के समुद्री अड्डों का ठेका दे दिया। 1941 ई. में 'कैश एंड कैरी' प्रथा के बदले उधारपट्टा की व्यवस्था लागू हुई। इसी वर्ष रूजवेल्ट और इंग्लैंड के प्रधानमंत्री चर्चिल ने मिल एटलांटिक चार्टर नामक एक घोषणा प्रसारित की। इस घोषणा में कहा गया कि वे नए इलाकों पर

अधिकार नहीं करेंगे, बिना जनमत के किसी देश की सीमाओं में परिवर्तन नहीं करेंगे। सभी देश को आर्थिक सहायता देंगे, छीने हुए देशों की स्वतंत्रता लौटा देंगे। अब अमेरिका की नीति संसार के सामने स्पष्ट हो गई और वह संसार की राजनीति में खुलकर हिस्सा लेने लगा।

दूसरे विश्वयुद्ध में अमेरिका मित्र राष्ट्रों के अधिक-से-अधिक निकट रहने लगा। इधर जापान की शक्ति सुदूर पूर्व में बड़ी तेजी से बढ़ने लगी थी। यहाँ तक कि जापान 1940 में प्रशांत महासागर पर अपना अधिकार बताने लगा। जापानी सेना हिंद-चीन तक पहुँच गई। अमेरिका के लिए अब फिलिपाइन और हवाई द्वीप की रक्षा का प्रश्न था। उसने जापान सरकार के पास एक अपील भी भेजी पर उसका कोई फल न निकला। उलटे जापान ने हवाई द्वीप के पर्लहार्बर पर बम वर्षा कर दी। मिडवे, बेक, गुआम आदि द्वीप भी आक्रमण की चपेट में आ गए। अब अमेरिका ने भी बजाप्ता युद्ध की घोषणा कर दी। इटली और जर्मनी ने अमेरिका के खिलाफ युद्ध की घोषणा कर दी। इस युद्ध की अवधि में मित्र राष्ट्रों के बीच कई सम्मेलन हुए। 1943 के सितंबर में मास्को में एक सम्मेलन हुआ। इस सम्मेलन में अंतरराष्ट्रीय संगठन पर जोर दिया गया। इसी प्रकार का दूसरा सम्मेलन तेहरान में हुआ। इसमें रूजवेल्ट, चर्चिल तथा स्टालिन ने भाग लिया। तीनों अपने-अपने देश का प्रतिनिधित्व कर रहे थे। इस सम्मेलन में एक संयुक्त वक्तव्य प्रकाशित हुआ, जिसमें कहा गया कि तीनों देश युद्ध और शांति के संबंध में एक रहेंगे। पुनः तीनों एक बार याल्टा में मिले और संयुक्त राष्ट्रसंघ की स्थापना की बात हुई। यह भी तय हुआ कि जर्मनी की हार के बाद तीनों उसे आपस में बाँट लेंगे और जर्मनी की सेना भंग कर दी जाएगी। लेकिन तभी 12 अप्रैल, 1945 को रूजवेल्ट की मृत्यु हो गई।

रूजवेल्ट के बाद ट्रूमेन राष्ट्रपति हुए। इन्होंने युद्ध को जारी रखा। लेकिन अब तक जर्मनी पस्त हो चुका था। आखिर मई 1945 में उसने मित्र राष्ट्रों के सामने आत्मसर्मपण कर दिया। जापान पर भी बम बरसाए गए, उसने भी हार मान ली।

द्वितीय विश्वयुद्ध के बाद

सन् 1945 में द्वितीय विश्वयुद्ध समाप्त हो गया। इस युद्ध में अपार धन-जन की हानि हुई थी। लोग युद्ध से अब ऊब गए थे और शांति की खोज में थे। अत: याल्टा सम्मेलन के निर्णय के आधार पर 51 राष्ट्रों के प्रतिनिधियों का एक सम्मेलन सैन-फ्रांसिस्को में हुआ। सम्मेलन में एक घोषणा-पत्र तैयार हुआ, जिसमें संसार में शांति कायम रखने की सिफारिश की गई थी। इसी के अनुसार संयुक्त राष्ट्रसंघ का जन्म हुआ। सभी प्रतिनिधियों ने उस घोषणा-पत्र पर अपने-अपने हस्ताक्षर किए और तब से ही अमेरिका उसका सदस्य है। सच पूछा जाए तो अमेरिका ही संयुक्त राष्ट्र का नेतृत्व कर रहा है, सबसे अधिक प्रभाव इसी का है।

संयुक्त राज्य और संसार की राजनीति

आधुनिक विश्व में अमेरिका सबसे अधिक शक्तिशाली राष्ट्र है। यह पूँजीवादी राष्ट्र है और इसके जितने विरोधी हो सकते थे वे सभी दूसरे विश्वयुद्ध में नष्ट हो गए थे। इटली, जर्मनी, जापान आदि सभी देशों की हार हो गई थी। फ्रांस की शक्ति भी निर्बल हो गई थी और ब्रिटेन तो कर्जदार ही बन गया था। इसके विपरीत अमेरिका काफी धनी देश बन गया था। युद्ध में इसे 570 अरब डॉलर का मुनाफा हुआ था। पीछे चलकर अमेरिका से रूस का मतभेद हो गया और दोनों अलग-अलग गुटों में बँट गए हैं। इस तरह सारा संसार ही दो गुटों में बँटा हुआ है। एक का नेतृत्व अमेरिका करता है और दूसरे का रूस। रूस साम्यवादी देश है और पूँजीवादी का विरोध करता है। अत: अमेरिका की वैदेशिक नीति का सबसे बड़ा उद्द्देश्य है कि संसार के विभिन्न देशों में साम्यवाद के प्रचार को रोका जाए।

अमेरिका की नई नीति

इसके लिए अमेरिका ने एक नई नीति अपनाई है। इस नीति के अनुसार वह गरीब देशों की आर्थिक सहायता करता है, जिससे वहाँ साम्यवाद न पनपे। युद्ध के बाद ग्रीस, चीन और तुर्की में सरकार और साम्यवादी दल के बीच

संघर्ष चल रहे थे, जिसमें अमेरिका ने इन देशों की सरकार को सहायता देने का निश्चय किया। वहाँ के राष्ट्रपति ट्रूमैन ने अमेरिका की नीति की घोषणा की जिसे ट्रूमैन का सिद्धांत कहते हैं।

मार्शल योजना

1947 में अमेरिका ने एक नई आर्थिक योजना बनाई जिसे मार्शल योजना कहते हैं। इस योजना के अनुसार यूरोपीय देशों के पुनर्निर्माण के लिए अमेरिका हर प्रकार की सहायता देने को राजी हुआ है।

पोआयंट फोर योजना

मार्शल योजना के बाद अमेरिका ने दूसरी योजना बनाई। यह योजना 1949 में निकली। इस योजना में चार बातों का उल्लेख था। अतः इसे प्रोआयंट फोर योजना कहते हैं। इस योजना के अनुसार एशिया के पिछड़े हुए देशों को अमेरिका अपना विशेषज्ञ और पूँजी देने को तैयार है।

उत्तरी एटलांटिक संधि

अपनी आर्थिक स्थिति सुदृढ़ करने के साथ-साथ अमेरिका ने अपनी राजनीतिक स्थिति भी सुदृढ़ करने की योजना बनाई है। 1949 में उसने उत्तरी एटलांटिक संधि (NATO-North Atlantic treaty organisation) की स्थापना की। इसमें अमेरिका के अलावा कनाडा, ब्रिटेन, फ्रांस, टर्की, बेल्जियम, हॉलैंड, इटली, पुर्तगाल, डेनमार्क आदि इसके सदस्य हैं। इन सभी देशों को मिलाकर एक कमान बनाने की चेष्टा हो रही है।

दक्षिणी-पूर्वी एशियाई संधि

पुनः 1954 में एक दूसरे संघ की स्थापना हुई। इसे दक्षिण-पूर्वी एशिया-संघ (SETO-South-East Asia treaty organisation) कहते हैं। इसमें अमेरिका के अतिरिक्त ऑस्ट्रेलिया, न्यूजीलैंड, पाकिस्तान, फिलीपींस, थाईलैंड और ब्रिटेन, टर्की, ईरान, इराक और पाकिस्तान सदस्य हैं। यद्यपि अमेरिका इसका सदस्य नहीं है फिर भी वह इन्हें सहायता देता है।

इस प्रकार वर्तमान विश्व की राजनीति में अमेरिका बहुत महत्त्वपूर्ण हिस्सा ले रहा है। 1950 में जब उत्तरी कोरिया ने दक्षिणी कोरिया पर आक्रमण किया, तब संयुक्त राज्य अमेरिका ने दक्षिण कोरिया की सैनिक सहायता की और उसने ही दक्षिणी कोरिया का नेतृत्व किया था। पुनः 1956 में जब ब्रिटेन, फ्रांस तथा इजराइल की सरकार ने मिस्र पर आक्रमण किया तब अमेरिका ने उनका कड़ा विरोध किया। संक्षेप में, दूसरे विश्वयुद्ध के बाद से अमेरिका का बराबर यह प्रयत्न रहा है कि संसार में शांति कायम रहे।

आइजन हावर

आइजन हावर के नेतृत्व में अमेरिका ने शांति प्रयास की दिशा में कई महत्त्वपूर्ण कदम उठाए। द्वितीय विश्वयुद्ध के दौरान आइजन हावर ने अमेरिका के सैनिक संगठन में बड़ा महत्त्वपूर्ण कार्य किया। इस युद्ध में आइजन हावर विश्व को अपनी शक्ति का परिचय देना चाहता था, लेकिन ऐसा वह न कर सका। पुनः 1945 में उसने अपनी शक्ति का परिचय दिया। उसने नाजियों की विशाल सेना को बर्लिन तक खदेड़ दिया। आइजन ने शिक्षा क्षेत्र में भी स्वतंत्रता और शांति का प्रचार किया। उसकी लोकप्रियता का प्रमाण यही है कि 1955 में जनता ने दूसरी बार उसे अपना राष्ट्रपति चुना।

विश्व शांति की दिशा में भी उसके प्रयास सराहनीय हैं। दूसरे विश्वयुद्ध के बाद कोरिया की समस्या उपस्थित हो जाने पर तीसरे महायुद्ध की संभावना उपस्थित हो गई थी। लेकिन आइजन हावर ने ही अपने प्रयासों से इस युद्ध को टाल दिया। 1953 में उसने 'शांति के लिए आणविक शक्ति का प्रयोग' की योजना की सिफारिश की। फिर 1955 में जो जेनेवा में कांफ्रेंस हुई थी, उसमें एक दूसरे राष्ट्र की सेना व्यवस्था के निरीक्षण करने का प्रस्ताव रखा। उसने भारत और पाकिस्तान की भी यात्रा की और भारत-अमेरिका मैत्री को सुदृढ़ किया। उसका नारा है—"गरीबी और बीमारी के अंत तथा स्वतंत्रता तथा मानवोचित अधिकार के द्वारा ही विश्व में शांति की स्थापना हो सकती है।"

1960 के चुनाव में जॉन एफ. कैनेडी अमेरिका के राष्ट्रपति निर्वाचित हुए।

इन्होंने भी विदेशी मामलों में अपनी दिलचस्पी दिखलाई। इनका डेमोक्रेटिक दल का विदेशी मामलों में ऐसे वातावरण की सृष्टि करता है जिसमें संसार के सभी स्थानों के सभी व्यक्तियों को मानवीय प्रतिष्ठा, सत्य और न्याय प्राप्त हो सके। यह संयुक्त राष्ट्रसंघ में विश्वास करता है और संसार के निरस्त्रीकरण के लिए प्रयत्न करता है। यह कम्युनिस्ट देशों से भी शांति और प्रगति के कार्यों में सहमत है, बशर्ते कि इसके सिद्धांत के विरुद्ध न हो।

भारत के साथ अमेरिका का संबंध मैत्री का है। भारत में प्रतिकूल परिस्थिति में जनता पल रही है। अत: अमेरिका भारत की प्रगति के लिए हर संभव सहायता देने को तैयार है। कश्मीर के प्रश्न पर भी वह भारत का समर्थन करता है। इधर 'वियतनाम' की समस्या लेकर रूस और अमेरिका का मनमुटाव हो गया है। फिर भी शांति का प्रयास जारी है। कैनेडी की हत्या के बाद आजकल जॉनसन अमेरिका के राष्ट्रपति हैं। वे भी कैनेडी की नीति पर चलकर भारत की सहायता करने को तत्पर हैं। वर्तमान समय में भारत में खाद्य की जो भीषण समस्या उपस्थित हुई है, उसमें अमेरिका ने भारत की सहायता की है। 1962 में जब चीन ने भारत के नेफा और लद्दाख के हिस्से पर आक्रमण किया, तब अमेरिका ने चीन का विरोध किया और भारत के पक्ष का समर्थन किया। इधर अमेरिका ने विज्ञान के क्षेत्र में बड़ी प्रगति की है। उसने चंद्रमा पर कई रॉकेट भेजे हैं। इस प्रकार आज अमेरिका विश्व-राजनीति में सबसे अधिक दिलचस्पी ले रहा है।

प्रश्न

1. संयुक्त राज्य अमेरिका ने विश्व शांति स्थापित करने के लिए दूसरे विश्वयुद्ध के बाद क्या-क्या किया?
2. प्रथम विश्वयुद्ध के बाद अमेरिका की वैदेशिक नीति का वर्णन करें।
3. द्वितीय विश्वयुद्ध में संयुक्त राज्य अमेरिका की काररवाई का वर्णन कीजिए।

4. 1920 और 1939 के बीच अमेरिका के इतिहास का सर्वेक्षण करें।
5. विश्व इतिहास में 1917 से संयुक्त राज्य अमेरिका ने कितनी बार भाग लिया है?
6. अमरीकी स्वातंत्र्य संग्राम के क्या कारण थे?
7. मुनरो सिद्धांत क्या है? अमेरिका ने पृथक्ता की नीति क्यों त्याग दी?

□

17

राष्ट्रसंघ (League of Nation)

(क) राष्ट्रसंघ की स्थापना की पृष्ठभूमि

जब से संसार में मानवजाति की उत्पत्ति हुई है तब से ही युद्ध होते आए हैं। फलस्वरूप कई बार संसार में भीषण रूप से धन-जन की हानि हुई है। लेकिन जब-जब युद्ध हुए हैं तब-तब शांति स्थापना के प्रयास भी हुए हैं। लेकिन प्राचीन काल के युद्ध में और आज के युद्ध में आकाश-पाताल का अंतर है। आज वैज्ञानिक आविष्कार के चलते युद्ध अधिक सभ्य और भयंकर बन गए हैं। अतः आधुनिक संचार में युद्ध को रोककर शांति प्रयास की आवश्यकता अधिक बढ़ गई है। जहाँ पहले के युद्ध से केवल राजा प्रभावित होते थे, वहाँ आज के युद्ध से प्रत्येक व्यक्ति प्रभावित होता है।

आधुनिक युग में युद्ध को रोकने का सबसे पहला प्रयास 1815 में नेपोलियन की हार के बाद हुआ। इसी शांति स्थापना के उद्देश्य से वियना की कांग्रेस बुलाई गई थी। इसमें ब्रिटेन, रूस, आस्ट्रिया और प्रशा आदि देशों के नेता आपस में मिले थे और शांति स्थापना की ओर कदम बढ़ाए थे। तब से समय-समय पर इन नेताओं का सम्मेलन होता रहा और इस प्रकार दस वर्षों तक यह सिलसिला चला। लेकिन पीछे आपस के स्वार्थ के चलते यह प्रयास विफल हो गया। इसके बाद कई छोटे-मोटे संगठन कायम हुए, लेकिन कोई ठोस कदम नहीं उठाया गया। तभी 1914 ई. में प्रथम महायुद्ध शुरू हुआ। यह युद्ध 4 वर्षों तक चलता रहा और इसमें अपार धन-जन की हानि हुई। युद्ध में अस्सी लाख नौजवान मारे गए और लगभग दो करोड़ चालीस लाख लोग

घायल हुए। 30 अरब डॉलर की संपत्ति बरबाद हो गई। युद्ध में जो अस्त्र-शस्त्र बनाए गए उसमें 1 खरब 86 अरब डालर खर्च हुए। इतने डालर से—"यूरोप तथा अमेरिका के सभी नगरों की सभी झोंपड़ियाँ अच्छे मकानों में बदल जातीं। इतने डॉलर से लगभग 80 लाख लोगों की, जो युद्ध में मरे, चिकित्सा का प्रबंध किया जा सकता था। इतने डॉलर से निरक्षरता का अंत किया जा सकता था और हर नगर में निःशुल्क पुस्तकालय की स्थापना हो सकती थी।" लोग इस युद्ध की विभीषिका से काँप उठे। अतः सभी विजित और पराजित राष्ट्र शांति की माँग करने लगे। 1914 में जब राष्ट्रपति विल्सन ने अपने 14 सूत्र निकाले तो उसके एक सूत्र में कहा गया—"निश्चित नियमों के अनुसार बड़े और छोटे राष्ट्रों को समान रूप से राजनीतिक स्वतंत्रता और प्रादेशिक अखंडता का आश्वासन देने के उद्देश्य से राष्ट्रों का व्यापक संघ अवश्य बनना चाहिए।" अंत में वर्साय की संधि में राष्ट्रसंघ (League of Nation) की स्थापना हुई।

लेकिन वर्साय की संधि केवल विजित राष्ट्रों का सम्मेलन था। ये हारे हुए देश अपनी क्षतिपूर्ति चाह रहे थे। वे यह भूल गए थे कि पराजित देशों को हानि उठानी पड़ी है। सच पूछा जाए तो प्रथम विश्वयुद्ध के लिए यूरोप की राजनीतिक हालत ही जवाबदेह थी और बिना इस तथ्य को समझे राष्ट्रसंघ की स्थापना निरर्थक थी।

(ख) उद्देश्य

10 जनवरी, 1920 के दिन से राष्ट्रसंघ ने विधिवत् अपना कार्यारंभ किया। आरंभ में इसके 42 सदस्य थे। बाद में इनकी संख्या 60 हो गई। नियमतः कोई भी स्वतंत्र राज्य संघ का सदस्य हो सकता था। लेकिन भारत, कनाडा, ऑस्ट्रेलिया, न्यूजीलैंड आदि देश जो स्वतंत्र नहीं थे—इसके सदस्य थे। कोई भी राष्ट्र एक वर्ष पूर्व सूचना देकर इसकी सदस्यता छोड़ सकता था। प्रत्येक राष्ट्र को अपनी राष्ट्रीय बचत से चंदे के रूप में एक निश्चित रकम संघ को देनी होती थी, जिससे संघ का खर्च चलता था। इसके निम्नलिखित उद्देश्य थे—

(1) सभी राष्ट्रों में पारस्परिक सहयोग बढ़ाना, इसके लिए राष्ट्रों के बीच समुचित व्यवहार को बढ़ावा देना।

(2) अंतरराष्ट्रीय कानून का पालन करना तथा ईमानदारी के साथ सभी प्रकार की संधियों का पालन करना।

(3) शांति एवं सुरक्षा प्राप्त करना। युद्ध उत्पन्न करनेवाले कारणों को दूर करना, शस्त्र बनाने पर प्रतिबंध लगाना एवं अंतरराष्ट्रीय समस्याओं को सहयोग और शांतिपूर्ण ढंग से सुलझाना।

(4) सार्वजनिक कल्याण के कार्य करना। इसके लिए स्वास्थ्य की दशा सुधारना, बीमारी को रोकना एवं आर्थिक, सामाजिक और सांस्कृतिक क्षेत्र में उन्नति करने के लिए विभिन्न राष्ट्रों की सहायता करना।

(ग) संगठन

राष्ट्रसंघ के निम्नलिखित प्रमुख अंग थे—

एसेंबली (आम सभा)

यह राष्ट्रसंघ की विधानसभा थी। इसमें प्रत्येक राष्ट्र के प्रतिनिधि शामिल हो सकते थे। प्रत्येक राष्ट्र अपने तीन प्रतिनिधि भेजता था। लेकिन उसे एक ही वोट देने का अधिकार था। साल में एक बार इसकी बैठक जेनेवा में होती थी, लेकिन ज़रूरत पड़ने पर विशेष बैठक भी हो सकती थी। प्रत्येक प्रतिनिधि अपने में से एक सभापति चुनते थे और एक प्रधान मंत्री होता था। इसी के ऊपर संघ के सारे कार्यों का भार रहता था। एसेंबली के अंदर छह समितियाँ होती थीं। प्रत्येक का विषय अलग-अलग था। ये संसार की सभी समस्याओं पर विचार करती थीं। ये समितियाँ निम्नलिखित थीं—

(क) वैधानिक और कानूनी मामलों के लिए।

(ख) औद्योगिक संस्थाओं के लिए।

(ग) शस्त्रों की समस्या पर विचार करने के लिए।

(घ) बजट पर विचार करने के लिए।

(च) सामाजिक कल्याण के लिए।

(छ) राजनीतिक बातों के लिए।

एसेंबली का प्रमुख कार्य

1. राष्ट्रों के बीच शांति और सुरक्षा के प्रश्न को सुलझाना।
2. अस्थायी सदस्यों का चुनाव करना।
3. अंतरराष्ट्रीय न्यायालयों के जजों की नियुक्ति करना।
4. बजट पास करना।
5. बजट में संशोधन करना।

कौंसिल

यह एसेंबली से छोटी संस्था थी लेकिन अधिकार की दृष्टि से सबसे अधिक शक्तिशाली थी। इसमें स्थायी और अस्थायी दोनों प्रकार के सदस्य थे। शुरू में इसके सदस्यों की संख्या आठ थी, लेकिन बाद में दस हो गई। स्थायी सदस्य—फ्रांस, ग्रेट ब्रिटेन, इटली, अमेरिका और जापान थे। पीछे अमेरिका ने इसकी सदस्यता त्याग दी थी। इस सभा के प्रमुख कार्य थे—

1. अस्थायी सदस्यों का निर्वाचन करना।
2. राष्ट्रों के बीच विभिन्न झगड़ों को सुलझाना।
3. विभिन्न देशों के अल्पसंख्यकों की रक्षा करना।
4. अस्त्र-शस्त्र में कमी करना।
5. राष्ट्रसंघ के नियमों को तोड़नेवाले के विरुद्ध कड़ा रुख अपनाना।

सेक्रेटेरिएट (सचिवालय)

यह राष्ट्रसंघ की स्थायी संस्था थी और इसके अंदर छह सौ विशेषज्ञ कार्य करते थे। यह संस्था राष्ट्रसंघ के शासन संबंधी कार्यों का संचालन करती थी। इसका एक प्रधान सचिव होता था, जिसकी नियुक्ति कौंसिल द्वारा होती थी। महासचिव के कार्यों में सहायता देने के लिए दो उपसचिव होते थे। सचिवालय के 11 विभाग थे और सबों के काम बँटे हुए थे।

अंतरराष्ट्रीय न्यायालय

इसका प्रधान कार्यालय हेग में था। इस न्यायालय में 15 जज होते थे, जो

9 वर्ष के लिए एसेंबली द्वारा चुने जाते थे। इसका काम—

1. अंतरराष्ट्रीय झगड़ों का निर्णय करना था। हर राष्ट्र अपने झगड़े को अपनी इच्छा से इसमें सुनवाई के लिए देते थे। अपने अधिकारों का दायित्व इस न्यायालय ने अच्छी तरह निभाया। लेकिन यह देश पर निर्भर था कि वह अपना मुकदमा यहाँ पेश करे अथवा नहीं करे।

अंतरराष्ट्रीय श्रम संगठन

यह संस्था संसार के मजदूरों का संगठन थी। कई अर्थों में यह राष्ट्रसंघ से अलग थी और कई अर्थों में उसका अंग भी। इसमें एक डायरेक्टर तथा शासन समिति होती थी, जिसकी बैठक प्रति तीन महीने पर होती थी। यह दुनिया के मजदूरों की भलाई के लिए कानून बनाती थी और उसकी हालत सुधारती थी। साथ ही यह संस्था प्रत्येक देश के मजदूरों का ब्योरा जमा करती थी और उसी के आधार पर उन देशों की सरकार से मजदूरों के हित के लिए कानून बनाने को कहती थी। लेकिन यह एक सलाहकार संस्था थी। इसकी बात मानना या न मानना प्रत्येक देश पर निर्भर करता था।

इन संस्थाओं के अतिरिक्त भी कई संस्थाएँ थीं, जिनमें निम्नलिखित प्रमुख थीं—

1. मैंडेड तथा शस्त्रीकरण संबंधी सहायक स्थायी संस्था।
2. आर्थिक एवं आय संबंधी संस्था।
3. आवागमन संबंधी संस्था।
4. स्वास्थ्य संगठन आदि।

ये संस्थाएँ विश्व के हितों को ध्यान में रखकर कार्य करती थीं।

(घ) राष्ट्रसंघ के कार्य

राष्ट्रसंघ का उद्‌देश्य महान् था। इसकी स्थापना ही की गई थी कि संसार में शांति की स्थापना करके संसार को प्रगति पथ पर आगे बढ़ाया जाए। लेकिन आरंभ में ही जो राष्ट्र इसके सदस्य बने वे इस संबंध में उत्सुक नहीं थे। फिर भी राष्ट्रसंघ के कार्य प्रशंसनीय हैं। इसने दिखा दिया कि बिना युद्ध लड़े भी राष्ट्रों

के पारस्परिक झगड़ों को निपटाया जा सकता है। अपने आरंभिक वर्षों में इसे पूरी सफलता मिली और इसने कई महत्त्वपूर्ण समस्याओं को सुलझाया। संसार के प्रायः सभी बड़े देशों के प्रतिनिधि आपस में मिले और अंतरराष्ट्रीय समस्या का समाधान ढूँढ़ा। राष्ट्रसंघ को आरंभ के 10 वर्षों तक सफलता मिलती गई। 1920 ई. में हॉलैंड द्वीप के लिए स्वीडन और फिनलैंड में संघर्ष हुआ और राष्ट्रसंघ ने द्वीप को फिनलैंड को देकर झगड़े का निपटारा करा दिया। इसी प्रकार 1919 में साइलेशिया के प्रश्न को लेकर जर्मनी, पोलैंड, इंग्लैंड और फ्रांस में मतभेद चला। अतः राष्ट्रसंघ ने साइलेशिया का विभाजन कर दिया और एक-तिहाई पोलैंड को तथा दो-तिहाई जर्मनी को दे दिया। इसी प्रकार 1925 ई. में यूनान ने बल्गेरिया पर आक्रमण कर दिया। बल्गेरिया राष्ट्रसंघ की शरण में गया। संघ ने यूनान को आशा दी कि वह बल्गेरिया से अपनी फौज हटा ले और युद्ध का हर्जाना दे। यूनान ने ऐसा ही किया। इस प्रकार राष्ट्रसंघ ने कई समस्याओं का हल निकाला। अब लोगों को विश्वास हो गया कि संसार से युद्ध कम हो जाएगा। लेकिन ऐसा न हुआ। कुछ ही दिनों के बाद राष्ट्रसंघ के दोष झलकने लगे।

जब तक छोटे राष्ट्रों का झगड़ा सामने आया तब तक राष्ट्रसंघ ने उसे सुलझा दिया। लेकिन जब बड़े राष्ट्रों का प्रश्न आया तो उनके खिलाफ राष्ट्रसंघ कुछ नहीं कर सका। बात यह थी कि राष्ट्रसंघ में बड़े-बड़े राष्ट्रों का बोलबाला था। जब छोटे राष्ट्रों का प्रश्न सामने आता था तब तो ये बड़े राष्ट्र कुछ-न-कुछ फैसला कर देते थे लेकिन जब इनका अपना स्वार्थ आता था तो मुकर जाते थे। इस प्रकार बड़े राष्ट्रों ने हमेशा राष्ट्रसंघ की अवहेलना की। फल यह हुआ कि इस पवित्र सिद्धांत पर इसकी स्थापना हुई थी, वह सिद्धांत पूरा नहीं हुआ और दस वर्ष के बाद ही राष्ट्रसंघ की शक्ति क्षीण होने लगी। 1925 ई. में जब मोसल पर अधिकार जमाने के खयाल से तुर्की और इराक के बीच मतभेद हुआ, तब राष्ट्रसंघ ने मोसल को इराक को दे दिया। लेकिन तुर्की ने उसके निर्णय को मानने से इनकार कर दिया।

सन् 1931 में जापान ने चीन के उत्तरी भाग मंचूरिया पर आक्रमण किया।

चीन ने राष्ट्रसंघ से जापान के विरुद्ध कारवाई करने की माँग की। राष्ट्रसंघ ने जापान को कई बार कड़ी चेतावनी दी, लेकिन जापान के कानों पर जूँ तक नहीं रेंगी। उसने मंचूरिया पर अपना अधिकार जमा लिया। राष्ट्रसंघ उसके विरुद्ध कुछ नहीं कर सका। जापान की देखादेखी इटली और जर्मनी ने ऐसा ही किया। जर्मनी ने प्रथम विश्वयुद्ध में वर्साय की जो संधि की थी उस संधि की शर्तों को तोड़ना शुरू कर दिया। वह साम्राज्यवादी देश था, अब युद्ध के लिए उसने तैयारी कर दी और हथियार तथा सेना जमा करने लगा। 1935 में इटली ने भी अबीसिनिया पर चढ़ाई कर दी। अबीसिनिया राष्ट्रसंघ की शरण में गया, लेकिन कोई फल न निकला। उलटे ब्रिटेन और फ्रांस इटली को छिपे रूप से सहायता देने लगे। इटली ने शक्तिबल से अबीसिनिया पर अधिकार कर लिया। इधर जर्मनी ने भी आस्ट्रिया, चेकोस्लोवाकिया आदि देशों पर अधिकार कर लिया। राष्ट्रसंघ जर्मनी के विरुद्ध भी कुछ नहीं कर सका। 1939 में दूसरा विश्वयुद्ध शुरू हो गया। अब सभी कमर कसकर युद्ध में उतर आए। राष्ट्रसंघ का उद्देश्य नष्ट हो गया। अंत में 1946 में जेनेवा में राष्ट्रसंघ की एक बैठक हुई जिसमें राष्ट्रसंघ को खत्म करने का प्रस्ताव पास किया गया।

इस प्रकार राष्ट्रसंघ खत्म हो गया। लेकिन राजनीतिक क्षेत्र में भले ही राष्ट्रसंघ असफल हो गया पर अन्य क्षेत्रों में इसे काफी सफलता मिली। इसने युद्ध से क्षतिग्रस्त देशों को आर्थिक सहायता पहुँचाई। स्वास्थ्य को सुधारने, महामारियों को रोकने, गुलामी की प्रथा नष्ट करने आदि के क्षेत्र में कई महत्त्वपूर्ण कार्य हुए। बच्चों और स्त्रियों की दशा में भी सुधार हुए तथा अंतरराष्ट्रीयता की भावना का विकास हुआ। राष्ट्रसंघ ने बहुत से अंतरराष्ट्रीय संगठनों को भी प्रोत्साहित किया, जैसे—अंतरराष्ट्रीय स्त्रीसंघ, अंतरराष्ट्रीय गिरजा संघ आदि।

(ड़) राष्ट्रसंघ की असफलता के कारण

राष्ट्रसंघ की स्थापना विश्व इतिहास की सबसे बड़ी घटना थी। दुनिया में पहली बार एक विश्वव्यापी संगठन कायम हुआ था। दुनिया के राष्ट्रों के बीच प्रेम और सहयोग की भावना बढ़ी। सभी यह समझने लगे कि अब विश्व में फिर कभी कोई बड़ी लड़ाई नहीं लड़ी जाएगी। लेकिन लोगों की आशा निर्मूल साबित

हुई। जिस महान् उद्देश्य के लिए इस राष्ट्रसंघ की स्थापना हुई वह उद्देश्य पूरा न हुआ और इसका पतन हो गया। इस पतन के निम्नलिखित कारण थे—

1. सदस्यों का पृथक् होना
2. दोषपूर्ण संगठन
3. अयोग्य प्रतिनिधि
4. अनुचित प्रबंध
5. अंतरराष्ट्रीय कानून का अभाव
6. आपसी मतभेद
7. अमेरिका का सदस्य न होना
8. लोकतंत्रात्मक पद्धति
9. वर्साय की संधि

सदस्यों का पृथक् होना

इस संस्था के अंदर जितने भी सदस्य राष्ट्र थे वे सभी एक-एक कर अलग होने लगे। सन् 1926 में ब्राजील, 1933 में जापान और जर्मनी इससे अलग हो गए। यहाँ तक कि थोड़े ही समय के बाद इसके सदस्यों की संख्या 62 से घटकर 42 हो गई। आस्ट्रिया, नीदरलैंड, बेल्जियम, डेनमार्क सभी को शत्रुओं ने पराजित कर दिया। अंत में रूस भी इसकी सदस्यता से हट गया।

दोषपूर्ण संगठन

राष्ट्रसंघ का संगठन भी दोषपूर्ण था। इसमें दो प्रकार के सदस्य थे—स्थायी और अस्थायी। स्थायी राष्ट्र शक्तिशाली थे और केवल अपना ही फायदा सोचते थे। जब छोटे-छोटे राष्ट्रों का प्रश्न आता था तब तो फैसला हो जाता था, लेकिन जब अपना ही प्रश्न उठता था तब ये राष्ट्र अपने स्वार्थ सिद्धि में लग जाते थे। अतः छोटे-छोटे राष्ट्रों को राष्ट्रसंघ से घृणा होने लगी।

अयोग्य प्रतिनिधि

राष्ट्रसंघ में जो बहुत से देशों के प्रतिनिधि रहते थे उनमें शासकीय योग्यता

का अभाव था। वे अयोग्य और अनुभवहीन थे। प्रत्येक कार्य के लिए वे सरकार पर निर्भर रहते थे। अतः संघ के कार्यों में कठिनाई होती थी।

अनुचित प्रबंध

राष्ट्रसंघ के पास युद्ध को रोकने का कोई प्रबंध नहीं था। इसकी बात मानना या न मानना राष्ट्रों की इच्छा पर निर्भर रहता था। जो राष्ट्र इसकी बात नहीं मानते उनके विरुद्ध राष्ट्रसंघ कुछ भी नहीं कर पाता था। इसके पास कोई स्थायी सेना नहीं थी, जिसके बल पर राष्ट्रसंघ सदस्यों से अपनी बात मनवाता। अतः इस पर से राष्ट्रों का विश्वास हटता चला गया।

अंतरराष्ट्रीय कानून का अभाव

राष्ट्रसंघ के न्यायालय में कानून की कोई विशेष सूची नहीं थी। किसी भी देश की इच्छा पर यह निर्भर था कि वह अपना मुकदमा यहाँ भेजे अथवा वापस ले ले। राष्ट्रसंघ के पास अपनी बात मनवाने के लिए कोई साधन भी नहीं था। कभी-कभी तो ऐसा होता था कि कोई राष्ट्र लाचारी में उसके निर्णय को मानकर पीछे उसकी अवहेलना भी कर देता था।

आपसी मतभेद

राष्ट्रसंघ के जो अंग बने उनमें परस्पर मतभेद चलने लगा। कौंसिल और एसेंबली में भिन्न-भिन्न देशों की राजनीति और कूटनीति का अखाड़ा चलने लगा। अतः राष्ट्रसंघ झगड़ा रोकता कहाँ तक? और झगड़ा लगवाने लगा। मुख्य रूप से इसमें इंग्लैंड और फ्रांस का प्रभुत्व था। इस बात को बहुत से यूरोपीय राष्ट्र अच्छा नहीं समझते थे। संक्षेप में राष्ट्रसंघ छोटे-छोटे अनेक राष्ट्रों का एक ऐसा भेड़ों का झुंड था, जिसकी देखरेख करने का सारा दायित्व मानो इंग्लैंड और फ्रांस के ऊपर था।

अमेरिका का सदस्य नहीं होना

संयुक्त राज्य अमेरिका इसका सदस्य कभी नहीं बना। इतने बड़े देश की

सहायता न पा सकने के कारण भी इसकी शक्ति कमजोर पड़ गई। रूस भी थोड़े दिनों के बाद उसकी सदस्यता से हट गया।

लोकतंत्रात्मक पद्धति

राष्ट्रसंघ के सारे कार्य लोकतंत्रात्मक पद्धति से होते थे लेकिन इस पद्धति से छोटे-छोटे राष्ट्र परिचित नहीं थे। इन राज्यों में अभी तक न तो संसदीय समझौते के प्रति आदर था और न वे बहुमत के नियम पर चलना ही जानते थे।

वर्साय की संधि

सच पूछा जाए तो वर्साय की संधि में ही युद्ध के बीज छिपे थे। इस संधि के द्वारा जर्मनी और इटली की ताकत बिल्कुल नष्ट कर दी गई थी। उन पर ऐसी शर्तें लादी गई थीं कि वे कभी भी उठने का साहस नहीं कर सकते थे। राष्ट्रसंघ भी सत्ताधारियों की संस्था बन गई थी और इस सबका परिणाम युद्ध निश्चित था। विजित राष्ट्रों ने जर्मनी के साथ डाकुओं का सा व्यवहार किया था। इसी कारण राष्ट्रसंघ को लेनिन 'डाकुओं का अड्डा' कहा करता था।

इस प्रकार राष्ट्रसंघ का पतन हुआ। फिर भी इसने आनेवाले समय को बहुत कुछ सबक दिया, जिसकी नींव पर संयुक्त राष्ट्र कायम हुआ।

प्रश्न

1. लीग ऑफ नेशंस की उत्पत्ति और काररवाई का वर्णन कीजिए।
2. राष्ट्रसंघ के संगठन एवं कार्यों का वर्णन करें।
3. राष्ट्रसंघ की असफलता के क्या कारण थे?

□

18

संयुक्त राष्ट्रसंघ (U.N.O.)

(क) संयुक्त राष्ट्रसंघ की स्थापना

संयुक्त राष्ट्र का जन्म राष्ट्रसंघ के ध्वंसावशेष पर हुआ। जिस पवित्र उद्देश्य के लिए राष्ट्रसंघ स्थापित हुआ था, वह उद्देश्य पूरा न हुआ, वरन् युद्ध की भयंकरता और बढ़ गई। प्रथम विश्वयुद्ध की आग बुझी ही थी कि दूसरा विश्वयुद्ध पुनः 1939 में प्रारंभ हो गया। यह युद्ध पहले युद्ध से अधिक विध्वंसक सिद्ध हुआ। इस बीच वैज्ञानिक आविष्कारों के फलस्वरूप एक से एक घातक अस्त्र-शस्त्रों का निर्माण हो चुका था। इन अस्त्र-शस्त्रों के विनाशकारी प्रभाव को देखकर संसार के विचारक स्तंभित हो गए। भविष्य की खतरनाक तसवीर उन्हें दिखाई पड़ने लगी, जिसमें संपूर्ण मानवजाति वेदना से छटपटा रही थी। तभी उन्हें संयुक्त राष्ट्रसंघ की कल्पना सूझ गई। अब तक विचारकों के सामने निराशा और भय का जो बादल छाया था, उसमें मानो संयुक्त राष्ट्रसंघ की बिजली कौंध गई, उन्हें मार्ग मिल गया।

युद्ध के दौरान सन् 1941 ई. में अमेरिका के राष्ट्रपति रूजवेल्ट ने सन् 1941 ई. में चार स्वतंत्रताओं (Four Freedoms) की घोषणा की थी। इस घोषणा में हर राष्ट्र को हर प्रकार के भय से रहित होने को कहा गया था। पुनः 1942 ई. में 26 मित्र राष्ट्रों ने वाशिंगटन में एक घोषणा प्रकाशित की जिसे एटलांटिक चार्टर कहते हैं। इसी प्रकार 1944 ई. में 'डंबार्टन ओक्स' में अमेरिका, ब्रिटेन, रूस तथा चीन के प्रतिनिधि आपस में मिले और भविष्य में युद्ध रोकने के लिए एक अंतरराष्ट्रीय संघ की कल्पना की। इसके बाद ही

दूसरे वर्ष 1945 में सैन फ्रांसिस्को में 50 देशों के प्रतिनिधियों का सम्मेलन हुआ था। यह सम्मेलन दो महीने तक चलता रहा। यहीं पर संयुक्त राष्ट्रसंघ की रूपरेखा आदि पर विचार-विमर्श किया गया। इसकी नियमावली तैयार की गई। इस प्रकार 24 अक्तूबर, 1945 को संयुक्त राष्ट्रसंघ का जन्म हुआ। आरंभ में 51 राष्ट्र इसके सदस्य बने जिसमें अमेरिका, ब्रिटेन, रूस, फ्रांस तथा चीन प्रमुख थे।

(ख) उद्देश्य

राष्ट्रसंघ की तरह इसके भी उद्देश्य महान् और पवित्र हैं। संक्षेप में इसके निम्नलिखित उद्देश्य हैं—

1. अंतरराष्ट्रीय शांति तथा सुरक्षा की स्थापना करना।
2. प्रत्येक राष्ट्र को आत्मनिर्णय का अधिकार देना तथा प्रत्येक राष्ट्र के बीच प्रेम और मैत्री का संबंध स्थापित करना।
3. प्रत्येक मनुष्य के समान अधिकारों की स्वीकृति और उसकी प्राप्ति के लिए प्रयास करना। जाति, लिंग, भाषा, धर्म आदि के भेदभाव को दूर करना।
4. अंतरराष्ट्रीय आर्थिक, सामाजिक, सांस्कृतिक तथा मानवीय समस्याओं के समाधान के लिए सभी राष्ट्रों में आपसी सहयोग तथा सामंजस्य को बनाए रखना।

(ग) संगठन

राष्ट्रसंघ के कार्यों को सुचारु ढंग से चलाने के लिए छह अंगों का निर्माण किया गया है—

(1) आम सभा (जनरल एसेंबली)

यह संयुक्त राष्ट्रसंघ की सबसे बड़ी और महत्त्वपूर्ण संस्था है। इसमें उन सभी राष्ट्रों के प्रतिनिधि रहते हैं, जो संयुक्त राष्ट्रसंघ के सदस्य होते हैं। प्रत्येक राष्ट्र को अधिक-से-अधिक पाँच प्रतिनिधि भेजने का अधिकार है, लेकिन वोट देने का अधिकार

एक ही है। इसकी बैठक साल में एक बार अवश्य होती है। लेकिन आवश्यकता होने पर एक से अधिक बार भी हो सकती है। आम सभा का कार्य है सुरक्षा परिषद् के अस्थायी सदस्यों का निर्वाचन करना। साधारणत: यह "संयुक्त राष्ट्रसंघ का विचारक, पर्यवेक्षक और नियम निर्माता होता है।" इसका सबसे प्रमुख काम है दुनिया के राजनीतिक झगड़ों को शांतिपूर्ण ढंग से सुलझाकर दुनिया में शांति बनाए रखना। सुरक्षा परिषद् के बजट की छानबीन भी यहीं होती है। इसके सदस्य अपने में से एक सभापति चुन लेते हैं। यहाँ साधारण प्रश्नों का निपटारा तो साधारण बहुमत से ही हो जाता है, लेकिन महत्त्वपूर्ण विषयों के लिए दो-तिहाई बहुमत आवश्यक है।

(2) सुरक्षा परिषद्

यह विभाग सबसे अधिक शक्तिशाली है। इसमें केवल 11 सदस्य हैं, जिनमें पाँच स्थायी हैं और छह अस्थायी हैं। स्थायी सदस्य राष्ट्र हैं—अमेरिका, ब्रिटेन, रूस, फ्रांस और चीन (कुमिनतांग)। अस्थायी सदस्यों का निर्वाचन केवल दो साल के लिए होता है। महत्त्वपूर्ण विषयों पर निर्णय के लिए स्थायी सदस्यों की सहमति आवश्यक है। इन्हें वीटो का अधिकार (Veto Power) मिला हुआ है। इस विभाग की बैठक महीने में दो बार होती है। इसका मुख्य काम अंतरराष्ट्रीय पैमाने पर अमन-चैन कायम करना है। यह विभाग निरस्त्रीकरण के प्रश्न पर विचार करता है तथा राष्ट्रों के बीच आपसी मतभेद को शांतिपूर्ण ढंग से सुलझाता है। जरूरत पड़ने पर यह सदस्य राष्ट्र से सेना लेकर उसका प्रयोग करता है।

(3) आर्थिक और सामाजिक परिषद्

इस विभाग में 18 सदस्य होते हैं, जो आमसभा द्वारा चुने जाते हैं। यह परिषद् अंतरराष्ट्रीय पैमाने पर आर्थिक और सामाजिक प्रगति

में सहयोग देती है तथा युद्ध व अन्य आर्थिक और सामाजिक समस्याओं के उन्मूलन का प्रयत्न करती है। परिषद् अपना कार्य करने के लिए सम्मेलन बुलाती है तथा अपनी योजना को व्यावहारिक रूप देने के लिए आमसभा से अपील करती है। युद्ध के आर्थिक कारणों को दूर करके यह परिषद् विश्व के सामाजिक और आर्थिक स्तर को ऊँचा उठाती है।

(4) संरक्षण परिषद्

इस विभाग में तीन प्रकार के सदस्य होते हैं–

(क) ऐसे सदस्य राष्ट्र जो थाती के रूप में उपनिवेश पर शासन करते हैं। (ख) पाँच बड़े राष्ट्रों में से ऐसे राष्ट्र जो थाती के प्रदेशों पर शासन करते हैं और (ग) ऐसे सदस्य राष्ट्र जो आमसभा द्वारा चुने जाते हैं। इस पर आम सभा का आधिपत्य रहता है। इस विभाग को अपने प्रत्येक कार्यों की सूचना आम सभा को देनी होती है। इसका प्रमुख काम उपनिवेशों की देखभाल करना है तथा वहाँ के निवासियों के बीच आर्थिक, सामाजिक और राजनीतिक प्रगति बढ़ाने का है। द्वितीय विश्व युद्ध के बाद जिन देशों को धुरी राष्ट्रों से छीन लिया गया था, उसके ज्ञापन की व्यवस्था भी यही परिषद् करती है। अविकसित देशों में यह परिषद् मिशन भेजती है।

(5) अंतरराष्ट्रीय न्यायालय

यह एक प्रकार से विश्व-पंचायत का काम करता है। इसमें सब मिलाकर 15 जज होते हैं। एक राष्ट्र से एक ही जज होता है और इसका चुनाव आम सभा द्वारा 9 वर्षों के लिए होता है। चुनाव बिना किसी राष्ट्रीय भावना के आधार पर होता है। न्यायालय का एक अध्यक्ष भी होता है जो दो वर्षों के लिए जजों द्वारा चुना जाता है। न्यायालय का अधिवेशन स्थायी रूप से चलता रहता

है। इसमें केवल उन्हीं मुकदमों की सुनवाई होती है, जिसमें राष्ट्र ही वादी और प्रतिवादी हो और इसका फैसला भी अंतरराष्ट्रीय कानून के आधार पर होता है। इसके दो प्रकार के कार्य हैं— (क) साधारण मतभेदों पर निर्णय देना, (ख) कानूनी मामलों में राय देना।

(6) सचिवालय

इसे संयुक्त राष्ट्रसंघ का कार्यालय कहा जा सकता है। इसके पदाधिकारियों में एक सेक्रेटरी जनरल तथा कई अन्य पदाधिकारी होते हैं। यह विभाग आम सभा के समक्ष किसी भी अंतरराष्ट्रीय मामलों को रख सकता है, जिस पर आमसभा काररवाई करती है। संयुक्त राष्ट्रसंघ के प्रत्येक विभागों के कागजातों को हिफाजत से रखना भी इसी परिषद् का काम है तथा यह प्रत्येक विभागों के बीच पारस्परिक संबंधों की स्थापना करता है। इन प्रमुख विभागों के अतिरिक्त भी कई अन्य महत्त्वपूर्ण विभाग हैं—

(क) अंतरराष्ट्रीय मजदूर संघ

यह विभाग दुनिया के मजदूरों और श्रमिकों के हितों की रक्षा के लिए नियम बनाता है।

(ख) खाद्य और कृषि संगठन

यह विभाग संसार की खाद्य सामग्री और कृषि की स्थिति पर विचार करता है और सुधार के लिए सहायता एवं मंत्रणा देता है।

(ग) यूनेस्को

इसकी स्थापना 1946 में बीस देशों ने मिलकर की थी। संसार के सभी विद्वानों ने इस काम की प्रशंसा की थी। इसका प्रमुख कार्य संसार के देशों में शिक्षा-विज्ञान और संस्कृति के विकास में सहायता देना है।

(घ) विश्व स्वास्थ्य संगठन

इसकी स्थापना 1942 में की गई। इसके कार्यक्षेत्र के अंदर संक्रामक रोगों की रोकथाम, शारीरिक और मानसिक प्रगति आदि कार्य आते हैं।

(ड़) विश्व मुद्रा कोष

इसका उद्‌देश्य मुद्रा के क्षेत्र में अंतरराष्ट्रीय सहयोग स्थापित करना, बेकारी दूर करना और विदेशी व्यापार का विस्तार करना है। इसका निर्माण 1945 में हुआ।

(च) अंतरराष्ट्रीय बैंक

इसका उद्‌देश्य सदस्य देशों के युद्धोत्तर विकास में सहयोग करना तथा अंतरराष्ट्रीय व्यापार को विकसित करना है।

(घ) संयुक्त राष्ट्रसंघ के कार्य

संयुक्त राष्ट्रसंघ को स्थापित हुए लगभग 20 वर्ष हो रहे हैं। इन 20 वर्षों की अवधि में लोगों के मन में आशा बैठी थी कि संसार से युद्ध का भय जाता रहेगा। लेकिन अभी तक लोगों की यह आशा पूरी नहीं हुई है। फिर भी विश्व-शांति की दिशा में संयुक्त राष्ट्रसंघ ने बहुत से महत्त्वपूर्ण कार्य किए हैं। सबसे पहला कार्य इसने ईरान में किया।

ईरान

द्वितीय विश्वयुद्ध के समय ईरान की उत्तरी सीमा की रक्षा के लिए रूस ने वहाँ अपनी सेना भेजी थी और तब से रूसी सेना वहीं डटी हुई थी। युद्ध की समाप्ति के बाद ईरान ने रूसी सेना के हटने की माँग संयुक्त राष्ट्रसंघ के सामने रखी। संयुक्त राष्ट्रसंघ ने रूस को अपनी सेना हटा लेने के लिए बाध्य किया। सुरक्षा परिषद् की बैठक भी हुई और अंत में रूस को सेना हटा लेनी पड़ी। इसी प्रकार सन् 1951 ई. में ईरान और ग्रेट ब्रिटेन के बीच तेल के प्रश्न को लेकर झगड़ा उठा। डॉ. मुशादिक के नेतृत्व में ईरानी मजलिस ने तेल का

राष्ट्रीयकरण कर दिया। ब्रिटेन ने इसका कड़ा विरोध किया। दोनों के बीच तनाव की स्थिति कायम हो गई। अंत में 1952 ई. में अंतरराष्ट्रीय न्यायालय के सामने यह प्रश्न आया। लेकिन न्यायालय ने इस पर अपनी सहमति बताने में असमर्थता व्यक्त की। लेकिन तभी आंग्ल-अमरीकी कूटनीतिज्ञों के कारण मुशादिक का पतन हो गया। नया प्रधानमंत्री जहेदी बना। उसके समय में ईरान और ब्रिटेन में संधि हो गई।

हिंदेशिया

हिंदेशिया के लोग डचों के प्रभुत्व में थे। लेकिन उनमें जब राष्ट्रीयता की भावना आई तब वे डचों के प्रभुत्व से निकलकर स्वतंत्र होने की माँग करने लगे। अंत में यह प्रश्न सुरक्षा परिषद् में उपस्थित किया गया और 1946 ई. में डचों के प्रभुत्व को नष्ट कर हिंदेशिया की जनता को स्वतंत्र कर दिया गया।

मिस्र

अरबों और इजराइलवासियों में 1956 में संघर्ष छिड़ गया। फलस्वरूप इजराइल के सैनिक मिस्र की सीमा में बहुत दूर तक घुस आए। अब युद्ध की अवस्था नाजुक हो उठी। तृतीय विश्वयुद्ध का खतरा मँडराने लगा। अंत में संयुक्त राष्ट्रसंघ ने 'युद्ध रोको' (Cease fire) का आदेश देकर विश्व-शांति को खतरे से बचाया।

कोरिया

सन् 1948 ई. में कोरिया के दो भाग हो गए थे—उत्तरी कोरिया और दक्षिणी कोरिया। उत्तरी कोरिया रूस की राजनीतिक पद्धति पर संगठित था और दक्षिणी कोरिया में संयुक्त राष्ट्रसंघ द्वारा गणतंत्र की स्थापना की गई थी। 1950 ई. में दोनों में युद्ध छिड़ गया। धीरे-धीरे कई राष्ट्र इस युद्ध में सम्मिलित होते गए। अंत में संयुक्त राष्ट्र ने दक्षिण कोरिया की रक्षा के लिए सैनिक काररवाई की। अमेरिका के नेतृत्व में 16 देशों के सैनिक दक्षिण कोरिया की सहायता में लड़े और तब कहीं जाकर 1953 में यह युद्ध रुका।

इंडो-चीन

इंडो-चीन में वियतनाम नाम का एक राज्य है। यहाँ उत्तरी हिस्से पर साम्यवादियों का अधिकार था और दक्षिणी हिस्से पर फ्रांस का। यहाँ भी कोरिया की तरह युद्ध छिड़ गया। लेकिन 1954 में संयुक्त राष्ट्र ने दोनों में संधि करा दी। हाल में 1965 में पुनः वियतनाम का प्रश्न उठ खड़ा हुआ है। अभी वहाँ युद्ध प्रारंभ है। अमेरिका और रूस दोनों अपना-अपना प्रभाव यहाँ जमाना चाह रहे हैं, अभी इसका फैसला नहीं हो सका है। सभी की नजर संयुक्त राष्ट्रसंघ की ओर है कि वह इसका समाधान कैसे करता है।

स्वेज नहर

मिस्र ने स्वेज नहर का राष्ट्रीयकरण कर दिया। लेकिन ब्रिटेन और फ्रांस ने इसका घोर विरोध किया और मिस्र पर चढ़ाई कर दी। लेकिन संयुक्त राष्ट्रसंघ ने 'युद्ध रोको' का आदेश देकर इस युद्ध को बंद कर दिया।

लेबनान और जोर्डन से अमरीकी और अंग्रेजी सेना को हटाने में भी संयुक्त राष्ट्र ने महत्त्वपूर्ण योग दिया है। इस प्रकार संयुक्त राष्ट्र ने कई महत्त्वपूर्ण समस्याओं का समाधान किया है।

लेकिन उसके कुछ ऐसे भी कार्य हुए हैं जिससे संसार को भारी निराशा हुई है। कश्मीर के प्रश्न को संयुक्त राष्ट्र ने न्यायोचित ढंग से नहीं देखा है। भारत को स्वतंत्रता मिलने के समय में ही पाकिस्तान ने कश्मीर पर चढ़ाई कर दी थी। भारत ने यह मामला संयुक्त राष्ट्रसंघ में पेश कर दिया लेकिन गुटबंदी और दलबंदी में पड़कर संयुक्त राष्ट्र संघ अभी तक पाकिस्तान को आक्रामक घोषित नहीं कर सका है। संयुक्त राष्ट्र संघ के कारण ही आज तक कश्मीर का प्रश्न लटका हुआ है। यह बात सही है कि कश्मीर भारत का अविच्छिन्न अंग है। इसी प्रकार दक्षिण अफ्रीका में काले लोगों के प्रति गोरे लोगों के अत्याचार को रोकने में भी संयुक्त राष्ट्रसंघ असमर्थ रहा है। एक दूसरा प्रश्न कांगो का उठा। कांगो के प्रश्न पर संयुक्त राष्ट्र बिल्कुल मौन रहा। उसकी इस असमर्थता पर खीझकर भारतीय प्रतिनिधि मेनन ने कहा था—"संयुक्त

राष्ट्रसंघ या तो कांगो में शासन करे या वहाँ से हट जाए।''—(Either rule in Congo or get out of it.) इतना सब कुछ होते हुए भी संयुक्त राष्ट्रसंघ को अपने कार्यों में सफलता मिली है। पंडित नेहरू ने एक बार कहा था—''संयुक्त राष्ट्रसंघ के बिना आज की दुनिया जीती रह सकती है इसे मैं सोच नहीं सकता।''—(I can not thing of the present world without the U.N.O.)

गैर-राजनीतिक क्षेत्र में भी संयुक्त राष्ट्रसंघ के कार्य प्रशंसनीय रहे हैं। इसकी देखरेख में बहुत से देशों ने अपनी आर्थिक और सामाजिक दशा सुधारी है। दुनिया से गरीबी, बीमारी और अशिक्षा को भगाने का प्रयत्न हो रहा है। संयुक्त राष्ट्र का प्रमुख विभाग यूनेस्को विश्व में शिक्षा, संस्कृति को प्रोत्साहन दे रहा है। आणविक शक्ति को कल्याण कार्य में लगाने को सोचा जा रहा है। मजदूरों की दशा में कई सुधार आए हैं।

(ङ) संयुक्त राष्ट्रसंघ का भविष्य

यद्यपि संयुक्त राष्ट्रसंघ ने वर्तमान विश्व के तनाव को बहुत हद तक दूर किया है। फिर भी उसका भविष्य क्या होगा, कहना मुश्किल है। आज की स्थिति फिर विषम बन गई है। वैज्ञानिक प्रगति के फलस्वरूप एक से एक घातक अस्त्र-शस्त्र बनते जा रहे हैं। जिस देश के पास जितनी वैज्ञानिक शक्ति है वह देश अपने को उतना ही शक्तिशाली समझ रहा है। सभी राष्ट्र अपनी-अपनी सैन्य शक्ति बढ़ाने में लगे हुए हैं। ऐसी स्थिति में संयुक्त राष्ट्रसंघ की जिम्मेदारी महत्त्वपूर्ण बन जाती है।

इसके संगठन में भी कई दोष रह गए हैं। इसका कार्य जातिप्रथा के आधार पर चलाया जाता है। सभी राष्ट्रों को समान स्थान नहीं दिया गया है। इसके पाँच स्थायी सदस्य इतने अधिक शक्तिशाली हैं कि प्रत्येक बात पर अपना प्रभाव डाल देते हैं। फलत: छोटे-छोटे राष्ट्रों का स्वार्थ खतरे में पड़ जाता है। इधर रूस और अमेरिका के बीच जो मनमुटाव बढ़ा है, उससे भी संयुक्त राष्ट्रसंघ के सामने बड़ी समस्या उपस्थित हो गई है। 1962 में चीन ने भारत

पर आक्रमण किया, पुन: 1965 में पाकिस्तान ने भारत के कच्छ हिस्से पर जबरन अपना अधिकार जमाया, ये सारी घटनाएँ तृतीय विश्वयुद्ध की सूचक हैं। संयुक्त राष्ट्रसंघ के सामने यह परीक्षा की घड़ी है और उसे अपनी शक्ति का परिचय देना है।

प्रश्न

1. संयुक्त राष्ट्रसंघ के विषय में आप क्या जानते हैं?
2. UNO की उत्पत्ति कैसे हुई? इसके क्या कार्य हैं?
3. संयुक्त राष्ट्रसंघ विश्वशांति स्थापित करने के लिए क्या कर रहा है?
4. संयुक्त राष्ट्रसंघ के संगठन का ब्योरा दें।

□□□